Die Farbe der Erde

Annabel Gräfin von Arnim

Die Farbe der Erde

Ein Landleben am Niederrhein und anderswo

2. Auflage

Mercator-Verlag

Für Adelheid, Elisabeth und Georg

Fotos: Privatbesitz
Layout: Heike Markwitz
2. Auflage 2006

Druck: D+L Printpartner GmbH, Bocholt

ISBN 3-87463-381-0

Prolog

Teil 1

Teil 2

Teil 3

Epilog

Prolog

Die Flucht

Es begann im Frühjahr des Jahres 1946. Ein Treck rollte über die Straßen des Niederrheins, wie man ihn in dieser Gegend bisher noch nicht gesehen hatte. Natürlich waren seit 1945 schon andere Flüchtlinge aus den Ostgebieten bis hierher, in den äußersten Westen Deutschlands, gekommen. Doch drei große Wagen mit dicken Gummireifen, bespannt mit je zwei mittelgroßen, nicht zu schweren Arbeitspferden, hoch beladen und gegen das Wetter mit großen Orientteppichen und Aubussons geschützt, waren trotzdem ungewöhnlich.

Denn die traditionellen Kippkarren bestimmten das ländliche Bild am Niederrhein, einachsige, archaische Gefährte mit riesigen Holzrädern und kleiner Ladefläche, vor denen sich schwerfällig kraftstrotzende rheinische Kaltblüter bewegten. Ihnen wurde ein riesiges hölzernes Kummet um den Hals gelegt und ein ebenso schwerer hölzerner Sattel auf den Rücken, der das Gewicht der Ladung abfing.

Die flinken Pferde vor den Treckwagen hingegen trabten munter einher in ihrer leichten Brustanspannung und die Zugketten schlugen mit hellem Klang an die eisernen Deichseln. Menschen, die diesen Treck aus dem Osten gesehen haben, erzählen noch heute, wie erstaunt sie damals waren.

Die Wagen rollten auf den „Thelenhof" zu. Mein Vater hatte wählen dürfen: zwischen dem „Hammhof", der mit sehr guten Böden gesegnet war, jedoch am Rande des Städtchens Weeze lag und voraussichtlich sehr bald von Siedlungshäusern eingeschlossen sein würde, oder dem „Thelenhof", den man, vom Städtchen Uedem über die langgezogene Endmoränenhöhe kommend, ungemein friedvoll in einem weiten grünen Tal liegen sah. Fruchtbares Ackerland umgab ihn und hinter dem Hof bildeten Wiesen und Wälder eine stille Bruchlandschaft[1], die sich längs des weiten Tales erstreckte. Jenseits dieser Niederung stieg das Land wieder langsam an zu den Höhen des Xantener Forstes. Ein herrlicher, glückverheißender Blick! Mein Vater hatte nicht lange überlegt und sich für diesen Hof entschieden. Er kaufte ihn dem Fürsten zu Eulenburg-Hertefeld ab, mitsamt den zwei Katstellen und deren zugehörigem Land. Das war wirklich ein sehr ungewöhnliches Geschäft nach dem Krieg. Flüchtlingsfamilien hatten doch eigentlich nicht viel mehr als ihr Leben gerettet! Wie war es also möglich, dass ein so stattlicher Hof von Flüchtlingen gekauft werden konnte?

Ich möchte die Geschichte des Thelenhofes nicht erzählen, ohne vorher etwas weiter auszuholen und von meinem Vater, Hans-Georg Graf v. Arnim, zu berichten, der dies in den schwersten Wochen seines Lebens, weit vorausschauend und in größter Geistesgegenwart und Umsicht, ermöglicht hat.

Im Jahre 1901 im Sternzeichen des Steinbock geboren, erlebte er auf dem väterlichen Gut Zichow in der Uckermark / Mark Brandenburg glückliche Kinderjahre. Voller Energie und Tatendrang heckte Hans-Georg als Junge, ständig einen Pulk Dorfjungs im Schlepptau, eine Dummheit nach der anderen aus und vergraulte seine französischen Gouvernanten ebenso wie seine diversen Hauslehrer. Mit seinem Eintritt in das kaiserliche Kadettencorps Berlin-Lichterfelde war diesen unbeschwerten Jahren ein Ende gesetzt. Früh schon wurden hier alle seine Eigenschaften geformt, die ihn ein Leben lang auszeichnen sollten. Hans-Georg war mit Leib und Seele Kadett, obwohl der militärische Drill im Kindesalter ihm oftmals unmenschlich erschien. Doch das Gepränge der Kaiserzeit, die großen Militärparaden auf dem Tempelhofer Feld, die Kavallerieregimenter in ihren herrlichen Uniformen und die zackige Marschmusik rissen den kleinen Jungen mit und weckten in ihm jene Militärbegeisterung, die damals das ganze Volk erfasst hatte.

Der Erste Weltkrieg brach aus, und die Kadetten erfuhren sehr bald, was es heißt zu hungern. Alles änderte sich schnell. Viele hoffnungsvolle junge Männer aus der Familie Arnim blieben „auf dem Felde der Ehre“, wie es damals hieß.

Nach Kriegsende und nach vollendeter Ausbildung trat Hans-Georg den Dienst an auf den väterlichen Gütern Zichow (Kreis Angermünde), Netzow (Kreis Templin) und Kleinow (Kreis Prenzlau). Es gab viel zu tun, denn es galt, gegen die Ignoranz und Gleichgültigkeit des eigenen Vaters anzuwirtschaften, der zusammen mit seiner zweiten Frau das Geld zum Fenster hinauswarf und sich von seinen korrupten

Beamten betrügen ließ. Es kostete Hans-Georg einen schweren, langen Kampf, bis er endlich im Jahre 1936 die drei Güter von seinem Vater in Generalvollmacht übernehmen konnte. Zu diesem Zeitpunkt waren die Betriebe hoch verschuldet und in schlechter wirtschaftlicher Verfassung. Nun gelang es ihm jedoch in kürzester Zeit, die Schulden abzutragen. Er rationalisierte die Betriebe, feuerte den korrupten Verwalter und noch einige Beamte und übernahm selbst deren Aufgaben, was vor dem Krieg auf den preußischen Gütern ungewöhnlich war. Er koordinierte die Arbeit und den Futterbau, ja die gesamte Milchviehhaltung auf den drei Betrieben, obwohl diese jeweils 50 km voneinander entfernt lagen. Er intensivierte auf Kleinow, dem Betrieb mit den besten Böden, den Gemüsebau und in Zichow den Ackerbau allgemein und die Weidewirtschaft. In Netzow hingegen, dem Betrieb mit märkischen Sandböden und ausgedehnten Kiefernwäldern, forstete er 50 % des Ackerlandes auf, eine Maßnahme, die damals eher unpopulär war. Durch die Begünstigung der Landwirtschaft unter Hitler, vor allem aber durch die Tüchtigkeit Hans-Georgs wurden in den neun Jahren seiner Tätigkeit die Schulden getilgt und ein hoher Gewinn erzielt.

Die erste Ehe Hans-Georgs mit Bertha v. Schmidtseck zerbrach sehr früh, die Söhne Adolf-Heinrich und Bernd waren noch klein. Die Jungen blieben bei ihrem Vater, da er das Sorgerecht besaß. Später, im Jahre 1938, heiratete er Annemarie Fink, eine „Marinegöre“, wie sie sich selbst nannte. Ihr Vater, Max Fink, hatte in der kaiserlichen Marine gedient, bei Kriegsende jedoch empört seinen Abschied genommen und einen heldenhaften Kampf gegen die Kommunisten in den eigenen Reihen geführt. Es folgten für ihn und seine Familie Jahre voller bitterer Entbehrungen, denn das Familienvermögen war rasch verbraucht. So schlugen sich die Finks, auf dem Lande lebend, so recht und schlecht durch. Annemarie war die älteste der drei Töchter, von denen eine schöner, zarter und zerbrechlicher als die andere war.

Hans-Georg und Annemarie beschlossen, in Netzow zu leben, dem gemütlichen kleinen Gutshaus, hinter dem eine Wiese bis hinunter an den herrlichen See reichte. Hans-Georg war es gelungen, in Netzow einen festen Bestand an Rotwild und Sauen heranzuhegen, im Netzow-See wimmelte es von Krebsen und so war es ein rechtes Paradies. Die Hochzeit wurde im engsten Familienkreis in Hannover gefeiert; doch gleich nach dem Hochzeitsessen hielt es Hans-Georg nicht mehr: Die Hirschbrunft in Netzow war in vollem Gange! So verbrachten die beiden ihre Hochzeitsnacht auf einem 14 Meter hohen Hochsitz, in Begleitung eines Jägers und mit Blick auf heftig brunftende Hirsche. Für Annemarie war dies der Auftakt zu einem Leben an der Seite eines passionierten Jägers, dessen Leidenschaft sie ein Leben lang ihren eigenen Interessen vorangestellt hat.

Mit größter Sorge verfolgten Hans-Georg und Annemarie das politische Geschehen, den von Tag zu Tag größer werdenden Wahnsinn, den die Nazis vorantrieben. Doch wie die meisten Deutschen geboten auch sie dem Treiben dieser Verrückten keinen Einhalt. Sie waren froh, dass die Wirtschaft wieder angekurbelt wurde und die Betriebe florierten, dass sich Geld verdienen ließ und man nach den bitteren Hungerjahren nun keine Entbehrungen mehr erleiden musste.

Dann begann der Krieg. Für einige Monate wurde Hans-Georg zum Polenfeldzug eingezogen, kam aber wieder frei, da er als „für die Landwirtschaft unentbehrlich" eingestuft wurde. Annemarie tat in jener Zeit, was sie konnte, fuhr täglich die 150 km zwischen den Betrieben, um sich mit den Rentmeistern zu besprechen und gab sogar, da von den Nazis zur Proviantbeschaffung angeordnet, eine Saujagd, auf der eine große Strecke erzielt wurde.

Obwohl es Kriegsjahre waren mit allem Schwerem, das diese Zeit und die Naziherrschaft mit sich brachten, waren die ersten Jahre in Netzow doch glücklich für Hans-Georg und Annemarie. Hans-Georg ging in seinem Beruf auf. Er führte eine dynamische Landwirtschaft und so konnten beide einige Jahre lang ein sehr angenehmes Leben führen. Fuhren sie nach Berlin, so wohnten sie im Adlon, besuchten Bälle, Opern, Konzerte, und Annemarie kleidete sich in den ersten Modehäusern Berlins ein. Sie brauchten an nichts zu sparen.

Daheim in Netzow führte Annemarie ein gastliches, lebendiges Haus. Gabriele war geboren und erlebte eine herrliche frühe Kindheit. Sie spielte in dem großen blühenden Garten, der bis zum See hinunterreichte, planschte nackt mit ihren Vettern im flachen Wasser und spielte mit den Hofkindern.

In Annemaries Familie dienten alle Männer als Offiziere; wie die Großeltern Fink kamen sie im Urlaub mit ihren Frauen nach Netzow, um die Weltabgeschiedenheit, die Stille und den Frieden dort in sich aufzunehmen, bevor es wieder hinausging in das grausige Geschehen.

Erwähnen möchte ich unter den vielen, die die Gastfreundschaft Hans-Georgs und Annemaries in diesen Jahren genossen haben, vor allem den General Ernst-Günter Baade. Er war Soldat, kein Nazi, und verkörperte auf tragische Weise den Ziespalt zwischen Gewissen und Gehorsam. Hitlers Befehle befolgte er nicht, dennoch zögerte dieser lange, ihn anzutasten, da er zu beliebt bei seinen Untergebenen war. Baade hat im Gästebuch, das Annemarie retten konnte, Zeugnis abgelegt von dieser Zeit:

„Netzow, du Insel des Friedens, hier wohnt das Glück! Dich, du Hausfrau, umgibt die Aureole unendlicher Anmut. Wie fliegen die Herzen aller Menschen dir zu!
Bange nur eins: Um des Glückes Bestand.
An dir, du Jäger und Herr, ein echter Ritter Georg, an deinem männlichen Trotz verbranden die Brecher der Zeit!
Gabriele, du Kind, noch formt sich die Zukunft der Welt, in die du die ersten Schritte getan.
Gemeinsam in langen Gesprächen des Abends sahn wir die Sorgen des Reichs,
die Not der Heimat, die Taten der kämpfenden Front.
Doch immer trugen uns die Gedanken durch alle Wirrsal der Zeit
zu neuen festen Ufern der Zukunft.
Immer verschworen zu einem einzigen Rat: „Tapfer zu sein“, geht nun in diesem Jahr aus dem Hause der Sohn zur jungen Mannschaft, zur Front.
Gott behüte sein Tun und führe ihn siegreich zur Heimat zurück!
Mit solchen Gedanken vergingen die gastlichen Stunden im Fluge, die Sorgen sind wieder gebannt.
Doch Trennung steht uns bevor! Sei weit auch der Weg und schwer, Gedanken finden zurück zu dir, du Eiland des Friedens. Netzow, du glückliches Haus!“

Ernst-Günter Baade

Auch die Eintragungen anderer Freunde, z. B. am 20. Juli 1944, schildern Netzow als Insel des Friedens. Hans-Georg und Annemarie hatten Verbindungen zum Kreis der Wiederstandskämpfer, speziell zum Kreisauer Kreis, der in Neuhardenberg zusammenkam. So wussten sie, was am 20. Juli passieren würde, und glaubten fest an den

Erfolg der jahrelangen Planung. Um das Ereignis zu feiern, gab es im kleinen Kreis Krebse. Meine Eltern erzählten mir oft, wie ihnen allen der Krebsschwanz im Halse stecken blieb bei der Nachricht aus dem Radio: „Der Führer lebt!" In der folgenden Zeit, den Untergang klar vor Augen, war auch in Netzow kein Glück mehr möglich. Festtage wie die letzten Jagden oder der Geburtstag Gabrieles, am See gefeiert, wirkten wie ein schweres Abendrot.

Ich möchte hier aus den Aufzeichnungen meines Vaters zitieren, die er 1958 für den Arnimschen Familienverband abfasste:

„Wenn es einem auch schon seit Kriegsbeginn als sicher erschien, dass wir den Krieg nicht gewinnen konnten, so wurde einem im Sommer 1944 klar, dass das Ende noch katastrophaler werden würde als 1918. Immerhin hielt man es nicht für möglich, dass die Westmächte die Russen bis zur Elbe vordringen lassen würden. Ich erfuhr im Januar 1945 durch einen Offizier des Geheimdienstes, dass die Trennungslinie der Elb-Trave-Kanal werden würde. Darauf bauten meine Frau und ich unsere Pläne auf …

Da die Parteibehörden alle Vorgänge scharf überwachten, war es fast unmöglich, Werte zu verlagern. Wir waren aber fest entschlossen, dass meine Frau und meine Tochter Gabriele sich rechtzeitig nach Westen absetzen sollten. Ich selbst wollte den Zeitpunkt, da die NSDAP-Parteiführer schon mehr um ihr Leben bangten als wir, dazu ausnutzen, noch möglichst viele Werte zu verlagern.

Zu diesem Zweck hatte ich die Mohrrübenernte eingelagert, und der Reichsnährstand hatte mir dies als Frühjahrsversorgung bescheinigt.

Als die russische Front am 9. 2. 45 an der Oder stand, das waren noch 18 km von Zichow, lagerten noch 70 000 Zentner Mohrrüben. Es war nun Eile geboten, alles überstürzte sich von Tag zu Tag mehr. Ich erfuhr, dass der Kreisleiter für den nächsten Tag Treckverbot für den Kreis Templin erlassen würde. Darauf beschloss ich mit meiner Frau, dass sie noch in der gleichen Nacht trecken müsste, mit Gabrielchen. Wie immer in schwierigen Situationen hat meine Frau die ganze Nacht in bewunderungswürdiger Ruhe, klar denkend und vorausschauend, all das, was wichtig schien, verpackt, während ich Pferde, Wagen, Futter, Vorräte usw. zusammenstellte. Um 4 Uhr früh ging ich nochmal über beide Wagen, um zu sehen, ob alles in Ordnung sei. Da sah ich unter Betten eine Stange des starken 18-Enders hervorsehen, den meine Frau verpackt hatte. Es war für mich die Krönung einer 20-jährigen Hege in Netzow. Ich nahm das Geweih wieder herunter, da wir nicht wussten, wo wir enden, da sollte er dort bleiben, wo er gewachsen war. Heute tut mir dieser Entschluss bitter leid.

Um 5 Uhr früh fuhr der Treck ab. Es war kein gutes Gefühl, Frau und Tochter mit zwei Polen ins Ungewisse zu schicken. Bald darauf rief der Kreisbauernführer Belbe an. Ich ließ mich verleugnen und ging in den Wald, um meiner Frau einen Vorsprung zu ermöglichen. Belbe alarmierte die Landjägerei, um meine Frau verhaften zu lassen, sie wurde aber in dem großen Treck nicht gefunden, da tausende von Wagen auf der Straße waren. So gelangte sie in 6 Tagen nach Holstein und fand mit ihrer Freundin Hilde Eulenburg Unterkunft in Witzhave bei einem Hamburger Großkaufmann. Ich war froh, Frau und Tochter in Sicherheit zu wissen und konnte mich nun intensiv um die letzte Abwicklung kümmern.

Bei meinen täglichen Fahrten nach Zichow wurden die Fliegerangriffe von Tag zu Tag stärker. Die Betriebe liefen wie in Friedenszeiten, wie ein Uhrwerk. Es waren nur noch wenige Deutsche da, alle mussten zum Volkssturm. Es galt nun in letzter Minute noch die 70 000 Zentner Mohrrüben abzusetzen zu einem Zeitpunkt, da die Staatsbahn Berlin-Stettin für zivilen Verkehr schon gesperrt war.

Ich fuhr zum amtierenden Bürgermeister von Berlin, Lippert. Dieser zeigte größtes Interesse, da er Berlin belagerungsfest machen müsse! Lippert fragte, wie der Transport zu bewerkstelligen sei. Ich sagte, dass 3 Güterzüge à 60 Waggons notwendig seien, worauf Lippert die Hände über dem Kopf zusammenschlug. Am nächsten Tag erschien in Zichow eine Reichsnährstandskommission, um Qualität und Transportlage zu prüfen. Acht Tage später standen tatsächlich 180 Waggons in Prenzlau. Zwei Lokomotiven schoben ständig 6 leere Wagen in die Sekundärbahnrampen in Zichow und Kleinow hinein und nahmen 6 volle mit, zur Waage nach Prenzlau. Dort rechnete der überaus zuverlässige Gutssekretär Stirnkorb mit einem Berliner Magistratsbeamten in bar ab. Nachts fuhr er nach Hamburg und lieferte das Geld ab, ohne dass es eine Bank passierte. Die 180 Waggons wurden in 6 Tagen und 6 Nächten im ständigen Schichtwechsel beladen. Alle Trecker, Pferde und Arbeitskräfte waren dazu erforderlich. Die drei Güterzüge wurden acht Tage später voll beladen von den Russen übernommen und beschlagnahmt!

Am 23. April sprach ich mit allen Frauen unserer Belegschaft, der größte Teil entschloss sich zum Treck. Wagen und Pferde wurden in ausreichender Zahl gestellt. Am 24.4. musste eine größere Zahl kleiner Saugfohlen erschossen werden, weil die Stuten auf den Treck gingen. Ein erschütterndes Begebnis des völligen Zusammenbruchs! – Am 20.4. war es mir noch gelungen, 4 Wagen mit zwei treuen französischen Kriegsgefangenen nach Holstein zu meiner Frau in Marsch zu setzen. Die beiden Franzosen haben alles ordnungsgemäß abgeliefert und waren nicht zu bewegen, ein Entgelt in irgendeiner Form anzunehmen. Sie meinten: ‚Ihnen geht es bald schlechter als uns!'

Am 25. 4. erschienen zwischen Passow und Zichow die ersten russischen Panzer. In dieser Zeit war Berlin schon westlich durch russische Truppen umgangen. Ich fuhr am 25. 4. abends mit einem kleinen Wagen, den wir als Kinder immer benutzt hatten, und einem guten Pferd aus Zichow ab. Ich bin dann ohne einmal zu halten, ständig im Trab die 180 km bis Schwerin gefahren, dort war das Pferd am Ende seiner Kraft. Ich gab es einem Bauern und kaufte dafür ein Panjepony, mit dem ich in kurzer Zeit die restlichen 110 km über den Elb-Trave-Kanal nach Witzhave in Holstein zu meiner Frau fuhr, wo ich am 27. 4. 45 um 7 Uhr früh eintraf. Meine Frau hatte schon kaum mehr mit meinem Kommen gerechnet, um so größer war die Freude des Wiedersehens! In der gleichen Nacht überschritten die Engländer bei Geesthacht die Elbe und stießen sofort zur Ostsee bei Lübeck durch. Dadurch wurden wir vor den Russen abgeschirmt, was besonders auch für die Frauen beruhigend war."

Worüber mein Vater niemals sprach und was er auch in diesen Aufzeichnungen nicht erwähnte, war die traurige Geschichte seiner Mutter, einer geborenen Gräfin v. der Schulenburg. Von meinem Großvater Zichow geschieden, lebte sie während des Krieges bescheiden in Kleinow. Mein Vater fuhr, als er Zichow für immer verließ, in Kleinow vor und nahm seine Mutter mit. Unterwegs Richtung Westen wurde er von der SS angehalten: „Halt, wo wollen Sie hin?" Mein Vater, der vorsorglich ein Schwein mit auf den Wagen geladen hatte, antwortete: „Zum Markt in …" – „Die Frau bleibt hier!", kam es zurück und schon packten die Kerle seine Mutter und zerrten sie von dem Karren. „Fahr weiter!", flehte sie ihren Sohn an und er fuhr und sah sie nie wieder!

Gabriele hörte diese Geschichte nach der Wende von einer getreuen Person. Unsere Großmutter ist nach Kleinow zurückgebracht worden und hat dort unter erbärmlichen Umständen noch Jahre gelebt.

Ich möchte hier auch noch einen Brief wiedergeben, den Hans-Georg an Annemarie schrieb, als er ihr noch einmal vier Wagen voller Vorräte und Möbel nach Witzhave schickte:

„Geliebte Frau!
Es ist 5 Uhr früh, wir wollen rasch beladen und ich will sehen, dass sie mittags noch wegkommen. Die Franzosen wollen dort bleiben. Wenn der Krieg aus ist, wollen sie natürlich zurück nach Frankreich. Robert sagte mir aber, wenn irgend die Möglichkeit, dann bringen wir Frau Gräfin erst nach Hause. Es kann ja nun tatsächlich so kommen, dass Ihr dort eher besetzt werdet als hier, und man wagt es kaum noch zu hoffen, dass die Oder die Grenze bleibt? Dann könntet Ihr, wenn sich alles beruhigt hat, zurück kommen!!!
Also behalte alles dort. Die tragende Stute fohlt am 5. Mai, kann bis zum Schluss arbeiten, sie ist schon etwas schwerfällig, aber nicht im Stall stehen lassen! Lebensmittel in größerem Umfang geht nicht mehr, mein Liebes. Die Leute haben hier alle Angst vor Hungersnot, da kann ich ihnen nicht das Letzte wegnehmen, und es ist ja auch jetzt wahrscheinlich, dass ich hier bleibe. Speck ist nur noch 2 Stück von dem letzten kleinen Schwein hier, Wurst sind 2/3 bei dir, Weckgläser 3/4. Also sei nicht böse, aber ich möchte auch nicht, dass die Leute hinter uns herschimpfen, dass wir nur für uns sorgen. Ich schicke Dir ein 2 Ztr. Schwein mit. Falls Du es nicht unterbringen kannst, verkaufe es für 60 Pfd. an Deinen Schlachter, evtl. gibt er Dir Frischfleisch zum Einwecken. Aber dafür, dass Du die Pferde beim Bauern arbeiten lässt, müsste Dir einer das Schwein unterbringen und mit füttern, wenn Du ihm etwa 4 Pfund Schrot pro Tag und 5 Pfund Kartoffeln pro Tag gibst. Dazu schicke ich 5 Ztr. Kartoffeln und nochmal Schrot mit. Vielleicht kann Wäschka es füttern. Es ist ja möglich, dass eine Zeit kommt, wo Ihr es rasch schlachten könnt, dann Schinken machen, Speck, Schmalz, Salz-und Rauchfleisch, Frischfleisch einwecken, keine Wurst, wenn Euch das zu umständlich ist. Die Tauben kommen auch mit. Sie müssen eingesperrt bleiben, bis sie Junge haben!!! Sonst verfliegen sie sich sofort, vor allem, wenn andere Tauben im Dorf sind. Futter kommt mit.

Es kommt mit: Akten, Kochbuch, Briefe von Dir an mich gut aufheben! Klopapier, Anziehsachen Jungs, Briefpapier, 2 Reserveräder, Motorluftpumpe, 1 Dreispann, Rest folgt am Schluss …, Kleinigkeiten aus deinem Schrank: …, 1 Schwein, 10 gr. Kisten aus Finkenstein, 1 Schreibmaschine, 100 Eier roh, 3 Sack guter Weizen, 2 Sack Futterweizen, 1 Sack Gerste zu Futter, 1 Sack Gerste zu Kaffee, 10 Sack Pferde- bzw. Schweinefutter. Porree, Sellerie, 4 Schnittlauchstauden zum Einpflanzen, 25 Tauben.
Mit Esssachen ist nun nicht mehr viel zu machen, ich denke, dass Du das Schwein verwerten kannst und dadurch auch was hast.
Die Franzosen müssen getrennt untergebracht werden, da sie sich nicht vertragen. In Zichow wohnten sie auch getrennt.
Wir sind gleich fertig mit Packen und ich möchte, dass sie heut nachmittag 2 Uhr abfahren, verzeih die Hetze, morgen schreibe ich in Ruhe mehr.
Gott befohlen, Ihr geliebten Zwei, wie gern käm ich für einen Moment mit zu Euch. Seid tapfer und ich gebe die Hoffnung nicht auf, dass Ihr wieder herkommt.
Ich umarme Euch und hoffe, dass man noch weiter von Euch durch Briefe hört.

Immer dein treuer Mann
Hans-Georg“

Es folgt noch einmal eine detaillierte Aufstellung aller Dinge, die mitgeschickt wurden: der Möbel, Bilder, Gläser, des Porzellans, des Bettzeugs usw., der Vorräte, wie einem Zentner Mohrrüben, Kohlrüben, einem Zentner Weißkohl, 20 Zentnern Briketts, vier frisch geschlachteten Hühnern mit Leber drin, 20 Zentnern Pferdefutter, wovon ca. acht Zentner zum Transport gebraucht wurden. Die Aufsatzbretter der Wagen waren als Brennholz gedacht. Weiter erwähnt sind jede Menge Kleinigkeiten, die nicht alle einzeln aufgezählt werden können.

Annemarie hatte in Witzhave ein leerstehendes Stallgebäude zugewiesen bekommen, das sie mit den schönen Möbeln gemütlich herrichtete. Die Zeit, in der sie mit Gabriele allein dort lebte, war überschattet vom Bangen, ob ihr Mann wohl kommen oder ob er es nicht fertigbringen würde, seine Güter zu verlassen, wie so viele. Aber auch andere Begebenheiten setzten Annemarie zu, so der Einfall der

Engländer, die recht unsanft waren und ihr einige schöne Barockmöbel stahlen. Von einer Louis XIV. Kommode schraubten sie die Beschläge ab. Annemarie konnte sie jedoch bewegen, von ihrem Tun abzulassen, und ein Offizier gab ihr sogar die wertvollen Beschläge zurück.

Gabriele und ich haben uns später oft gefragt, ob nicht die tief in ihrer Seele verwurzelte Angst von dieser Begebenheit herrührte, und ob vielleicht diese Engländer unserer Mutter mehr angetan hatten, als sie erzählte. Aber wie oft hat sie von dem Glücksmoment erzählt, als unser Vater ankam! Dies muss einer jener unfassbaren Augenblicke gewesen sein, in denen das Glück, dieses Geschenk Gottes, einen überströmt und durchflutet, sodass man ohnmächtig werden könnte!

Auch die Rückkehr der Söhne Adolf und Bernd aus Krieg und Gefangenschaft waren solche Momente der Freude. Hans-Georg arbeitete als Verwalter auf dem Hof, wo sie Quartier gefunden hatten, auch die Pferde arbeiteten dort für ihr Futter. Eines Tages wurde er verhaftet. Man hatte die Kisten und Koffer durchsucht, die er in den Westen geschickt hatte und die in Witzhave lagerten, und dabei eine SS-Uniform und Waffen gefunden!

Hans-Georg hatte dem Drängen eines Grafen Finkenstein nachgegeben und zehn Kisten von ihm mit auf die Wagen geladen, ohne zu prüfen, was darin war! Er wurde von den Engländern in Bad Oldesloe eingesperrt, es war eine lebensgefährliche Situation. Annemarie war verzweifelt. Täglich fuhr sie mit dem Fahrrad nach Bad Oldesloe in der Hoffnung, mit einem Verantwortlichen sprechen zu können, doch man ließ sie abblitzen. Eines Tages, als sie völlig niedergeschlagen auf einer Wartebank saß, kam ein englischer Offizier vorbei. „What has happened, madam, You are so sad!?“ „My husband is prisoned here since weeks, nobody wants to talk with me and listen, what I have to say!“ „But I will listen to you, madam. Come on, tell me, what has happened?“ Ein zweiter Offizier kam hinzu und rügte ersteren, weil er mit der Deutschen sprach. Er aber entgegnete:

„I <u>will</u> listen to the lady!“ So kam Hans-Georg wieder frei, denn Annemarie hatte den schlichten Vorschlag gemacht, ihm doch einmal die Nazi-Uniform anzuziehen. Sie wusste nämlich, dass besagter Graf Finkenstein ein langer, dünner Kerl war, Hans-Georg dagegen mittelgroß und mit Ansatz zum Bauch!

Nun möchte ich weiter aus dem Bericht meines Vaters von 1958 zitieren!

„Im Mai 1945 traf ich den Fürsten Eulenburg-Hertefeld aus Liebenberg in Hamburg. Der Fürst bat mich, an den Niederrhein zu fahren, um festzustellen, in welcher Verfassung sich sein dortiger Besitz befände. Es handelte sich um 9 verpachtete Höfe und Wald, zusammen 1400 Morgen. Ich fuhr sofort ab und brauchte, nur bei Tage auf offenen Kohlezügen fahrend, 5 Tage bis Geldern, wo die Bahn wegen der Kriegszerstörung endete. Nachts durfte man wegen der Ausgehsperre die Bahnunterführungen auf den Bahnhöfen nicht verlassen.

Die 15 km von Geldern nach Weeze ging ich zu Fuß, eine große Anzahl entlassener Kriegsgefangener kam mir entgegen. In Weeze fand ich Unterkunft bei dem alten Rentmeister des Fürsten Eulenburg, mit dem ich in den folgenden Tagen per Rad alle Pachthöfe und den Wald eingehend besichtigte, um einen genauen Bericht über die starken Kriegsschäden zu verfassen. Im Wald fanden wir keinen Baum, der weniger als 50 Treffer hatte. Wieder in Hamburg, kam der Fürst zu dem Entschluss, für seinen Sohn Wendt zwei Höfe aus der Pacht zu nehmen und mir den Thelenhof zu verkaufen. Die Pächter sind von uns mit je 25 Morgen geschenkweise abgefunden worden … Sie waren glücklich, eigenes Land zu bekommen."

Bei einem alten Freund meiner Eltern, Georg Freiherr v. Maltzahn, hörte sich diese Geschichte völlig anders an. Er war von Fürst Eulenburg zuvor schon an den Niederrhein entsandt worden in der gleichen Mission. Herr v. Maltzahn war eine ganz andere Natur als mein Vater und kehrte zurück mit dem Bericht: „Dort können wir nicht hin! Alles ist zerstört, zerbombt, dem Erdboden gleichgemacht. Der Wald ist furchtbar zerschossen, die Felder von Bombentrichtern übersät! Unmöglich, dort eine Existenz zu gründen!"

Diese Nachricht befriedigte den Fürsten zum Glück nicht und er entsandte meinen Vater. Sein Bericht muss sich folgendermaßen angehört haben: „Dort gibt es wunderbaren Ackerboden, fruchtbar und leicht zu bearbeiten. Das Klima ist sehr günstig. Zwar ist alles furchtbar zerstört, aber was macht's? Wir werden die Ärmel hochkrempeln und arbeiten und alles in Ordnung bringen, auch den Wald neu aufforsten. Packen wirs an!"

So also rollte der uckermärkische Treck über die Elbbrücken aus Hamburg südwestwärts, dem linken Niederrhein zu. Sein Ziel war Uedemerfeld, der bäuerliche Ortsteil von Uedem im Kreis Kleve. Freilich mussten die tapferen Pferde einen 100 km langen Umweg über Duisburg machen, da es dort die nördlichste befahrbare Rheinbrücke gab.

Vorbei an Gespensterstädten wie Rees, Wesel, Moers und Xanten, die zu 95 % dem Erdboden gleichgemacht waren, erreichte der Zug schließlich wohlbehalten den Thelenhof!

Teil 1

1. Der Neubeginn am Niederrhein

In Uedemerfeld, diesem langgezogenen Tal, lagen die Höfe schwer und ruhig in einer langen Reihe. Blickte man von der Anhöhe auf sie herab, so schien es, als hätten sie von Anbeginn der Zeit zu dieser Landschaft gehört. Mit ihren dunklen Gemäuern und schwarzen Dächern, umgeben von Obstbäumen, fügten sie sich harmonisch in das Bild aus Feldern, Wiesen und Wäldern. Einzig der Thelenhof besaß rote Dächer, die in der Sonne leuchteten, und eine für den Niederrhein unübliche Form: drei Gebäude nebeneinander mit spitzen Giebeln.

Von nun an begann ein reges, frohes Treiben auf dem Hof, dessen Gemäuer solches Leben nicht gekannt hatten. Das Pächterehepaar Weber – kinderlos – hatte recht und schlecht gewirtschaftet, ohne Dynamik, und alles machte einen heruntergekommenen Eindruck. Das sollte sich nun ja ändern. Zunächst aber mussten die Webers abgefunden werden. Mein Vater gab ihnen 25 Morgen Land auf der Anhöhe Richtung Uedem und ließ ihnen dort einen eigenen kleinen Hof errichten. Bis dieser jedoch fertiggestellt war, vergingen zwei Jahre, in denen meine Eltern mit Webers auf engstem Raum zusammenlebten.

Die neuen Nachbarn zur Rechten und zur Linken waren sehr freundlich und hilfsbereit. Wiewohl die Familie Arnim ihnen gänzlich fremd war, dehnten sie ihre tiefverwurzelten nachbarschaftlichen Sitten auch auf meine Eltern aus. Diese Tugend der Niederrheiner sollten nach den Flüchtlingen und Vertriebenen, die zur damaligen Zeit in das Land strömten, noch viele „Zugereiste“ erfahren. Sie rührt wohl daher, dass der Niederrhein seit jeher ein Durchreiseland war, das von vielen verschiedenen Völkern geprägt worden ist.

Entsprechend aufgeschlossen und tolerant ist die einheimische Bevölkerung. Auch meine Eltern bekamen das gleich zu spüren. „Pflücken Sie nur von unserem Obst und auch die Beeren im Garten!“, bot die alte Frau Paeßens vom Scholtenhof an. Frau Thyssen vom Hockshof stellte Ackergeräte zur Verfügung, die die Eltern auf der

Flucht nicht mitgeführt hatten, und das so lange, bis sie diese selbst anschaffen konnten. Pflug, Egge, Walze, Grubber, alle diese Geräte durften benutzt werden. Die Familie Roeloffs bot Quartier für die Großeltern Fink, die sich inzwischen auch eingefunden hatten. So konnten sie vorläufig auf Gravenhorst wohnen, einem wunderschönen alten „Haus", wie man am Niederrhein die befestigten mittelalterlichen Wohnsitze nennt.

Später, so träumten die Großeltern, würden sie nach „Pappelkat" ziehen, einer der entzückenden kleinen Katstellen, die zum Thelenhof gehörten. Katen sind kleine Höfchen mit Ställen für ein bis zwei Kühe, ein paar Schweine, Schafe, Geflügel und manchmal ein Pferd, mit einem Gemüsegarten und etwas Land. „Pappelkat" lag an der Ley – so nennt man am Niederrhein die Entwässerungsgräben in den Brüchen – und war umgeben von Wiesen. Die andere Kate, auch an der Ley gelegen, lag inmitten eines Eichenwaldes und man gelangte über einen wunderschönen Waldweg dorthin. In der heutigen Zeit sind diese Katen heißbegehrte Immobilien, für die hohe Preise gezahlt werden.

Der Traum der Großeltern zerschlug sich jedoch. 1947 wurden beide Katstellen vom Rheinischen Heim konfisziert und an die dort wohnenden Kätner abgegeben, d.h. an die Familien, die im Gegenzug dafür, dass sie die Katstellen bewohnen und bewirtschaften durften, dem Besitzer Hand- und Spanndienste geleistet hatten. Statt dieser mussten die Kätner jetzt Kredite abbezahlen, was oft viel schwerer fiel.

Von Tag zu Tag wurde es lebendiger auf dem Hof. In dem Tempo, in dem kleine Zimmer fertig gestellt wurden, gesellten sich zu den Eltern, Adolf, Bernd und Gabriele weitere Flüchtlinge und Vertriebene, die beim Aufbau und Umbau des Thelenhofes halfen. Sie alle fanden eine Bleibe, bescheiden zwar, doch ausreichend, um wieder Hoffnung zu schöpfen und zufrieden zu sein.

Das alte, langgestreckte Bauernhaus mit dem tiefen Satteldach und den spitzen Giebeln war zu Webers Zeiten noch im ursprünglichen Zustand gewesen, d. h. in Hinterhaus und Vorderhaus aufgeteilt. Die am Niederrhein allgemein übliche T-Form bei Bauernhöfen – das Vorderhaus quer an das Hinterhaus gebaut und dazu abgewalmte Dächer – traf auf den Thelenhof nicht zu. Er war im sogenannten Twenthe Stil (Overijssel, Holland) errichtet: Unter dem großen spitzen Satteldach befanden sich im Hinterhaus Kuh-, Pferde- und Schweineställe und darüber gab es eine Lage Fichtenstangen, auf der das Stroh bis unter das Dach gestapelt wurde. Ebenfalls im Hinterhaus war auch die Waschküche, in der man nicht nur die Milchkannen, sondern auch die Wäsche wusch. Hier befand sich auch die einzige Wasserpumpe im Haus. Von dort gelangte man durch die eiserne Zwischentür in das Vorderhaus. Das war durch eine Mauer von den Ställen abgeschirmt, die bis hoch in die Dachspitze und noch ein Stück aus dem Dach herausgezogen war. Diese Mauern gab es auf jedem Hof; sie sollten bei Feuer das Wohnhaus schützen. Durch einen dunklen Flur gelangte man in eine noch dunklere Küche, die zwar groß, aber sehr primitiv und rußgeschwärzt war. In dieser Küche sollten während vieler Monate Webers mit meinen Eltern und all den vielen Menschen um sie herum gemeinsam kochen und essen! Es gab noch drei weitere Zimmer im Wohnhaus, die Webers vorbehalten waren, solange ihr Hof nicht fertiggestellt war.

Im Hinterhaus hingegen änderte sich alles schnell. Alle alten Ställe wurden herausgerissen, man zog eine Betondecke ein, zur Sonnenseite hin wurde eine neue Küche mit Kammern und drei kleine Zimmer gebaut und zur andern Seite schöne Pferdeställe. In der Mitte aber blieb die große Tenne mit dem Tennentor zum Vorderhof. Das Haus bekam eine Koks-Zentralheizung und rundherum schöne, große, weiße Sprossenfenster. Meine Eltern bezogen mit Gabriele die drei kleinen Zimmer an der Tenne und richteten sie, wie schon in Witzhave, gemütlich mit den schönen Möbeln ein.

Adolf und Bernd arbeiteten schwer beim Umbau des Hauses. Von den vielen fleißigen Helfern, die sonst noch für uns arbeiteten, möchte ich besonders Horst und Erika Hein erwähnen. Später bekamen sie eine Siedlungsstelle im Reichswald bei Kleve. Oder der Rumäniendeutsche Martin Promer, ein Maurer, der uns viele Jahre hindurch unsere Maurerarbeiten erledigte. Der Arme war durch Phosphorbomben ganz entstellt, eine Gesichtshälfte war weggebrannt. Er lernte bei uns Käthchen kennen und heiratete sie. Ihre beiden gemeinsamen Töchter waren überdurchschnittlich intelligent, jedoch trug die zweite die gleichen Wundmale im Gesicht wie ihr Vater. „Käthchen hat sich verguckt", sagte meine Mutter immer. Der Schreiner Koß zog ebenfalls zu uns und war lange Zeit eine unentbehrliche Stütze. Später bekleidete er das Amt des Küsters an der evangelischen Kirche. Und dann Allzeits: Onkel Albert mit dem Hinkefuß wurde Gespannführer,

Tante Luise half in der Küche und Fritz, der Sohn, damals 16-jährig, packte tüchtig überall mit an. Viele Jahre blieben sie bei uns.

Bald wimmelte es auch von Eleven auf dem Thelenhof; wie alle anderen hier kamen sie aus dem Osten und brauchten ein Zuhause. Die weiblichen Lehrlinge halfen, den riesigen Haushalt zu bewältigen, die männlichen bei der Landwirtschaft und beim Ausbau des Hofes. Alle hatten ihre Kammern auf dem Dachboden über dem Vorderhaus und dort ging es dann auch entsprechend hoch her.

Adolf und Bernd waren in den besten Flegeljahren, was Frauengeschichten betraf. Mein Vater hatte alle Mühe, sie einigermaßen im Zaum zu halten, fühlte er doch Verantwortung für die jungen Mädels in seinem Haus. Die jedoch verliebten sich allesamt prompt in Adolf, den Herzensbrecher, der dann natürlich die Mädchen auch „rumkriegte“. Die Enttäuschung einer jeden, wenn aus der versprochenen Ehe nichts wurde, war dramatisch. Ich erinnere mich noch dunkel an den Selbstmordversuch einer jungen, feurigen Italienerin, Tochter von Freunden der Eltern, die in den Ferien auf dem Thelenhof weilte.

Bernd verliebte sich heftig in ein zigeunerartig schwarzes Mädchen namens Pütti und reiste ihr im Klo eines Personenzuges – da ständig ohne Geld – bis an die Ostsee nach, als ihr Lehrjahr zuende war. Ein anderer Eleve, Alexander v. Arnim, hatte sich ebenso heftig in Pütti verliebt. Als Alexander einmal unterwegs war, machten die Brüder sich den Spaß, eine Wäscheleine zu spannen von Püttis Kammerfenster hinüber zum alten Kirschbaum im Garten und daran ihre Höschen und BHs zu hängen. Nun warteten sie, bis Alexander mit dem Fahrrad den Weg herauf kam. Der sah die Wäsche, trat schneller in die Pedale, stürzte die Treppe hoch und hinein in ihre Kammer – doch Pütti war gar nicht da!

In der Zeit war vieles verboten, also geschah es heimlich. So auch das Schnapsbrennen, aus Zuckerrübenschnitzeln in der Mühle nebenan. Dabei flog Adolf und Bernd einmal der Destillierkessel um die Ohren. Es wurde auch schwarz, d.h. heimlich geschlachtet. Dies geschah in Gravenhorst, dem Haus der Familie Roeloffs. Einmal traf ein neuer Eleve, Hüni v. Saldern, abends auf dem Thelenhof ein und saß mit meinen Eltern in der Küche, die, wie schon beschrieben, eher einer Räuberhöhle glich. Da kamen zwei blutbespritzte Kerle herein mit blutigen Messern in der Hand – Adolf und Bernd hatten schwarz geschlachtet – und dem Hüni fielen fast die Augen aus dem Kopf. Später erzählte er, er hätte in dem Moment wirklich nicht gewusst, ob er aus Angst fliehen oder darauf vertrauen sollte, dass er doch eigentlich im Hause eines Grafen Arnim eine Lehre machte.

Auch der Kuhstall wurde auf den neuesten Stand gebracht. In der Zeit war ein Tiefstall die bewährteste Methode. Also wurde ein Futtergang angelegt mit einer langen Krippe und Anbindestangen für 35 Kühe. Für die Kühe wurde ein großer offener Laufstall tief ausgehoben, sodass im Laufe des Winters der Mist anwachsen konnte und nur einmal jährlich ausgemistet wurde. Man brauchte nur täglich das über dem Stall gelagerte Stroh hinunterzuwerfen und einzustreuen, eine für die damalige Zeit recht arbeitssparende Sache.

Alle Umbaumaßnahmen auf dem Thelenhof mussten unbedingt vor der Währungsreform fertig werden, da man nicht wusste, wie viel die Reichsmark danach noch wert sein würde. Sie wurden auch fertig! Sogar ein Garten konnte noch rechtzeitig angelegt werden. Ein Garten! Ein richtiger Gartenarchitekt wurde bestellt und mit den letzten verbliebenen Reichsmark und ein paar Speckseiten entlohnt! Bis dahin war das Bauernhaus von Schweineweiden mit Obstbäumen umgeben gewesen, an denen sich die Sauen schubberten. Die Obstbäume wurden im Garten belassen und gaben ihm noch für lange Zeit den Charakter eines Bauerngartens.

Aber entlang des Hauses, dort, wo die Schweinetüren gewesen waren und jetzt schöne weiße Sprossenfenster dem Gebäude ein neues freundliches Aussehen gaben, wurde ein großes Beet angelegt mit Kletterrosen, Glyzinien und blühenden Büschen. Ein Freund der Eltern, Architekt Godber Nissen, entwarf eine schöne große, weiße Haustür mit Sprossenfenstern auf beiden Seiten, die die neue Ansicht des Hauses harmonisch ergänzte. Der Gartenarchitekt entwarf drei Rasenflächen. „Machen Sie Platz, hier komme ich mit meiner Phantasie entlang!“, soll er einmal gesagt haben, als er über das gepflügte und glattgezogene Gartenland lief. Jede dieser Flächen wurde mit Stauden im Vordergrund und Rhododendren, Pontischen Azaleen , Hydrangea, Hortensien, Mahonien und im Hintergrund Hisakurakirschen, Magnolien und vielen anderen blühenden Büschen und Bäumen umpflanzt. Jeder Rasen für sich sollte ein „Gartenzimmer“ werden, eine eigene Atmosphäre besitzen. Es wurden auch viele verschiedene immergrüne Büsche und Bäume gepflanzt: Ilex, Wacholder, Pfitzer,

Taxus, Eiben, Douglasien und eine Zeder, die besonders im Winter dem Garten seinen Zauber verleihen sollten.

Am Giebel des Vorderhauses, der mit einem alten wilden Weinstock bewachsen war, wurde eine Terrasse angelegt. Herr Koss hatte schwere weiße Gartenmöbel angefertigt, die jetzt dort aufgestellt wurden. Ein großes Rosenbeet bildete den Abschluss der Terrasse, dann kam wieder ein Rasen, umgeben von Blumen und Büschen. Dahinter trennte eine Ligusterhecke den neuangelegten Garten vom großen Gemüsegarten, der selbstverständlich zum Hof gehörte und so, wie er war, schon lange existiert hatte. Niedrige Buchsbaumhecken säumten den Mittelweg und Pfirsichbäumchen, Himbeeren und Johannisbeersträucher standen darin. Dieser Garten wurde das Reich meines Großvaters Fink, er widmete ihm viel Liebe und Kraft. Der Hof und der große Garten wurden ganz von einer Weißdorn- und Buchenhecke umpflanzt, die das Grundstück vom Feldweg trennen und später einmal das Ganze schützen sollte, als wäre es ein Dornröschenschloss.

Man kann sich leicht denken, wie riesengroß die Freude über diesen neugeschaffenen Garten war! Unter dem Apfelbaum, der mitten auf dem großen Rasen an der langen Seite des Hauses stand, waren ebenfalls neue weiße Gartenmöbel aufgestellt worden. Alle Menschen vom Hof saßen oft und gerne hier, um den schönen Anblick zu genießen. Vor ihnen lag nun das große alte Bauernhaus mit dem tiefen Satteldach und den freundlichen weißen Sprossenfenstern, die von dunkelgrünen Fensterläden (Blenden) eingerahmt wurden. Ein rechtes Symbol für die Hoffnung und Zuversicht in den Herzen der Menschen lag in dem hübschen, neu angelegten Garten, der schon in seinem ersten Sommer verschwenderisch blühte!

In diese Hochstimmung, in diesen überaus glücklichen Neubeginn nach dem Kriege, nach Flucht und Vertreibung, wurde ich am 12. Juni 1947 mitten hinein geboren, als jüngstes Kind mit zehn Jahren Abstand zu Gabriele, 20 Jahren zu Bernd und 22 zu Adolf. In jener Zeit war es empfehlenswert, ein ordentliches Krankenhaus aufzusuchen, da am Niederrhein alle zerbombt waren und die Behelfskrankenhäuser an Hygiene zu wünschen übrig ließen. So fuhr Annemarie rechtzeitig zu ihrer Schwester nach Düsseldorf und wartete dort meine Geburt ab. Als ich mich anmeldete, wurde, da die Telefonleitungen noch zerstört waren, ein Telegramm nach Uedem gesandt des Inhalts: „Papi soll heute noch kommen!" Der Postmann verstand jedoch schlecht und machte daraus: „Opa soll heute noch kommen!" Opa Fink fühlte sich aber irgendwie nicht angesprochen und so fuhr eben niemand nach Düsseldorf. Annemarie lag im Wochenbett und wartete vier oder fünf Tage, schließlich erschien Hans-Georg dann doch mit Gabriele. Die strahlende Mutter zeigte ihm das Baby, mich, woraufhin er mit enttäuschtem Ausdruck hervorbrachte: „Ja, aber die hat ja rote Haare! Ja, aber die Beine sind ja ganz krumm! Ja, aber die hat ja ne Warze am Ohr!" Annemarie entgegnete nur: „Das nächste Kind kriegst du!"

Da die Erdbeerzeit begann, hatten der Vater und Gabriele die ersten frischen mitgebracht und sie auf den Nachttisch der Mutter gestellt. Nachdem beide lange und sehnsüchtig immer nur die Erdbeeren angestarrt hatten, sprach Annemarie endlich die erlösenden Worte: „Nun esst sie schon auf!" Die Augen leuchteten und binnen kurzem waren die Erdbeeren vertilgt, ohne dass das Mütterchen auch nur eine einzige abbekommen hätte.

Den ganzen Sommer über lag ich in meinem Körbchen im Garten im Schatten der Obstbäume; Hunde und Katzen spielten drumherum und die Vögel sangen. „Wat en lecker Fräuken!", sagte der alte Weber, wenn er an mein Körbchen trat, und die Eltern amüsierten sich königlich über diese niederrheinischen Worte.

Die Taufe wurde zu einem großen Fest, dem ersten für unsere Familie auf dem Thelenhof. Die frisch fertiggestellte Tenne wurde festlich geschmückt. Die großen Teppiche, die über die Treckwagen als Regendach gespannt worden waren, wurden in der Tenne ausgebreitet, ein Altar wurde aufgebaut und mit schönem Familiensilber geschmückt. Alle aus der Familie Arnim, die kommen konnten, kamen, dazu Freunde von nah und fern. Alle bewunderten und beneideten meine Eltern, die es als einzige der großen Familie geschafft hatten, sich wieder eine Existenz auf dem Lande aufzubauen. Nur ich hätte meine Taufe um ein Haar nicht erlebt. Ich lag in meinem Körbchen, schon festlich angezogen, in einem der drei kleinen Zimmer, die meine Eltern bewohnten, und man hatte ein Heizöfchen zu nah an mich herangerückt. Die Volants an meinem Körbchen fingen an zu schwelen und es begann stark zu qualmen. Nur mein Husten, das schließlich auf der Tenne gehört wurde, rettete mich!

Die Eltern hatten alles schlachten lassen, was es zu schlachten gab: ein Schwein, ein Kalb, ein Lamm, Geflügel aller Art, und zum ersten

Mal nach vielen und langen Jahren aßen alle, so viel sie nur konnten. Mein Patenonkel Albrecht v. Arnim-Fürstenau, der direkt aus russischer Gefangenschaft zu uns gekommen und restlos verhungert war, aß so viel, dass meine Eltern um sein Leben bangten.

Onkel Büdi Eulenburg, der alte Fürst, der meinem Vater in seiner Güte den Thelenhof verkauft hatte, wurde ebenso mein Patenonkel wie Tante Hilde Eulenburg, die inzwischen mit ihrem Mann, Onkel Büdis Sohn Wendt, auf den Hammhof gezogen war. Jedoch das ländliche Leben auf diesem Bauernhof an der Niers war ihre Welt nicht und nach einigen Jahren zogen beide für immer von hier fort. Onkel Büdi hingegen lebte mit seiner Frau Marie, einer geborenen Freifrau Mayr-Melnhof, noch lange Jahre in Hertefeld, dem Stammsitz der Familie bei Weeze. Ich erinnere mich, obwohl ich klein war, wie sehr mir seine vornehme Gestalt immer Eindruck gemacht hat. „Einen der letzten Grandseigneurs", hatte mein Vater ihn genannt.

Zu meiner Geburt kam ein weiterer gütiger Mensch zu uns auf den Hof, Schwester Elisabeth Werner. Sie antwortete auf ein Inserat, das meine Eltern aufgegeben hatten, da sie eine Kinderschwester für mich suchten. „Pita", wie sie fortan genannt wurde, stammte aus einer Essener „Kruppianer-Familie", jener kaisertreuen und der Familie Krupp in Treue dienenden Arbeiterfamilien, die auf ihren Status zu Recht stolz waren, erwies sich doch die soziale Fürsorge für die Arbeiter bei Krupp als vorbildlich. Sie war als junge Frau nach Ostpreußen gegangen und hatte dort einen Kindergarten geleitet – ihre glücklichsten Jahre, wie sie oft beteuerte. Die dramatische Flucht aus Ostpreußen hatte sie zu Fuß und ohne Schuhe zurückgelegt, obwohl eisige Temperaturen geherrscht hatten. Sie war ein vollkommen selbstloser Mensch, der sich hundertprozentig für andere aufopferte, wie auch wir bald erfuhren.

Pita also kam zu uns, und bald schon betreute sie nicht nur mich, sondern den gesamten Haushalt und das Federvieh. Meine Mutter brachte ihr bei, vorzüglich zu kochen. Ihre kleine, stets adrette Erscheinung mit der weißen Schwesternschürze gehörte bald und unverzichtbar zum Bild des Thelenhofes.

Für mich wurde Pita meine Hauptbezugsperson, sie war mir Großmutter und Kinderfrau zugleich, sie war immer und immer da. Meine eigenen Großmütter habe ich nicht gekannt. Großmutter Arnim musste, wie schon berichtet, im Osten bleiben und Oma Fink starb einige Monate vor meiner Geburt, viel zu früh! Auf dem Thelenhof waren einige Menschen an Diphtherie erkrankt, einer Krankheit, die damals, als sich kein Pennicillin auftreiben ließ, lebensgefährlich war. Meine Großmutter pflegte diese Menschen gesund, doch infizierte sie sich und starb nach wenigen Tagen. Für Opa Fink war ihr Tod ein großer Schock gewesen und auch Annemarie konnte den Schmerz um sie nie ganz verwinden. Wie oft bedauerte sie, dass ich ihre Güte und ihren Humor nicht mehr erleben durfte.

Gabriele wuchs inmitten allem lebendigen Geschehen des Thelenhofes auf – und war doch irgendwie allein. Die Brüder waren erwachsen und amüsierten sich zusammen mit den Eleven und Elevinnen. Ich war als Neuankömmling natürlich auch ein Mittelpunkt. Gabriele hatte wenig Spielgefährten. In der Schule wurde sie gehänselt als Flüchtlingskind, und zwar nicht von den Mitschülern, sondern von einem der Lehrer. Die Kleidung, die wir trugen, stammte in jenen Jahren fast ausschließlich aus Amerika. Wie freuten wir uns über die Ankunft der Pakete beim Zollamt Goch! Für jeden von uns war etwas dabei, denn eine kinderreiche amerikanische Familie, die meine Eltern von irgendwoher kannte, schickte uns regelmäßig alle ihre abgelegten Kleidungsstücke. Gabriele wurde von jenem Lehrer vor die Schulklasse gestellt in ihren häufig schon zu kurzen Sachen, die zudem geflickt waren. Und der Lehrer Büchel deutete auf sie und sagte: „Schaut euch die kleine Gräfin an!" Gabriele weinte oft, traute sich aber nie, zuhause etwas zu sagen, denn mein Vater wäre bestimmt nicht zimperlich gewesen mit Lehrer Büchel. Dieser wurde später der Schule verwiesen wegen noch anderer sadistischer Taten an seinen Schülern. Gabriele ging bald auf ein Internat, wo sie sich wohler fühlte als daheim und wo sie unter Gleichaltrigen Freunde fand.

Endlich zogen die alten Pächter, die Webers, aus! Welch eine Erleichterung für beide Seiten! Nun konnten meine Eltern endlich daran gehen, ihr Haus einzurichten. Aus der alten dunklen Küche wurde ein großes Wohnzimmer mit einem Kamin. Über diesen hängten die Eltern das große wunderbare Bildnis des ersten Grafen Arnim, von Anton Graff gemalt. Alle die schönen Renaissancemöbel aus Zichow und von den Großeltern Fink stellten sie dort hinein. Der große Gewehrschrank und der schwere Schreibtisch aus Zichow, beide mit Reliefschnitzereien – der Schrank mit religiösen Szenen, der Schreibtisch mit niederländischen Volksfestszenen wie bei Brueghel, der kleine, antike Aktenschrank von 1603, die große toscanische Kredenz der Großeltern Fink und das Betpult. Die Eltern überlegten lange, ob sie sich ein Esszimmer einrichten oder lieber jeder einen Raum für sich haben sollten. Sie entschieden sich zum Glück – wie sich in ihrem weiteren Leben zeigen sollte – für Letzteres. So wurde auch ein großer Esstisch ins Wohnzimmer gestellt mit einer Eckbank und alten lederbezogenen Stühlen.

Meine Mutter bekam einen hellen, freundlichen Salon, das Gartenzimmer, mit einer Glastür, die auf die Terrasse führte. Sie ließ es rosa streichen und stellte alle ihre herrlichen Barockmöbel hinein. Viele Bücher und viel Porzellan fanden hier ihren Platz. An einer Wand hing das große Bildnis meiner Mutter, von Professor Michailov gemalt, und an einer anderen die Pastellmadonna von Heinrich Heuser. Im Schlafzimmer meiner Eltern, das nach Nordosten lag, standen die neu geschreinerten Kirschholzmöbel, die dem Elsässer Barockschrank in der Diele nachempfunden waren, dazu eine Rokoko-Sitzgruppe und eine barocke Kommode, darüber hing ein herrlicher großer Spiegel mit einem barocken, vergoldeten Schnitzrahmen. Gabriele bekam ein schönes großes Zimmer und ich ein anderes hinter dem Badezimmmer, welches meine Eltern ebenfalls groß und bequem hatten einbauen lassen. Von der Haustür gelangte man in eine hübsche Diele mit einer Renaissance-Schnitztruhe und besagtem Elsässer Schrank. Daneben lag die neue große Küche mit dem Esstisch, der ausgezogen 18 Leuten Platz bot. Wie war die Freude groß über den neu gewonnenen Raum und darüber, wie sehr die vielen schönen geretteten Sachen hier zur Geltung kamen!

Ich möchte diese Kapitel, die ich zum großen Teil nur auf der Grundlage von Erzählungen meiner Eltern und Geschwister wiedergeben kann, nicht beenden, ohne die Geschichte von den „Bettgänsen" erzählt zu haben:

Es war ein heißer Sommertag, 33°C im Schatten. Die Pute, die seit Wochen auf den Gänseeiern gesessen hatte, gab ihren Geist auf, kurz bevor das Schlüpfen beginnen sollte. Jemand musste nun den Rest besorgen! „Mütterchen, du musst ins Bett!", entschied Hans-Georg, und Annemarie, die seit jeher eine Vorliebe fürs „Im-Bett-Liegen" hegte, sagte nicht nein. Die Gänseeier wurden in ihr Bett gebracht, Annemarie legte sich dazu und bekam noch eine Wärmflasche an die Füße. Eine dicke Decke sorgte für gleichmäßige, gute Wärme. Hans-Georg erklärte: „Wir fahren Schwimmen", nahm die weiblichen Eleven mit und verschwand mit dem VW-Käfer an den Baggersee. Da lag Annemarie nun, es war ihr heiß und sie konnte in Ruhe über den ewigen Auftrag der Frau, Leben zu spenden, nachdenken. Während sie so still lag, begann sich etwas unter ihr zu regen. Die ersten Küken pickten! Fasziniert erlauschte, erfühlte sie das Wunder, das da geschah.

Währenddessen klopfte es an die Haustüre. Pita öffnete und draußen stand der Baron Nagel-Vornholz mit seiner Frau, beide elegant gekleidet. Sie wollten Besuch bei meinen Eltern machen. „Herr Graf ist zum Schwimmen und Frau Gräfin kann nicht kommen. Sie liegt im Bett und brütet Gänseeier aus!", entfuhr es Pita, und so zogen die beiden wieder ab, verwundert ob der merkwürdigen Menschen, die hier an den Niederrhein gezogen waren. Pita erzählte nichts von ihren Auskünften und erst viel später, auf irgendeiner Gesellschaft, trafen die Eltern Nagels und erfuhren so, was Pita ihnen ausgeplaudert hatte.

2. Eine Kindheit auf dem Bauernhof

Aus meiner frühen Kindheit möchte ich zuallererst von Opa Fink berichten. Ich erinnere mich noch so lebendig an ihn, wie er mit uns auf dem Thelenhof lebte, obwohl ich erst fünf Jahre alt war, als er uns verließ. Stets mit einer weißen Kapitänsjacke bekleidet und in Sommertagen mit einem Strohut auf dem Kopf, zupfte und jätete er unermüdlich im Gemüsegarten und zog für den Haushalt alles nur mögliche Gemüse heran, dazu Beeren und Schnittblumen. Er suchte sich nützlich zu machen, wo er nur konnte, so z. B. auch als „Kutscher", wiewohl er diese Aufgabe nie perfekt beherrschte.

So passierte es ihm einmal, dass die Pferde durchgingen, als er einen vollbeladenen Wagen vom Landhändler Beeker in Uedem den Hohlweg[2] bergab kutschierte. Mein Vater sah die Pferde mit dem Wagen auf den Hof rasen, darauf Opa Fink mit hochrotem Kopf, der Länge nach ausgestreckt, krampfhaft an der Zügeln ziehend. Kaum hatten die Pferde den Hof erreicht, bremsten sie von selbst wieder ab.

Nichtsdestotrotz fuhr er einmal die Orgel aus der evangelischen Kirche zu Uedem, die durch Bomben beschädigt war, mit seinem Gespann nach Kevelaer in die Orgelwerkstatt zur Reparatur und zurück.

Aber seine schönste Aufgabe als Kutscher war es, Marianne und Joseph (Jupp) Roeloffs aus Neugravenhorst bei ihrer Hochzeit zur Kirche zu fahren. Im Frack und Zylinder sah er auf dem Bock der geschmückten Kutsche so richtig feierlich aus. Für mich war es die erste Hochzeit, an die ich mich erinnere. Wie immer in geflickten Sachen aus Amerika, traute ich mich nicht, mich unter die festlich gekleideten Kinder zu mischen, die zur Hochzeitsgesellschaft gehörten. Jedoch war ich neugierig und immer in der Nähe. Als alle in der Kirche waren, kam für mich der große Augenblick! Mein Großvater hob mich auf den Kutschbock und fuhr mit mir eine Runde durch Uedem. War ich stolz! Später lugte ich immer zwischen dem Grün hindurch auf die Hochzeitsgesellschaft, die in der geschmückten Scheune an langen Tafeln saß und so festlich speiste, wie ich es noch nie gesehen hatte. Pita, die auch mit servierte, wollte mich immer nach Hause schicken, doch ich ging nicht. Und es lohnte sich: Als die Hochzeitsgäste sich nach dem Essen ein bisschen die Beine vertraten, wurde ich auf das rote Brautsofa gesetzt und bekam eine Riesenportion Eis!

Seine größte Aufgabe aber sah Opa Fink darin, mir ein liebender Großvater zu sein. Er gab mir so viel, dass ich glaube sagen zu können: Ein Kind, das noch alle vier Großeltern hat, könnte es nicht besser haben. Er wohnte in „Opa Oben“, einem gemütlichen Zimmer über der Diele unter dem Dach. Vor seinem Mansardenfensterchen stand sein schöner Dresdner Barockschreibtisch und er konnte in den Garten und weit über die Felder schauen, wenn er dort saß. Sein Zimmer war gespickt mit Erinnerungsstücken aus seiner Seemannszeit. Bilder dicht bei dicht zierten die Wände.

Es gab überall besondere Gegenstände wie z. B. eine zerbrochene silberne Suppenkelle, mit der seine Kameraden auf die Pauke gehauen hatten, als sie den bis zur Bewusstlosigkeit betrunkenen Max Fink nach der Junggesellenabschiedsfeier auf einer Bahre davontrugen. Natürlich war diese Szene in einer Zeichnung festgehalten worden, die an der Wand hing, und die ich wie alles andere hier im Zimmer immerzu bewunderte – so auch die Epauletten seiner Kapitänsuniform und natürlich die Orden! Der für ihn wertvollste war ein goldenes Herz aus Messing mit sonnenähnlichen Strahlen. Diesen Orden hatte ihm seine Crew in der Normandie machen lassen und in Liebe und Ehrerbietung verliehen. Es gab ihn nur einmal auf der Welt: den Orden vom Goldenen Herzen!

Es gab da auch viele Erinnerungsstücke von seinem Aufenthalt im kaiserlichen China, wohin er seinerzeit mit dem Prinzen Adalbert v. Preussen eine Seefahrt unternommen hatte. Zum Beispiel bestaunte ich immer wieder die winzigen seidenen Schühchen, in die verstümmelte chinesische Frauenfüße zu dieser Zeit noch gesteckt worden waren. Der Prinz war ein enger Freund meines Großvaters gewesen und nach seinem Tod hielt seine Frau Adelheid, geb. Prinzessin Sachsen-Meiningen, weiterhin rege Verbindung zu meiner Mutter. Sie besuchte uns einige Male auf dem Thelenhof und es gibt noch heute einen Karton voll von ihren wunderbaren Briefen, die noch einer anderen Epoche entstammen, in der Briefeschreiben eine hohe Kultur war.

Alle Dinge, alle Bilder in Opa Finks Zimmer erinnere ich noch ganz genau. Oft quälte ich meinen Großvater damit, dass ich in herrischem Ton sagte: „Opa, alle Bilder von der Wand!" Der gute alte Mann machte dies dann tatsächlich und hängte sie anschließend alle wieder auf! Mein Großvater hatte schon seit jungen Jahren eine Glatze und es bereitete mir immer ein besonderes Vergnügen, dass er trotzdem zum Friseur nach Uedem ging. Ich konnte mir nie recht vorstellen, was er da wollte. Ich jedenfalls befahl ihm: „Opa, Glatze rasieren!" – und er seifte seinen Kopf ein mit auf einem Messingteller geschlagenem Schaum. Dann wetzte er sein Messer an einem Lederriemen und begann, sich den Kopf zu rasieren. Ich quietschte vor Freude! Vor allem aber las er mir vor. Den Struwelpeter, Grimms Märchen und seinen Liebling, Wilhelm Busch. Stundenlang saß ich auf der Lehne seines alten, tiefen Ledersessels und lauschte immer wieder aufs Neue den Geschichten von Max und Moritz oder vom Dackel Waldi.

Doch unser Haus war auf die Dauer zu eng für so lebhafte Persönlichkeiten wie meinen Großvater und meinen Vater. Es verlangte Opa Fink nach einem eigenen Leben. Und so kam der Tag, da er seinen Abschied feierte. Ich begriff die Traurigkeit der Stunde erst viel später, als ich Opa Fink so schmerzlich vermisste. In jenem Moment aber interessierte mich nur eines: Es gab Hummer! Während des Essens hielt Opa Fink eine Abschiedsrede und trug folgendes Gedicht vor, das er an mich, sein jüngstes Enkelkind, richtete:

Kleine Hand in meiner Hand,
ich und du im jungen Grase,
ich und du im Kinderland,
gehn wir auf der langen Straße:
deine Hand in meiner Hand!

Kleine Hand in meiner Hand,
die einander zärtlich fassen:
ich und du, nichts hat Bestand.
Einmal, ach! muss ich dich lassen,
kleine Hand in meiner Hand.

Kleine Hand in meiner Hand,
kleiner Schritt bei meinem Schritt,
kleiner Fuß im weiten Land:
Einmal geh ich nicht mehr mit.
Einmal gehst du ohne mich,
wie im Traum mein Bild verblich.

Alle saßen da mit Tränen in den Augen. Ich auch, aber nicht wegen des Gedichtes, dessen Sinn ich noch nicht verstand. Die ganze Zeit, während Opa redete, hatte ich vergebens mit meinem Hummerschwanz gekämpft, den ich in einem Stück in den Mund gestopft hatte. Fast wäre ich an ihm erstickt und ich war völlig verzweifelt. Da befahl Opa: „Spuck aus!“ Erleichtert würgte ich den gesamten Hummerschwanz wieder auf den Teller! Mir war gar nicht nach Lachen zumute wie den anderen und ich vergoss Tränen, weil ich mich schämte.

Opa Fink zog nach Wolfenbüttel, in diese entzückende alte Residenzstadt, wo er noch viele glückliche Jahre verlebte. Schriftlich hielten wir regen Kontakt, er schrieb mir viele liebevolle Briefe und ich kritzelte meine ersten selbst geschriebene Worte an: „Opa Fink, Wolfenbüttel“. Die Post kam an! Aber ich vermisste ihn unendlich! Seine immerwährende Munterkeit und sein Humor, seine Warmherzigkeit für Jedermann und seine Güte waren es, die eine große und schmerzliche Lücke nach seinem Fortgang hinterließen.

Mein Vater hatte gleich zu Beginn auf dem Thelenhof eine Nutriafarm aufgebaut. Diese biberähnlichen Pelztiere mit ihrem seidenweichen, braungrauen Fell brachten damals gutes Geld, zumal man auch noch das Fleisch verwertete. Die Tiere waren ganz sauber, ernährten sich von Gras und Weizen und schwammen viel in einem langen betonierten Graben, der quer durch ihre Weide führte und der täglich mit frischem Wasser aus der Ley vollgepumpt wurde. Die Nutrias erhielten auch Futterrüben, die sie mit ihren langen roten Nagezähnen beknabberten. Sie wohnten und bekamen ihre Jungen – wie die Meerschweinchen auch – in kleinen Stroh- oder Holzhütten. Jeden Sonntag kamen viele Menschen über die Wiese spaziert, um diese lustigen Tiere anzuschauen. Wenn sie geschlachtet wurden, mussten sie unbedingt trocken sein, da sonst der Pelz unbrauchbar wurde. So saß Adolf oft in der Küche, einen lebenden und fauchenden Nutria am Schwanz haltend, und föhnte ihn trocken. Nach Jahren lohnte sich die Nutriazucht nicht mehr und die letzten Tiere wurden einfach freigelassen. Sie fanden in den Entwässerunsgräben im Uedemer Bruch einen idealen Lebensraum, und noch heute kann man die Tiere, wenn man sich ruhig verhält, an der Ley beobachten.

Inzwischen gab es keine Eleven mehr auf dem Thelenhof. Allzeits waren ja da mit ihrem Sohn Fritz, Vater und Sohn als Gespannführer, Tante Luise zu Pitas Hilfe in der Küche. Heinz Kießler war auch zu uns gekommen, ein junger Mann aus Schlesien, der tüchtig, klug, warmherzig und mit einer Riesenportion Autorität ausgestattet war. Er sollte während meiner ganzen Kindheit die bestimmende Figur auf dem Thelenhof werden. Bernd verließ das Elternhaus, um seinen Weg „von der Pike auf" in der Schwerindustrie zu machen.

Eigentlich war ich ständig krank. Viel zu dünn, mit Beinen zum Gotterbarmen krumm und Augen, die weit aus dem Kopf hervortraten, lag ich oft und jedesmal wochenlang hochfiebernd mit den verschiedensten Infektionen im Bett.

Meine Eltern rieben sich oft schrecklich aneinander, worunter ich als Kind sehr litt. Die Nerven meines Vaters waren, besonders auch durch seine Kettenraucherei, stark angegriffen. Er brüllte oft ohne Grund jedermann an, besonders meine Mutter. Aus diesem Grunde fuhr sie mehrmals im Jahr für ein paar Wochen zu ihren Vizeeltern, wie sie sie nannte, einem kinderlosen Ehepaar, nach Karlsruhe. Die beiden hatten meine Mutter als junge Frau in Leipzig zu sich genommen und wie eine eigene Tochter verwöhnt. Sobald meine Mutter fort war, vermisste mein Vater sie schrecklich und schrieb ihr täglich lange Briefe auf der Schreibmaschine. Die endlosen Wochen ohne meine Mutter waren für mich furchtbar, auch Opa Fink war ja nicht mehr da und es gab nur die gute Pita, die mich von Herzen liebte. Sie arbeitete zwar von früh bis spät, ließ mich aber in ihrem Zimmer schlafen und umsorgte mich, wenn ich krank war. Meine Einsamkeit ist sicher der Grund dafür, dass ich damals immer mehr auf dem Feld und in den Ställen zu finden war und immer weniger im Haus. Ich verwilderte zusehends. Zwar musste ich, wenn beide Eltern da waren, stets zuerst mit ihnen „drinnen", d. h. im Wohnzimmer essen, doch viel schöner und lustiger war es danach „draußen" in der Küche mit den Männern. Ich war ja auch ständig von Hunger geplagt. Zweimal essen pro Mahlzeit war mir daher nur recht.

Tante Luise schälte täglich eine ganze Milchkanne voll Kartoffeln. Es gab Kartoffeln in immer neuer Form: Als Kartoffelpuffer (Reibekuchen), als Bechamelkartoffeln mit Speck, als Kartoffelsuppe, als Brei, als Schnee, gekocht und natürlich jeden Abend Bratkartoffeln. Dazu Milchsuppe morgens und abends. Es wurde noch selbst gebuttert und natürlich viel gebacken. Ich sehe Tante Luise noch sitzen und mit ihren kräftigen Oberarmen oft stundenlang Teig rühren für ein bestimmtes Rezept.

Sie stampfte auch das Sauerkraut in Fässer und sie wusch! Stunde um Stunde wurde die Wäsche auf dem Waschbrett gerieben und auf dem großen Waschtisch mit Schmierseife geschrubbt. In der Ecke der Waschküche dampfte der große, feuergeheizte Kessel mit der Kochwäsche. Anschließend wurde sie gespült, ausgewrungen, aufgehängt und später auf dem Hausboden mit der alten, hölzernen Wäschemangel geglättet. Dort oben stand auch der weiße Wäscheschrank, in den dann alles wieder sauber eingeräumt wurde. Diese vielen schweren Hausarbeiten von früher sind für mich in der Erinnerung untrennbar verbunden mit Tante Luises starken Oberarmen.

Pitas ganzer Stolz war ihr Geflügelhof. Es gab Enten und Gänse auf dem Teich, Hühner und Masthähne im Hühnergarten, Puten und Perlhühner. Und es gab die Tauben aus Netzow, die täglich mit Weizen gefüttert wurden und wunderbar schmeckten. Im Frühling, wenn die Eintagsküken geliefert wurden, herrschte große Aufregung. Sie wurden in große, rattensichere Holzkisten gesetzt mit einer Rotlampe darüber. Hier wurden sie auch mit Futter und Wasser versorgt. Pita kochte Eier hart, hackte Brennesseln mit dem Wiegemesser und mischte das ganze mit Kükenmehl. Später, wenn die Küken kräftiger waren, wurden sie bei gutem Wetter unter einen Drahthock auf den Rasen gesetzt. Sie fraßen mit Vorliebe die Blütenblätter der Kirsch- und Obstblüte, wenn diese wie Schnee von den Bäumen fielen. Nachdem die Entchen und Gänschen ausgefiedert waren, durften sie zum ersten Mal auf den Teich. Fortan bekam man sie nicht mehr herunter! Jeden Abend, den Gott werden ließ, war es das gleiche Drama: Die Tiere mussten in den Stall, wegen der Ratten und der Füchse, waren aber mit nichts zu bewegen, aus dem Wasser zu kommen. Wir versuchten es mit Stöcken, langen Leinen, Steinwurf, schließlich watete ich selbst durch den Teich.

Als kleines Kind wurde ich oft von einem Ganter oder einem böse gewordenen Hahn angefallen, oder schlimmer: Der große Truthahn lief mit ausgebreiteten Flügeln und drohend aufgestelltem Schwanzfeder-Rad hinter mir her! Es gab aber auch zahme Hühner, die sich – mich offenbar mit einem Hahn verwechselnd – hinhockten, die Flügel ausbreiteten und von mir kraulen ließen. Und es gab den „Gartenhahn“, einen wunderschönen bunten Gockel, der immer im Garten ein Staubbad nahm. Er ließ sich bereitwillig von mir auf dem Arm herumtragen und streicheln, und wenn meine Eltern vornehme Gäste zum Abendessen hatten, erschien ich regelmäßig in meinen zerlumpten Sachen am Esstisch und präsentierte allen meinen „Gartenhahn“.

Die Perlhühner und Puten waren nicht zu halten. Jedes Mal, wenn die Bauern Gras auf den Feldern mähten, brachten sie uns einige Perlhühner, die dort gebrütet hatten, mit abgemähten Beinen zurück. Die Puten brüteten wenigstens nicht auf dem Feld, sondern im „Putengraben“, einem buschbewachsenen Graben in den Wiesen. Sie leisteten uns aber enorme Dienste beim Ausbrüten eigener Gänseeier, wie ich schon erzählte. Wochen um Wochen saßen sie im dunklen Heizkeller auf den Eiern, von Pita mit Futter und Wasser versorgt, und brüteten und brüteten.

Ging es an das Schlachten des Federviehs, so war mir das jedesmal ein Graus. Die Tiere wurden gefangen und ihr Geschrei, während sie zum „Schafott“ getragen wurden, ging mir durch Mark und Bein.

Dann wurde ihnen der Kopf abgehackt, anschließend wurden sie in die Luft geworfen und flatterten sich – kopflos – noch tüchtig aus. Angeekelt und fasziniert zugleich beobachtete ich als Kind diese Vorgänge.

Das Rupfen der Enten und Gänse fand im Heizkeller statt. Fein säuberlich wurden Daunen und Federn getrennt und in großen Säcken aufgehoben. Die Hühner aber wurden gebrüht und stanken fürchterlich, wenn sie gerupft wurden. Beim Ausnehmen war ich dann wieder ganz bei der Sache. Es interessierte mich rasend, was Pita aus so einem Huhn alles herausholte, von Ekel keine Spur.

Den Braten gab es dann stets am Sonntag. Er wurde feierlich von meinem Vater tranchiert und auf zwei Platten verteilt, eine für „drinnen" und eine für „draußen". Die Leber aber gab es schon zum Sonntagmorgenfrühstück; diese festgefügte Sitte der Arnims muss ich einfach schildern! Meine Eltern frühstückten ja stets im Bett. Mein Vater hatte zwar als Frühaufsteher schon seit 5 Uhr früh in freier Natur Zigaretten geraucht und nach dem Rechten gesehen, doch zu dieser Zeremonie legte er sich wieder hin. Ich lag jeden Sonntag bei meinen Eltern „auf der Ritze" und ebenso Gabriele, die am Wochenende aus dem Internat kam. Es wurde nach Pita geklingelt und schon wankte sie herein, beladen mit einem Silbertablett für jeden, voll mit Herrlichkeiten: Rührei mit gebratener Leber, Toast, Mettwurst, Marmelade. Das Frühstück im Bett gestaltete sich jedesmal als Kampf ums Überleben. Mein Vater hatte immer Schwierigkeiten, wenn er lachte, da sein Bauch dann wackelte und die Teetasse überschwappte. Ebenso schwappte die Marmelade, die er gleich löffelweise auf seinen Toast zu befördern versuchte. Ich zappelte ständig und mein Kakao ergoss sich in die Federbetten. Gabrieles Rührei verschwand in der Ritze und „Jacko", unser stets frei fliegender Wellensittich, setzte sich auf den Rand des weichgekochten Frühstückseis meiner Mutter und knabberte davon. „Opa, Opa", krächzte er, als Opa Fink noch da war. Opa mochte unser Familienereignis natürlich auch nie versäumen und er setzte sich zu uns an den Schlafzimmertisch. „Jacko" versuchte dann, auf seiner Glatze zu landen, rutschte aber immer wieder ab.

Auch als Gabriele und ich schon längst erwachsen waren, frühstückten wir noch mit unseren Eltern im Bett. Es war uns wie eine heilige Handlung, die erst mit dem Tod meines Vaters und Pitas ihr Ende fand.

Eine andere unauslöschliche Erfahrung meiner Kindheit waren die schweren Gewitter, die uns oft an Sommertagen heimsuchten. Nahe am Thelenhof gab es ja Gottlob ein Transformatorenhäuschen, das wie ein Blitzableiter wirkte. Es war jedoch nicht genügend abgesichert und es gab auch noch keine Schukostecker wie heutzutage. Jedesmal, wenn der Blitz in den Transformator schlug – und das geschah sehr häufig – kamen aus sämtlichen Steckdosen im Haus Stichflammen und es knallte fürchterlich. Danach waren wir oft stundenlang ohne Strom, weshalb wir immer von vornherein Kerzen anzündeten. Alle im Haus standen auf und zogen sich an, wenn es nachts gewitterte, und wir saßen mehr oder weniger zitternd in der Küche beisammen, weit entfernt von allen Steckdosen. Nur Tante Luise versteckte sich im dunklen Gästeklo und hielt sich die Hände vor die Augen. Alle Erwachsenen hatten ihre Papiere bei sich, für den Notfall. Sicher saßen ihnen allen noch die schrecklichen Bombennächte in den Knochen, was sie bei jedem Krachen zusammenfahren ließ. Unsere Wolfspitzhündin „Trixi" fürchtete sich auch entsetzlich bei Gewitter, und sie fraß sich vor Verzweiflung durch die Stalltüren, wenn wir sie draußen in der Hütte gelassen hatten.

Mein Bruder Adolf, Heinz Kießler und Fritz Allzeit wären einmal um ein Haar vom Blitz erschlagen worden, als sie auf dem Feld Rüben hakkten. Der Blitz krachte direkt neben ihnen in den Acker, und bleich und zitternd kamen die drei nach Hause. An der Stelle aber, wo der Blitz eingeschlagen war, wuchs in einem Kreis von ca. fünf Metern Durchmesser jahrelang nichts, dann einige Jahre nur gemeines Unkraut, bis endlich wieder die ersten Nutzpflanzen zögernd gediehen.

Ich habe mein Leben lang die Angst vor Gewitter nicht loswerden können, zu tief sitzen diese frühen und starken Erlebnisse.

Mein Vater nahm mich oft an die Hand und ging mit mir in den Wald. Zu jedem Bauernhof in Uedemerfeld gehörte noch ein gutes Stück Eichenwald im Bruch. Hier schlug man die Stämme für die Weidepfähle. Wenn eine Tochter geboren wurde, fällte man eine schöne Eiche, ließ sie aufsägen und stapelte den Stamm zum Trocknen, bis die Tochter heiratete. Dann wurde ein Schlafzimmer daraus geschreinert. Für Gabriele wurde zwar keine Eiche geschlagen, dafür jedoch eine schöne dicke Kirsche. Während all der Jahre bis zu ihrer Hochzeit lagerte sie auf dem Dachboden, dann machte ein Uedemer Schreiner Gabrieles Schlafzimmer daraus, dem meiner Eltern ähnlich.

Wir gingen also in den Wald und sahen den Männern beim Fällen der Eichen zu. Zu zweit zogen sie eine große Säge durch den Stamm, hin und her, bis der Baum krachend zu Boden stürzte. Seit damals ist mir dieses Geräusch verhasst geblieben! Es wurden dann viele Pappeln gepflanzt. In langen Reihen, wie sie am Niederrhein typisch sind, und auch einige Wäldchen. Das Holz sollte später zu Gabrieles Hochzeit verkauft werden und Geld für die Aussteuer bringen. Die Pappeln stehen heute noch, da sie schon seit langer Zeit viel weniger Geld bringen, als das Schlagen und Wiederaufforsten kostet.

Mein Bruder Adolf verbrachte noch ein paar wilde Jahre am Niederrhein. Er schuftete viel auf dem Thelenhof, nahm aber auch häufig anderswo Arbeit an, da mein Vater und er bei gleichem Temperament oft aneinandergerieten. Dann musste Adolf ins Wohnzimmer zu meinem Vater kommen. Der saß hinter seinem Schreibtisch und brüllte und schlug mit der Faust auf den Tisch. Ich hätte mich am liebsten ins nächste Mauseloch verkrochen, wenn ich Zeugin einer solchen Szene wurde. Wild, wie er war, hatte Adolf sich eine BMW angeschafft, mit der er den Niederrhein unsicher machte. Manchmal saß ich bei ihm vorne auf dem Tank; das ging noch. Wenn ich hinten saß, hatte ich jedoch eine Höllenangst. Mit Pita fuhr Adolf einmal nur so zum Spaß über den gepflügten, holperigen Acker. Sie flog hoch auf dem Sozius und sie schrie, während er sich totlachte und noch mehr Gas gab.

So manches Frauenherz wurde noch gebrochen ob der geplatzten Verlobungen, ehe mein Bruder sich entschloss, nach Argentinien zu gehen und dort sein Glück zu machen. Ein schwerer Entschluss und ein noch schwererer Abschied für meinen Vater, der nun erkennen musste, dass beide Söhne für den Thelenhof verloren waren. Adolf blieb zwar in Gedanken dem Hof immer sehr verbunden und schrieb viele interessierte und interessante Briefe, er kehrte jedoch nie mehr zurück.

Das Leben auf dem Hof ging weiter. „Der Tierhof", wie er nur noch genannt wurde, wimmelte, wie der Name schon sagt, von Tieren. Es gab zum Beispiel eine kleine Schafherde, die uns mit Fleisch und Wolle versorgte. So lernte ich auch schon früh, Schafe zu scheren, und staunte jedes Mal, wie ruhig sie dabei lagen. Die Wolle wurde gesammelt und später zu kuscheligen, weißen Teppichen verwebt, von denen einer im Gartenzimmer lag.

Die Geburt von Lämmern ist eine heikle Sache; wir mussten immer wachsam sein und dabei helfen. Viele, viele Lämmchen hat meine Mutter im Laufe der Jahre mit der Flasche großgezogen. Sie wurden sehr anhänglich und liefen durch das ganze Haus hinter ihr her. Wenn sie sie tränkte, wackelten ihre kleinen Schwänzchen vor Freude. Doch wehe: Später wurden dieselben Tiere bösartig, weil sie respektlos geworden waren. Sie rannten jeden mit gesenktem Kopf über den Haufen,der es wagte, über ihre Weide zu laufen. Einmal zum Beispiel ging Tante Luise, einen Korb mit Butterbroten und eine Kaffeekanne überm Arm, zu ihrem Mann, der im Bruch Gras mähte. Der Bock rannte sie um, gerade als sie den kleinen Hang hinter dem Garten hinabging. Rumms! Und sie rollte und kreischte!

Einmal hatte Adolf die Sauen auf der Weide gefüttert. Während er gebückt das Futter aus dem Eimer in die Tröge schüttete, kam der Schafbock von hinten und stieß ihn mitten in die stinkende Matsche, die an Schweinetrögen nun einmal so üblich war. Wutentbrannt rannte Adolf mit dem Blecheimer zweimal um die Wiese hinter dem Schafbock her und wollte ihn verprügeln, aber er erwischte ihn nicht!

Auch ich hatte als kleines Mädchen mit dem Schafbock so meine liebe Last. Einmal hatte er mich in eine Pfütze gestoßen, in der ich dann auf dem Rücken lag. Der Schafbock boxte mir mit gesenktem Kopf in die Rippen, sobald ich den Versuch machte, aufzustehen. Also blieb ich liegen und weinte vor Verzweiflung, ich weiß nicht, wie lange, bis ich endlich von einem der Hofleute erlöst wurde. Ein andermal harrte ich stundenlang auf einem umgestürzten Pappelstamm aus, unter mir drohend der Schafbock, bis endlich Hilfe kam. Seitdem machte ich, wenn ich spielen ging, lieber den Umweg über Pappelkat, anstatt durch die Wiese zu laufen.

Spielen ging ich oft und gerne zum Haus Kolk. Das war ein uraltes, befestigtes Haus im Bruch, das auch den Eulenburgs gehörte. Dort lebte die Familie Jäger, mit deren Tochter Waltraut ich befreundet war. Für mich war Haus Kolk das absolute Paradies. Die alten Jägers mit ihren drei Kindern lebten bescheiden vom Ertrag ihrer paar Morgen Land, ihrer vier oder fünf Kühe, ihrer Schweine, Hühner und ihres Gemüsegartens, den sie vorbildlich führten und dessen Produkte sie zweimal wöchentlich auf dem Markt verkauften. Außerdem half Vater Jäger bei der Waldarbeit beim Fürsten Eulenburg. Das alte Haus war umgeben von einem Wassergraben und ein Geheimgang führte einstmals hinüber zum Gravenhorst. Wir krochen als Kinder manchmal hinein, soweit er noch erhalten war. Überall blühten Blumen, und Enten, Gänse, Hühner, Schafe, Ziegen waren da. An der alten Scheune aus dem 18. Jahrhundert rankte ein dicker Weinstock, dessen Trauben Jägers in großen Gärflaschen zu Wein vergoren. Neben der Scheune war das Plumpsklo über dem Jauchekeller mit einem Herzchen in der Türe. Einmal bin ich fast hineingefallen. Ich erinnere mich, wie verzweifelt ich um Hilfe schrie, weil ich mit dem ganzen Körper schon durch die Öffnung gerutscht war und mich nur mit den Armen und Füßen noch hielt. Der alte Jäger rettete mich schließlich.

Waltraut, genannt das Liebchen, und ich spielten selig im Wald, der von Wasser durchzogen war. Wir fingen Kaulquappen und Stichlinge, die dann später in Weckgläsern auf der Fensterbank in der Küche ausharren mussten. Wir waren aber durchaus nicht nur die braven Mädchen. Auf Haus Kolk wohnte noch ein alter Mann, Herr van de Loo. Ihm streckten wir zu dritt unsere nackten Pos entgegen, sobald wir ihn erblickten. Dabei war die Tochter des evangelischen Pastors aus Uedem die dritte im Bunde. Herr van de Loo lief empört zu meinen Eltern, um sich zu beschweren, doch diese schimpften nicht mit mir, sondern amüsierten sich herzlich.

Das Liebchen und ich gingen auch mit den alten Jägers zum Feld, um Kartoffeln aufzusammeln („Pippers lesen“, wie man hier sagt). Das Bild der beiden alten Leute, wie sie in Holzschuhen mit Gabeln die Kartoffeln ausgruben, sie dann auf eine Schubkarre luden und nach Hause fuhren, habe ich später, viel später, in van Gogh's Zeichnungen wiedergesehen, bei deren Betrachtung ich mich ein bisschen wehmütig an diese wunderbaren Kindertage erinnere.

Das Liebchen spielte auch oft mit mir zusammen auf dem Thelenhof mit unserem großen Steifftierzoo. Sie lachte gerne und redete sehr langsam. Einmal saßen wir mit allen Hofleuten in der Nachweihnachtszeit zur Feier des Geburtstags meiner Mutter an der Kaffeetafel. Am Weihnachtsbaum, der schon knochentrocken war, wurden ein letztes Mal die Kerzen entzündet. Wir lachten und schwätzten. Auf einmal sagte das Liebchen in seinem schleppenden Tempo: „Frau … Grääähfin, … dea … Weihnachtsbaum, … dea … brähännt!“ Da war er schon förmlich explodiert und einer der Männer warf ihn kurzerhand und mutig aus dem Fenster.

Eine andere Feuergeschichte erinnere ich noch aus meiner frühen Kindheit. Es war Vorweihnachtszeit. Wie in jedem Jahr kam der Bäcker Peters, um riesige Mengen Spekulatius für die Hofleute zu backen. In Milchkannen wurde das Gebäck dann bis zum Weihnachtsfest aufbewahrt. Zur Kaffeestunde saßen wir im Wohnzimmer am Esstisch und hörten auf dem Dachboden ein lautes Getrappel. „Kistengepolter", sagte meine Mutter und wollte damit Weihnachtsspannung schaffen. Da tropfte dem Bäcker Peters der erste Wassertropfen auf die Glatze. Mein Vater ging nachschauen und – es brannte! Von der Räucherkammer aus war das Feuer bereits zwischen die Holzdecken gezogen. Alle Männer hatten längst eine Kette mit Wassereimern gebildet und löschten. Im Nu waren die Möbel im Garten und auf der Tenne, ich wurde warm angezogen und hopste den ganzen Abend auf den Sofas im Garten herum.

Zu uns waren die drei Brüder Kruse gekommen, Ernst, Günter und Klaus. Sie waren Holsteiner, doch alle drei ausgesprochen fröhliche Menschen und begeisterte Sänger. Meine schönsten und lustigsten Kindheitserinnerungen verbinde ich mit ihnen und Heinz Kießler.

Jeden Abend war ich mit im Kuhstall beim Füttern. Wie intensiv erinnere ich mich noch an die angenehme Wärme dort, die Geräusche der Tiere, den Geruch, der ein Gemisch aus frischer Milch, Silofutter und Kuhmist war. Ich war so gerne hier, obwohl ich mehr als einmal von den Kruse-Jungens gefangen und mit Milch direkt aus dem Euter vollgespritzt wurde. Damals molken sie noch mit der Hand, erst später schaffte mein Vater eine Melkanlage an, die in Eimer absaugte. Im Sommer wurde ein Pferd vor den Milchkarren gespannt, auf dem die Kannen verstaut waren, und ab ging es in die Wiesen im Bruch. Ich fuhr jeden Nachmittag mit und die Männer sangen laut. Schlager wie: „So schön, schön war die Zeit!", „Cindy, oh Cindy, dein Herz muss traurig sein!" oder „Hurra, hurra, hurra, die wackre Elf ist da!" sind mir heute noch im Ohr.

Wenn die Kühe an den Melkstand getrieben wurden, wurde ich auf „Anuschka" gesetzt. Jede Kuh hatte ihren Namen und diese liebte ich besonders. Sie hatte einen wunderschönen, edlen Kopf mit großen Augen und ließ sich so lieb von mir reiten. Während des Melkens sammelte ich Champignons in die nach Kuhstall stinkenden Mützen der Männer. Überhaupt, Unmengen von Champignons gab es im Spätsommer! Schubkarrenweise holten wir sie nachhause, und meine

Mutter weckte sie ein. Nach dem Melken wurde die Milch gefiltert und wieder in Kannen gefüllt; diese wurden auf ein großes Brett im Brunnen auf dem Hinterhof gestellt und dann zur Kühlung mit einer Seilwinde in den Brunnen hinabgelassen. Morgens brachte man die Milch an den Weg und der Milchmann fuhr sie mit einem Pferdegespann zur Molkerei.

Die Ackerpferde, fünf an der Zahl, waren für mich das Wichtigste und der Mittelpunkt des ländlichen Lebens. Max, Sepp, Hummel, Lotte und Quelle besorgten alles, was es auf dem Hof zu tun gab – Maschinen gab es noch nicht. Ich saß als kleines Kind stundenlang auf den schwitzenden Tieren und ritt, wenn sie zum Beispiel pflügten oder grubberten, die Reihen hinauf und hinunter, hinauf und hinunter. Dabei war das überhaupt nicht bequem, die Tiere legten sich schwer ins Zeug, das Geschirr drückte und abends waren Hintern und Beine durchgescheuert und brannten vom Schweiß. An jedem Feierabend, wenn die Pferde auf die Weiden im Bruch gebracht wurden, ritten die Kruse-Jungens Rennen, mich vorne drauf im Arm haltend. Einmal jedoch setzten sie mich allein auf eines der gewaltigen Tiere und ehe ich noch protestieren konnte, gaben sie dem Gaul einen Klaps und ab ging die Post! Er raste mit mir über die Wiesen und ich hielt mich krampfhaft in der Mähne fest. Unten vor dem Melkstand gab es einen Quergraben, den der Gaul fliegend übersprang. Ich segelte im hohen Bogen herunter und rollte ab wie ein Ball. Als ich mich einigermaßen von meinem Schrecken erholt hatte, hörte ich das brüllende Gelächter der Jungens. Dieses war mein erster Ritt allein und mein erster Sturz vom Pferd und als ich meinen Eltern aufgeregt davon erzählte, waren sie kein bisschen beeindruckt. Es war für sie die normalste Geschichte der Welt!

Die Ackerpferde erfüllten mich so sehr, dass ich im Laufe der Zeit noch viel von ihnen erzählen werde. Beim Kartoffelnsammeln zum Beispiel durfte ich „zwischenfahren“, das heißt: die vollen Wagen an die Miete und die leeren wieder zurück. Das gleiche galt während der Ernte für die mit Garben vollbepackten Wagen und auch für die Rübenernte. Ich war schrecklich stolz, dass die Pferde mir so gut gehorchten, wusste ich doch nicht, dass sie alle diese Arbeiten von allein verrichteten und ihren Weg genau kannten. Beim Mistfahren zogen sie schwer. Die Wagen wurden von Hand im Tiefstall vollgeladen, dann mussten drei Pferde vorgespannt werden. Sie rutschten fast auf den Knien, so legten sie sich ins Zeug, um den vollgepackten Wagen aus dem tiefen Stall zu ziehen.

Was diese Tiere leisteten, ist nicht zu beschreiben! Sie stammten ja von der Zucht im Osten ab, die mein Vater mit hessischem Kaltblut begründet hatte, einer leichteren, flinkeren, unglaublich fleißigen Rasse. Inzwischen war rheinisches Kaltblut eingekreuzt worden, schwer und stark, und diese Kombination erwies sich als erstaunlich. Die Stuten bekamen ihre Fohlen ganz allein unten in den Bruchwiesen. Als zu Beispiel „Hummel" geboren wurde, bemerkte mein Vater das erst, als er einmal vom Berg hinunterschaute in die Wiesen und ein schwarzes Fohlen zwischen den Pferden laufen sah. Sie wuchs dort unten, fern von Menschen, heran und war später natürlich auch entsprechend wild, eine wilde Hummel! Zweieinhalbjährig wurden die Pferde zum erstenmal mit vor Grubber oder Egge gespannt, damit sie Manieren lernten, brauchten aber noch nicht zu ziehen. Das lernten sie mit dem Holzschlitten, einer flachen Ladefläche mit Eisenkufen darunter, auf die zum Beispiel Siloblatt geladen wurde. Damit konnte man die Pferde gut anlernen, denn sie konnten nichts zerbrechen.

Die Kruse-Jungens sangen und sangen. Sie sangen beim Pflügen, beim Säen, beim Ernten, beim Melken und jeden Abend nach dem Essen in der Küche. Ich fand das begeisternd und sang nach Kräften mit. Oft war eine Nichte von Pita zu Gast, ein adrettes Mädchen, das wunderschön Gitarre spielen konnte und alle alten deutschen Volkslieder dazu sang. Alle sangen wir mit, jeden Abend, laut und stundenlang. Wieviel schöner waren doch diese Abende, als es noch keinen Fernseher und keine Kassettenrecorder gab!

Es wurde auch oft Fußball gespielt. Die Kerle stellten mich ins Tor, und ich, ahnungslos, warf mich den Bällen ein paar Mal entgegen, bis ich, das Bisschen, das ich war, von ihnen fast zerschmettert wurde. Die Männer lachten sich kaputt, wenn ich einen Ball vor meinen schmalen Brustkorb bekam und nach Luft schnappte.

Inzwischen war ich so verwildert, dass meine Eltern beschlossen, dem ein Ende zu setzen und ein Kindermädchen für mich zu engagieren: Jolanthe aus Holland! Das musste ja schiefgehen! Plötzlich wurde ich jeden Abend um 7 Uhr gebadet und ins Bett gebracht und ich durfte nicht mehr mit Fußball spielen. Ich versteckte mich, so oft ich nur konnte, vor Jolanthe und gehorchte ihr nicht, sodass sie bald resigniert die Stellung wieder kündigte.

Unser Tierhof wurde noch durch ein weiteres Individuum bereichert: Zu Ostern versteckten mir die Kruse-Jungens eine weiße Ziege im Garten, über die ich mich herzlich freute. Sie wurde Mecki genannt. Ich liebte sie bald heiß, wiewohl sie nichts als Unsinn im Kopf hatte. Da sie ständig frei herumlief, gab es bald keine Blume mehr im Garten und sie lag, friedlich wiederkäuend, zwischen Geranien- und Tagetesstummeln. Dann sprang sie zum Küchenfenster herein und auf den Esstisch, um die Salatschüssel leerzufressen. Oder sie kletterte die Treppe zum Speicher hoch, machte mit ihren spitzen Hufen die Futtersäcke kaputt und trampelte und köttelte dann darin herum. Mein Vater konnte das Tier zu Recht nicht leiden und sie hatte einen Höllenrespekt vor ihm. Kaum sah sie ihn, stob sie davon, zu mir jedoch kam sie wie ein Hund. Sie liebte es, auf den Rükken der Sauen zu stehen, die auf der Weide liefen. Die Tiere fühlten sich wohl, wenn Mecki ihnen mit ihren kleinen Hufen den Rücken schubberte, und grunzten zufrieden. Ich betrachtete fasziniert das lustige Bild, wenn die Ziege behende von Schweinerücken zu Schweinerücken hüpfte.

Einmal musste ich mit Pita in Urlaub fahren. Als wir zurückkehrten, hatte mein Vater die Ziege verkauft! Ich war empört. Bald schon hatte ich herausgefunden, bei welchem Bauern sie stand, lief dorthin und holte sie mir zurück. Das wurde ein beschwerlicher Weg, denn die Ziege wollte nicht mit mir kommen und stemmte die Beine in den Boden. Ich zog und zerrte verzweifelt an ihr, machte einen Umweg durch den Wald, damit mich niemand bemerkte, und ließ das geliebte Tier von unten heimlich wieder in unsere Wiese.

Es gab auch Pussy, die Katze. Natürlich gab es unzählige Katzen auf dem Hof, doch Pussy gehörte zur Familie. Sie schärfte ihre Krallen am Wohnzimmersofa und sie kriegte ständig Junge, die sie in unseren Betten zur Welt zu bringen pflegte! Sie sprang durch die offenen Fenster herein und kroch unter die Bettdecke. Abends, wenn man schlafen gehen wollte, sah man dann die Bescherung. Einmal, beim Sonntagmorgenfrühstück, maunzte sie pausenlos bei meinen Eltern unterm Bett, doch wir dachten uns nichts dabei. Bis wir dann – wieder mal – die Bescherung sahen: Sieben oder acht Junge! Pussy war die beste Mäuse- und Rattenjägerin der Welt! Täglich präsentierte sie ihren Jungen ihre Beute direkt vor der Küchentür, wo sich dann die Katzenfamilie schmatzend und knackend darüber hermachte.

Die Wolfspitzhündin Trixi war ein bildschönes, intelligentes Tier und ich liebte sie heiß. Leider hatte sie viel zu viel Sex-Appeal. Zweimal jährlich wimmelte es auf unserem Hof nur so von Freiern. Wir versuchten dann immer, Trixi im Kohlenkeller oder in einer Pferdebox einzusperren. Doch es half nichts, sie fraß sich regelmäßig durch die Türen. Die Freier hatten längst ihre Spitznamen weg. Da gab es zum Beispiel den „Bürgermeister", den Mischlingshund vom alten Hinckers, Marianne Roeloffs Vater, der Bürgermeister von Uedemerfeld war. Oder „Glasauge", den Pinscher von Gravenhorst, der so dünn war, dass ihm die Augen aus dem Kopf traten. Die Kruse-Jungens banden eine Kette von Blechdosen an die Schwänze der Rüden und hielten sich den Bauch vor Lachen, wenn diese dann in Panik den Kiesweg im Garten entlangklöterten. Doch nichts half, Trixi wurde jedesmal trächtig. Ich hatte als Kind ja keine Ahnung von den Sexgewohnheiten der Hunde und prügelte oft verzweifelt mit einem Knüppel auf die Köter ein, um sie auseinander zu bringen, nicht wissend, dass dies für ca. 20 Minuten unmöglich war. Und dann kamen wieder etliche junge Hunde zur Welt!

Selten genug durfte Trixi sie großziehen und dann die gesamte Nachbarschaft mit ihren Mischlingskindern beliefern, die allesamt Schlappohren hatten. Manchmal ließ man ihr ein Junges, meistens jedoch warfen die Männer alle an die Wand und ich sah es voller Grausen mit an. Das anschließende tagelange Wehgeschrei Trixis ging mir durch Mark und Bein. Seit damals möchte ich nie wieder eine Hündin besitzen.

Einmal war Trixi verschwunden und kam zwei Tage nicht wieder. Schließlich begannen wir, sie zu suchen, zumal man auch ihr Jaulen in der Ferne hören konnte. Ich fand sie schließlich im Wald und sah mit Entsetzen, dass sie in einem Fuchseisen festsaß! Das Eisen war oberhalb ihres Vorderfußwurzelgelenkes zugeschnappt und Trixi hatte sich im Laufe der letzten Tage in ihrer Verzweiflung zu befreien versucht, indem sie sich selbst das Bein abgefressen hatte, bis fast an das Eisen heran! Weinend lief ich nach Hause, um Hilfe zu holen. Die Männer trugen sie auf einem Sack heim, und meine Mutter pflegte sie mit Heilerde gesund. Die Hündin lief jedoch den Rest ihres Lebens auf drei Beinen. Sie starb bei einem schweren Gewitter.

Es ging zur damaligen Zeit nicht sehr zimperlich zu auf einem Hof wie dem unsrigen. So passierte es mir zum Beispiel ein- oder zweimal, dass ich mit einem der Kruse-Jungens durch den Hohlweg zum Feld lief. Der Kerl musste mal pinkeln, und so wartete ich. Als er fertig war, drehte er sich um, und sein Glied war ganz groß und stak aus der Hose. Meine riesigen erstaunten Augen und meine absolute Ahnungslosigkeit waren es dann wohl, die ihn zur Besinnung riefen. Er packte sein „Ding“ wieder weg und wir setzten unseren Weg fort.

Der Hohlweg war ein wunderschöner, ein Kilometer langer Weg Richtung Uedem. Er war von zwei bis fünf Meter hohen Böschungen gesäumt, da er im Laufe der Jahrhunderte in den „Berg“ gespült worden war. Große Eichen und Kirschbäume umstanden ihn und bildeten einen richtigen Tunnel, dessen Schatten Mensch und Tier gut tat. Dieses war unser Weg nach Uedem, mit dem Auto, dem Pferdewagen, Fahrrad oder Motorrad oder zu Fuß. Ginster blühte dort im Mai und später Fingerhut. Ich spielte als Kind oft traumverloren in diesem Weg im Sand. Einmal geschah es, dass ein Mann kam, freundlich mit mir redete und, als ich keine Anstalten machte wegzulaufen, sich in der Böschung einen dicken Knüppel brach. Dann schaute er oben auf der rechten Böschung nach, ob die Luft rein sei, und das kam mir dann doch schon recht komisch vor. Nun kletterte er auf die linke Böschung, um nachzusehen, und ich bekam Angst – da warf er seinen Knüppel weg und rannte davon! Oben näherte sich Ernst Kruse, der mit den Pferden pflügte! Dieses Erlebnis vermochte jedoch noch nicht, Ängstlichkeit in mir zu wecken, damals noch nicht.

Oft war ich Stunden um Stunden allein im Wald, selig und traumverloren. Ich betrachtete Blumen, Gräser, Bäume, Moos, beobachtete die Käfer, die so flink über's Wasser liefen und strolchte durch Buschwerk und Gestrüpp. Alles war mir so vertraut und ich fühlte mich geborgen in dieser wunderbaren Welt. Vielen Bäumen hatte ich einen Namen gegeben und ich kannte jeden Quadratmeter Waldboden rundherum. Dabei entfernte ich mich oft weit von zuhause und die Eltern suchten mich und machten sich Sorgen. Auf diese Weise zog ich mir eine Tracht Prügel meines Vaters zu, die ich als furchtbar ungerecht empfand, denn ich hatte meines Wissens nichts Böses getan. Zu diesem Zweck wurde ich ins Gästezimmer geholt, musste die Hosen herablassen und mich auf die Chaiselongue legen. Mein Vater verdrosch mir dann mit seiner starken Hand den nackten Po und ich schrie. Nebenan saß meine Mutter und wartete. So stürzte ich gleich, nachdem die Tortur vorüber war, auf ihren Schoß und wurde von ihr getröstet.

Einmal saß ich im Gartenzimmer bei meiner Mutter und hörte von Ferne ein mir damals noch unbekanntes Geräusch. Ich ging ihm nach und siehe da: Unten im Bruch im Wald wurden meine geliebten Bäume mit einer Motorsäge gefällt! Weinend lief ich nach Hause und bat verzweifelt, man möge doch etwas unternehmen. Der Wald gehörte Onkel Büdi Eulenburg, doch der durfte ihn doch nicht einfach so fällen! Meine Mutter sprach lange mit Onkel Büdi. Er zeigte in seiner Güte Verständnis für meine Trauer und ließ „für's Auge" die vorderste Reihe Eichen stehen, nur für mich!

Die Weihnachtszeit war auf dem Thelenhof wie überall erfüllt von vielerlei Vorbereitungen. Gänse und Enten wurden geschlachtet und die Spickbrüste in den Rauch gehängt. Meine Mutter packte viele Pakkete mit frischem Geflügel für ihre Geschwister, damit auch sie einen guten Weihnachtsbraten hatten. Schon rechtzeitig wurde der gute Dresdner Stollen gebacken, damit er noch durchziehen konnte. Meine Mutter wälzte Kataloge wie „Quelle" oder „Schöpflin" und bestellte den Männern und allen vom Hof neue Kleidung zu Weihnachten. Sie buk auch täglich irgendwelches Gebäck nach alten Rezepten ihrer Großmutter und ich sah ihr zu, auf der Fensterbank in der Küche sitzend und den herrlichen Abendhimmel hinter mir. „Die Engelchen backen!", sagte meine Mutter dann.

Überhaupt sorgte sie in der Weihnachtszeit für viel, viel Zauber. Pita musste, in weiße Bettlaken gehüllt, wie ein Engel durch den Garten flattern, es lag überall Lametta – „Engelshaar" – herum, auf dem Söller gab es „Kistengepolter" und meine Spannung wuchs von Tag zu Tag. Jeden Abend wurden bei Kerzenschein alle die schönen Weihnachtslieder gesungen und oft hatten die Engelchen dann einen Teller Süßigkeiten vor das Fenster gestellt. Nur den Weihnachtsmann mochte ich nicht. Ich zitterte jedesmal vor Angst, wenn er an die Fensterläden klopfte, nein, eher: polterte, und mit lauter Stimme eintrat. Mein Gedicht, das ich auswendig gelernt hatte, blieb mir in der Kehle stecken und dann musste ich auch noch singen! Der dunkle, drohende Mann hatte nichts Gütiges an sich, er fuchtelte mit der Rute und deutete auf seinen Sack. Es war furchtbar! Auch die Süßigkeiten, die er dann ausschüttete, konnten das nicht wettmachen!

Es kam der Heiligabend! Morgens wurde der Baum mit viel silbernem Lametta behängt, dicht bei dicht, dazu silberne Kugeln. Ich durfte den ganzen Tag das Weihnachtszimmer nicht sehen und wurde mit verbundenen Augen hindurchgeführt. Meine Mutter baute die Tische auf, für jeden vom Hof einen, und deckte die Geschenke mit weißen Bettlaken zu. Dann, endlich, endlich! – klingelte das Glöckchen! Ich wurde mit zittrigen Knien vor den Weihnachtsbaum geführt, der im Schein seiner vielen Kerzen so wunderbar silbern schimmerte. Alle Frauen und Männer traten mit ihren Musikinstrumenten ein: Heinz Kießler mit der Trompete, Fritz Allzeit mit dem Schifferklavier, Ernst Kruse mit der Mundharmonika, Gabriele mit ihrer Gitarre. Meine Mutter las die Weihnachtsgeschichte vor und wir sangen laut zum Klang der Instrumente: „Oh, du Fröhliche" und „Stille Nacht". Dann – Hurra! – gingen wir an die Tische! Wie beladen sie waren! Auf jedem Tisch der Männer stand eine Holzkiste mit einer lebendigen Gans darin. Maschendraht war darüber gespannt, durch den die Gänse ihre Hälse streckten. Sie schnatterten und kreischten laut und hatten dies auch schon zur Untermalung der Weihnachtsandacht getan! Ich bekam einmal – Gott weiß, warum – einen riesengroßen Kater mit einem dikken, groben Kopf geschenkt. Er war auch in einer solchen Gänsekiste verstaut worden. Ich ließ ihn frei, und sofort stürmte er in das Gartenzimmer und setzte sich auf dem rosa Barocksofa mitten auf das weiche Federkissen, um einen riesigen, stinkenden Haufen zu machen! Er kratzte und maunzte, als ich ihn wieder einfing, und ich glaube, mein Vater hat ihn schon gleich am nächsten Tag wieder abgegeben.

Ein herrliches Bild also: alle die glücklichen Gesichter, das Bewundern der Geschenke und der neuen Hemden für die Männer, des Schwesternkleides für Pita, vor allem aber der bunten Teller, hoch aufgehäuft mit Selbstgebackenem! Dicke braune Lebkuchen waren ebenso darauf wie Spekulatius, feine Plätzchen und Konfekt. Die Gänse schnatterten und alle waren selig. Dann nahmen die Männer ihre Geschenke, ihre bunten Teller und ihre Gänse mit und gingen, die Stallarbeit zu verrichten. Währenddessen wurden in der Küche die Karpfen geschlachtet. Sie hatten schon ein bis zwei Tage in der Badewanne verbracht und waren quietschfidel. Mein Vater legte Wert darauf, dass sie frisch geschlachtet in den Kochtopf kamen, was dann auch jedes Mal für eine Heidenaufregung sorgte. Noch mit zuckenden Nerven sprangen sie aus dem siedenden Kessel wieder heraus und landeten auf dem Küchenfußboden. Alles war blutbespritzt, Pita schrie, mein Vater brüllte, die glitschigen Tiere ließen sich nicht wieder packen. Endlich wieder im Topf, musste der Deckel von zwei Mann festgehalten oder mit dicken Steinen beschwert werden. So ging es jedes Jahr! Schweißgebadet und fertig mit den Nerven ging man dann zu Tisch. Alle Leute vom Hof aßen mit uns gemeinsam im Weihnachtszimmer. Der Karpfen war immer ein wahres Festessen!

Später, wieder alleine mit den Eltern und der guten Pita, packten wir die Päckchen aus, die sich in der Vorweihnachtszeit so verheißungsvoll angehäuft hatten. Opa Finks inniger Brief und seine Gaben waren immer der Höhepunkt! Und langsam senkte sich dann auch auf uns die Stille Nacht, die Heilige Nacht!

3. Das ländliche Paradies

Obwohl ich schon sieben Jahre alt war, wurde ich immer noch als zu schwach für den Schulbesuch befunden, und meine Mutter bekam die Sondergenehmigung dafür, dass ich mir den Stoff des ersten Schuljahres zu Hause einverleiben durfte. So lernte ich gemütlich bei ihr das Einmaleins und das Alphabet. Am Ende des Jahres wurde ich vom Schulrat geprüft und durfte dann in die zweite Klasse der Stefan-v.-Hertefeld-Schule zu Uedem gehen, unsere evangelische Volksschule.

Das war eine kleine Dorfschule mit zwei Klassenräumen, in denen ein Lehrer jeweils vier Klassen gleichzeitig unterrichtete. Der weit überwiegende Teil der niederrheinischen Bevölkerung war katholisch, sodass es hier nur wenige Schüler gab.

Da einige Schülerinnen, darunter die Promer-Töchter und ich, zu den „Schlauen" gehörten, wurden wir sehr oft in eine Ecke gesetzt und mussten den Hilfsschülern das Einmaleins beibringen. Denn diese Kinder, die man heute Lernbehinderte nennt, waren selbstverständlich in unsere Klassengemeinschaft integriert. Der Schulleiter, ein Ostpreuße, war ein gutmütiger Mann, der alle seine Schüler innig liebte und bei der alljährlichen Abschlussfeier viele Tränen vergoss, wenn seine Schützlinge „ins Leben" hinausgingen. 35 Jahre später organisierten ein paar Mitschüler noch einmal ein Schultreffen für alle, die diese Schule besucht hatten, denn sie war nach wenigen Jahren schon aufgelöst und mit der katholischen Volksschule zusammengelegt worden. Viele Ehemalige, inzwischen etwa 40 bis 50 Jahre alt, kamen. Unser Schulleiter duzte selbstverständlich alle noch und begann seine Begrüßungsrede mit: „Liebe Kinder!"

In der Schule musste ich feststellen, wie sehr ich bisher auf dem Thelenhof für mich allein gelebt hatte. Alle anderen kannten sich längst aus dem Kindergarten und vom ersten Schuljahr, ich jedoch war „die Neue". Da half mir das Liebchen zu Anfang sehr. Sie holte mich ab und legte mit mir gemeinsam den Schulweg zurück, durch den Hohlweg und die vielen Gärten, die Uedem damals säumten. Die knapp zwei Kilometer liefen wir täglich zu Fuß, hin und zurück, ein Fahrrad besaß noch niemand.

Ich stellte fest, dass die Kinder anders gekleidet waren als ich. Ich trug immer noch Sachen aus Amerika, darunter selbstgestrickte Unterhosen und ein Leibchen, das die Wollstrümpfe an langen Strumpfbändern hielt. Die anderen Mädchen trugen unter ihrem Kleid lange Hosen aus dickem Baumwollstoff, mit Gummizug am Bauch und an den Beinen, und sommers wie winters die gleichen „hohen Schuhe", derbe Schnürschuhe, die aber sicher so manchen Gang zum Orthopäden ersparten. So verschieden wir auch äußerlich waren, beschnupperten wir uns und freundeten uns schnell miteinander an. Schon damals fiel mir oft ein besonders frecher und witziger Kerl namens Günter Derksen auf.

Auf dem Nachhauseweg von der Schule liefen wir meistens durch die „Stadt", wie die Uedemer liebevoll ihren Ort nannten und heute noch nennen. Die Stadt war damals noch furchtbar zerbombt, erst einige Häuser standen wieder und Trümmergrundstücke waren die Regel. Die große katholische Kirche war ein Trümmerfeld, und nur die zwei hohen Türme, in denen Dohlen nisteten, ragten hoch empor. Wir kletterten viel in den Ruinen herum. Im Sommer waren sie rosa von „Trümmerblumen", wie hier die Weidenröschen genannt wurden.

Unser Lebensmittelhändler Schallberger hatte bei der zerstörten Kirche eine Baracke als Kaufmannsladen eingerichtet, darin Frau Schallberger verkaufte, während ihr Mann zu den Bauern über Land fuhr. In seinem VW-Bus hatte er alles verstaut, was man sich nur denken konnte: Reis, Nudeln, Essig, Soda, Schmierseife, Bohnenkaffe, Salzheringe in der Tonne, Tabakwaren und Nähzeug. Pita kaufte einmal wöchentlich alles für den Haushalt an seinem Auto und Herr Schallberger notierte es und schrieb jeden Monat mit der Hand eine Rechnung.

Es kam auch ein Bäcker aus Kervenheim zweimal pro Woche mit dem Pferdewagen zu uns und brachte viele Laibe frisches Graubrot.

Pita spendierte dann oft und gerne „Bienenstich“, einen mit Buttercreme gefüllten und Mandelsplittern bestreuten Blechkuchen. Im Übrigen brauchte man nicht viel zu kaufen, man erzeugte das meiste ja selbst. Zucker und Mehl wurden in Zentnersäcken geliefert und lagerten in Tonnen in der Kammer und aus der Zuckerfabrik kam blecheimerweise das gute Rübenkraut!

Wie es immer so ist, begann man in der Schule sofort, meine heile Kinderwelt zu demontieren. „Es gibt doch keinen Osterhasen, ha, ha, ha!“, hörte ich meine Schulkameraden höhnen. Aber so schnell war ich noch nicht vom Gegenteil überzeugt. Er hatte doch in unserem Garten immer so schöne bunte Eier in sein Nest gelegt! Ich beschloss, die Sache zu testen, und baute ohne Wissen der Eltern unten im Wald eine Osterwerkstatt auf. Verschiedene Farbdosen schleppte ich dorthin ebenso wie Pinsel und eine Pappe voller Eier. Täglich ging ich nachschauen und meine Enttäuschung wuchs von Tag zu Tag, da nichts passierte. Schließlich resignierte ich und wurde traurig. Diese Kinder hatten doch tatsächlich Recht gehabt: den „Eierhäs“, wie Opa Fink ihn nannte, gab es nicht! Beim Weihnachtsmann hingegen war ich froh, von diesem Alptraum erlöst zu sein, und verkündete den Eltern sogleich, sie könnten nun mit diesem Spuk aufhören.

Die Schule war für mich von Anfang an ein lästiges Übel, das es galt, so schnell wie möglich hinter sich zu bringen. Und so erledigte ich täglich schnell noch die Schularbeiten, um mich dann endlich wieder dem Hofgeschehen zu widmen. Mittlerweile wurde ich mehr und mehr in die wirkliche Arbeit miteinbezogen. Heinz Kießler teilte mich, sobald ich auf dem Hof erschien, irgendeiner Arbeit zu.

Im Frühjahr ging es aufs Feld zum Kartoffelnpflanzen. Jeder von uns hatte eine Kiste mit vorgekeimten Kartoffeln im Arm und lief langsam die aufgehäufelten Reihen entlang, eine nach der anderen fallen lassend. Danach wurde der Häufelpflug mit drei Pferden bespannt und die Reihen wurden zugehäufelt. Später im Jahr hackte man die Rüben. Damals gab es weder die Saatgutpille, d.h. künstlich gespaltenen Rübensamen mit einer gegen Ungeziefer schützenden Schicht darum herum, noch die Einzelkorndrille. Man säte die Rüben ganz normal in Reihen und aus jedem Saatkorn keimten mehrere Pflanzen. Deshalb wurden die Rüben gehackt, d. h. man ging mit der Hacke die Reihen entlang und hackte ein Stück der Pflanzen weg, ließ ein wenig stehen, dann wieder ein Stück weg und so weiter und so fort. Danach begann das Verziehen. Wir krochen auf Knien die Rübenreihen entlang, das Feld hinauf und wieder hinunter, unzählige Male, und verzogen mit der Hand jedes einzelne Pflanzenbüschel, indem wir nur die kräftigste Pflanze stehen ließen. Diese Arbeit war nicht so leicht für mich, abends schmerzten meine knochigen Knie und ich konnte auch das Tempo der Erwachsenen nicht mithalten. So lief ich manchmal weinend und resigniert nach Hause. Doch ich gab nie auf!

Beim Distelnstechen ging es wieder besser. Jeder hatte an einem langen Stock ein Stechmesser und damit gingen wir, die Disteln auf dem Feld tief unter der Erde abzustechen. Oder wir mussten die Kartoffeln und die Rüben von Hand gegen Unkraut hacken, in den Reihen, denn dazwischen besorgte das die Hackmaschine, von Pferden gezogen. Viele Male habe ich die Pferde in den Rüben und Kartoffeln vorne am Kopf geführt, damit sie nicht auf die Pflanzen traten.

Später, bei der Getreideernte, wurden vier Pferde vor den „Selbstbinder" gespannt, ein großes Vehikel, das, von einem Antriebsrad betrieben, das Getreide mähte, band und in Garben ablegte. Auf einem der Vorderpferde saßen Fritz oder Heinz, um zu lenken, und ein Mann saß hinten, um auf den Binder zu achten. Vorher müsste allerdings das „Vorgewende" mit Sensen gemäht und von Hand gebunden werden, und so habe ich auch diese Arbeiten gelernt. Die Garben wurden dann zu Hocken aufgestellt, damit sie noch ein paar Tage trocknen konnten. Das Bild der Hocken auf Getreidefeldern verschwand mit Aufkommen der Mähdrescher völlig und galt noch lange als der Inbegriff der Romantik bei der Feldarbeit. Freilich hatte man wie immer in solchen Fällen die Härte der Arbeit schon vergessen. Trotzdem ging sie immer fröhlich und mit lustigen Geschichten oder einem Lied auf den Lippen einher, das Wort „Stress" kannte man noch nicht. Zur „Vesper", wie wir die Kaffeepause nannten, kam Pita mit einem Korb voller Margarinebrote, bestrichen mit Rübenkraut oder Kunsthonig, und einer großen Kanne voll Lindes- oder Carokaffee, „Muckefuck", wie die Leute sagten. Wir setzten uns in den Schatten der Hocken und ließen es uns schmecken.

Dann wurde das Getreide eingefahren! Schon früh musste ich aufstaken oder oben auf dem Wagen mit packen. Manchmal durfte ich auch noch zwischenfahren, was ich natürlich immer herrlich fand. Die

Garben wurden in die Scheune gepackt, um dann später, im Winter, gedroschen zu werden. In einigen Jahren passierte es, dass das Wetter umschlug, das war dann schlimm! Die Garben wuchsen in der Hocke aus, sie wurden ganz grün, und wenn der Regen vorbei war und man sie endlich einfahren konnte, erwiesen sie sich als völlig miteinander verfilzt. Das Futtergetreide war in solchen Jahren fast restlos verdorben!

Am letzten Tag der Getreideernte feierten wir das Erntedankfest. Es wurde eine Erntekrone gebunden und mit bunten Bändern behängt. Man brachte sie dann hoch oben auf der letzten Fuhre auf den Hof und abends wurde schön gegessen, gesungen und gelacht. In der Kirche schmückten wir Kinder den Altar mit allerlei Obst, Gemüse und Blumen und nach dem Gottesdienst brachten wir die Körbe alten Nachbarn. Ich spazierte mit meinen Erntegaben immer zu den alten Leuten im Pappelkat.

Weiter ging es im Jahreslauf, es kam die Kartoffelernte. Am Niederrhein hießen die Herbstferien ganz selbstverständlich Kartoffelferien, weil alle Kinder diese zwei Wochen zum Kartoffelnsammeln gingen. Auch bei uns war es immer eine arbeitsreiche, fröhliche Zeit. Viele Frauen aus Uedem kamen mit ihren Kindern, die schon arbeiten konnten, und wir alle krochen die Reihen auf Knien entlang und sammelten die Kartoffeln in große Körbe. Diese schulterten dann die Männer und trugen sie zum Wagen. War der voll, wurde er an die Kartoffelmiete gefahren, wo sie für den Winter eingelagert wurden. Pita übertraf sich in diesen Spitzenzeiten selbst, denn für alle musste Mittagessen gekocht und mussten Vesperbrote geschmiert werden. Es wurde viel gelacht und erzählt, auch viele dreckige Witze natürlich, die ich nicht verstand. Beim Kartoffelnsammeln lernte ich denn auch meine späteren „Satelliten“ kennen, wie meine Eltern sie nannten: eine Horde Jungens aus Uedem, die jeden Nachmittag, den Gott werden ließ, auf unserem Hof einfiel und entweder bei der Arbeit half oder mit mir spielte.

Das Kartoffelfeuer nach der Ernte war in jedem Jahr ein weiterer Höhepunkt unseres ländlichen Lebens. Das Kartoffelkraut wurde mit der „Hungerharke“ zusammengezogen, einem Vehikel mit langen Harkenzinken und einem Pferd davor. Die Haufen wurden entzündet und wir Kinder brieten darin die letzten Kartoffeln, die wir fanden. Wie herrlich sie schmeckten! Der Duft der Kartoffelfeuer und der Dunst, den sie verbreiteten, waren Herbst für Herbst typisch für den Niederrhein, sie symbolisierten Freude und Glück über die vollbrachte

Ernte und Frieden nach harter Arbeit. Noch viele Jahre später, wenn ich aus der Ferne hierher zurückkam, sog ich diesen Duft voller Erinnerungen tief in mich ein.

Es kam die Rübenernte. Auf dem Thelenhof wurden nur Futterrüben angebaut und so wurden sie alle in die Miete gefahren. Zuerst gingen die Männer mit langen Messern bewaffnet die Rübenreihen entlang, zogen mit der einen Hand die Rüben aus der Erde und schlugen ihnen mit der anderen das Blatt ab. Im gleichen Schwung landeten die Rüben auf dem einen, das Blatt auf dem anderen Haufen, immer abwechselnd. Diese Arbeit war für mich wirklich zu schwer, wiewohl ich es mehrmals versuchte. Schließlich waren die meisten dieser Ungetüme von Futterrübenpflanzen größer als ich, wenn man sie aufrecht neben mich hielt. Dann wurde zuerst das Blatt ins Silo gefahren. Mit der Hand luden wir mit Gabeln das Blatt auf die Wagen und auf dem Hinterhof an der Silomiete wieder ab. Wir Kinder durften, wenn das Silo voll war, mit den Ackerpferden darauf herumreiten, stundenlang, um das Blatt schön festzutrampeln. Denn je weniger Luft darin war, desto besser gelang die Silage zu Futter fürs Vieh. Dann wurde der Haufen zugedeckt und beschwert und schon bald begann der säuerlich stinkende Saft unten herauszulaufen. Alsdann ging es an das Einfahren der Rüben, die ebenfalls von Hand auf Wagen geladen wurden. An der Rübenmiete wurden sie wieder abgeladen und zu einer langen, kegelförmigen hohen Reihe geschichtet. Diese wurde später mit Stroh zugedeckt und mit Erde bepackt. Oben ließ man die ganze Miete entlang Luftlöcher, die je nach Witterung kleiner oder größer gemacht wurden. So hielten sich die Futterrüben den ganzen Winter und wurden immer frisch in den Stall geholt.

„Wenn die Rüben raus!“, hatte Opa Fink so oft verheißungsvoll gerufen! Wenn es dann soweit war, hatte Pita mich hübsch sonntäglich angezogen und war mit mir auf die Uedemer Kirmes gegangen. Dort hatte ich selig meine Runden gedreht auf den wunderschönen Holzpferden des Karussels. Mittlerweile interessierten uns die Selbstfahrer mehr, wie man damals die Autoscooter noch nannte, oder aber auch noch die Schiffschaukel, mit der man so hoch hinaufschwingen konnte, dass man sich fast überschlug. Auch das schnelle Kettenkarussell machte uns Kindern Vergnügen. Pünktlich vor der Dunkelheit, wenn in Uedem das Treiben erst richtig losging, musste ich jedoch immer zu Hause sein, was ich sehr ärgerlich fand.

Einmal geschah kurz vor der Kirmes in Uedem ein Mord. Ernst Kruse hatte damals eine Freundin und offenbar gab es noch einen Nebenbuhler. Dieser lauerte Ernst am Hagelkreuz auf (es steht oben am Rande des Hohlweges nach Uedemerfeld) und als er glaubte, ihn vor sich zu haben, stach er von hinten mit einem Messer zu. Sein Opfer verblutete, doch er hatte nicht Ernst erwischt, sondern einen Fremden! Wochenlang bin ich auf meinem Schulweg über die große Blutlache gefahren, die keineswegs beseitigt wurde. Ganz Uedem war in heller Aufregung, ein Mord war schließlich etwas Besonderes! Es kam die Kirmes, doch die Hauptattraktion in diesem Jahr war das Schaufenster vom Uhrmacher Bremers mitten auf dem Kirmesplatz. Alle Leute blieben vor ihm stehen und gafften, denn ausgestellt waren der zerfetzte, blutige Rock des Opfers, noch einige blutverschmierte Utensilien und die Hauptsache, das Messer, blutverklebt!

Eine wunderschöne Sitte gab und gibt es immer am Niederrhein: Sankt Martin! Am Martinstag im November ziehen allerorten die Kinder mit Lampions durch die Straßen. Begleitet von Musikkapellen singen sie all die schönen Martinslieder. Vorneweg reitet, von Fackeln erleuchtet, Sankt Martin auf seinem Schimmel. Er trägt einen Helm und einen purpurnen Mantel. Nach dem Umzug reitet er zu dem frierenden armen Mann, der an einem Feuer kauert, zerteilt den Mantel mit seinem Schwert und gibt einen Teil dem Bettler. Alle Kinder stehen drum herum und singen das St.-Martinslied. Dann wendet der Heilige sich an die Kinder und ermahnt sie, folgsam zu sein und Nächstenliebe zu üben. Danach bekommen alle eine Tüte, gefüllt mit Äpfeln, Nüssen, Schokolade und dem Wichtigsten: einem Weckmann[3]. Wie war ich als Kind immer hingerissen von diesem Geschehen! Für mich war St. Martin auf seinem Schimmel wahrhaft eine Himmelserscheinung!

Regelmäßig wurde im Winter gedroschen. In der Scheune stand ein hölzernes Ungetüm von einer Dreschmaschine, die über einen langen breiten Riemen von einem starken Elektromotor angetrieben wurde. Viele Menschen halfen dabei, unter anderen auch Oma Kießler, die Mutter von Heinz. Kriegerwitwe, die sie war, weilte sie oft bei uns und half bei der Arbeit, wo sie konnte. Sie war eine energische, herzensgute und fröhliche Frau und ich liebte sie sehr. Meistens kniete sie oben auf der Dreschmaschine und steckte die Garben, deren Band sie vorher mit einem Messer gelöst hatte, in die Dreschtrommel, worauf diese jedes Mal aufheulte. Andere Frauen und auch wir Kinder halfen, die Garben aus der Bande[4] weiter zu reichen zum Dreschkasten.

Wenn ein halbes Jahr lang Getreide in einer Scheune gelagert worden war, kann sich da ein Mensch überhaupt vorstellen, was das für ein Paradies für Mäuse und Spatzen war? So ist es zu erklären, weshalb Spatzen früher eine Plage waren und geschossen werden mussten und in allen Scheunen oben im Giebel Eulenlöcher eine Selbstverständlichkeit waren, so auch bei uns. Natürlich holten auch die zahllosen Katzen, die damals auf jedem Hof lebten, sich hier ihre Nahrung. Beim Dreschen waren immer Pussy und Trixi auf der Bande. Und wahrhaftig, bei jeder einzelnen Garbe, die wir hoch holten, entdeckten wir ein neues Mäusenest mit winzigen rosa Jungen darin. Pussy war bald satt, doch Trixi verschlang eine schier ungeheure Menge von Mäusen. Ohne zu beißen, schluckte sie eine nach der anderen lebend herunter, bis sie rücklings mit allen vier Beinen in der Luft mit prallgefülltem Bauch auf der Bande ihr Mittagsschläfchen hielt. Am anderen Ende der Dreschmaschine besorgte Heinz Kießler das Abfüllen der Getreidesäcke. Jeweils zwei Zentner passten in einen Sack. Am folgenden Tag trugen die Männer die vielen Säcke auf ihrem Rücken zum Speicher hinauf, die steile Treppe hoch! Solche Arbeiten waren selbstverständlich und abends wurde wie immer gelacht und gesungen.

Eines Tages, wir saßen beim Mittagessen in der Küche, stand eine dicke Frau vor dem Fenster im Garten und bat um Arbeit. Sie war offenbar Niederrheinerin, denn sie benutzte über Gebühr oft das Wörtchen „wa“. Fortan hieß sie bei uns nur noch die Wa-Frau. Diese Frau war unbeschreiblich. Fleißig und stark und vor allem ein Urviech. Ihre derben Witze brachten die Jungens zum Lachen und mit Lachtränen in den Augen berichteten sie mir, die Wa-Frau hätte ja gar keine Unterhose an. Beim Dreschen amüsierten sie sich königlich, indem sie ihr immer von unten unter den Rock guckten, wenn die Wa-Frau oben auf der Bande war. Ebenso berichteten sie mir lachend von den Waschgewohnheiten der Frau nach der Arbeit. Also ging ich, mir das einmal anzusehen, und traute meinen Augen nicht: Die Wa-Frau entblößte in der Waschküche ihren Oberkörper und warf ihre mächtigen Brüste einfach über die Schulter! Dann wusch sie sich in Ruhe den Bauch, klappte die Brüste wieder nach vorne und fuhr mit dem Waschen fort. Die Wa-Frau brachte auch oft ihren Mann mit zur Arbeit, einen hageren, zahnlosen, schwächlichen Greis, der sicher alle seine Kräfte in russischer Gefangenschaft gelassen hatte. Beim Kartoffelnsammeln oder Rübenverziehen zum Beispiel konnte der Ärmste nicht mithalten. Er brach oft, wenn er auf Knien kroch, einfach vorne zusammen und landete mit dem Gesicht im Dreck. Die Wa-Frau packte ihn daraufhin am Schlafittchen, hob ihn wieder hoch, schnauzte ihn an und so musste er seine Arbeit fortsetzen.

Das Getreide, das auf dem Speicher über der Tenne lagerte, durften wir Kinder dann einmal pro Woche zur Mühle fahren. War das ein Spaß! Einer von uns lenkte den vollbepackten Pferdewagen, die anderen hopsten vergnügt auf den Säcken herum. An der Mühle wurden die Säcke gegen das fertig gemahlene Getreide der letzten Woche ausgetauscht und heim ging wieder die Fahrt, immer in munterem Trab. Ebenso durften wir mit dem Pferdewagen zum Landhändler Beeker nach Uedem fahren, bei dem zusätzliche Futtermittel, Kunstdünger etc. gekauft wurden. Die Pferde zogen schwer bergan, wenn es von Uedem mit dem vollbepackten Wagen nach Hause ging, und bremsten mit all ihrer Kraft, wenn der Hohlweg nach Uedemerfeld wieder bergab führte. Sie setzten sich dann förmlich in ihre Hintergeschirre. Danach trabten die Tiere munter an, und das Klirren ihrer Zugketten, wenn diese an die Eisendeichseln schlugen, hatte in dem hohlen Weg einen ganz besonderen Klang.

Nach der Ernte wurden alle Felder erst einmal gegrubbert, um das Unkraut keimen zu lassen. Drei bis vier Pferde zogen schwer an dem Grubber und manchmal geschah es, dass derjenige, der das Gespann führte, nicht aufpasste. Dann ließen die schweren Pferde, müde geworden, ihre Ketten durchhängen. Quelle jedoch, die kleine leichte Stute, die noch am meisten Hessenblut in ihren Adern führte, zog dann den Grubber alleine. Abends lag sie danach völlig überanstrengt im Stall und mochte nicht fressen. Zwei bis dreimal wurde gegrubbert, kreuz und quer übers Feld, dann wurde gepflügt. Ernst Kruse führte den einscharigen Kippflug, der von drei Pferden gezogen wurde. Mein Vater nahm mich oft bei der Hand und ging mit mir hinter dem Pflug her. Er zeigte mir, wie schön die braune Erde fiel. Ein uralter, ein wunderbarer, fast ein heiliger Anblick! Dann eggten die Pferde das Feld, bis die Kluten alle zerkleinert waren, und anschließend wurde das Wintergetreide gedrillt. Ich durfte die Pferde lenken, zwei vor der Drillkarre, und einer der Männer ging mit der Steuerstange in der

Hand, damit die Reihen schön gerade wurden. Danach wurde mit einer leichten Egge und einem Pferd die Saat eingeeggt. Viele Jahre hindurch habe ich diese schöne Arbeit machen dürfen. Die Farbe der frisch bestellten Felder, dieses wundervolle frische Braun, über dem des Abends ein Schimmer lag, war für mich die schönste Farbe der Welt! Dann, nach etwa einer Woche, geschah das Wunder: Das Feld war über Nacht von einem grünen Schleier überzogen, die Saat war aufgegangen! Welch tiefen Sinn hatte für uns das Lied, das wir am Erntedanktag in der Kirche sangen:

„Wir pflügen und wir streuen
den Samen auf das Land.
Doch Wachstum und Gedeihen
liegt in des Himmels Hand!
Der tut mit leisem Wehen
sich mild und heimlich auf,
und träuft, wenn heim wir gehen,
Wuchs und Gedeihen drauf!"

Auf die Felder, die im kommenden Frühjahr mit Kartoffeln und Rüben bestellt werden sollten, wurde Mist gefahren. Wie der aus dem Stall geholt wurde, habe ich schon geschildert. Auf dem Feld dann hielt der Wagen alle paar Meter und wir holten mit Misthaken an langen Stöcken so viel Mist herunter, dass auf dem ganzen Feld schließlich kleine Haufen lagen. Diese verteilten wir dann mit Gabeln, streuten sie breit. Oft war es schon kalt zu der Zeit und mir froren die Finger ein.

Zum Jauchefahren wurde das Jauchefass auf einen der Pferdewagen gestellt und geruhsam fuhr ich immer zwischen der Jauchepumpe am Schweinestall und einer Wiese hin und her, wo die Jauche dann verteilt wurde. Sonst aber stand das Jauchefass auf dem Hinterhof herum und diente uns Kindern häufig als gutes Versteck beim Spielen.

Eine andere, allwinterliche Arbeit war das „Kartoffelklappern". Die Kartoffeln, die bei der Ernte erst einmal in die Miete gefahren worden waren, wurden während des Winters nach und nach verkauft. Zu diesem Zweck wurde die alte hölzerne Klapper an die Miete gestellt und mit einem langen Elektrokabel versehen. Ein Mann beförderte mit der breiten Kartoffelgabel die „Pippers" in die Klapper, an der wir Kinder standen, um die faulen oder kaputten Kartoffeln und auch die

Steine auszusortieren. Heinz Kießler füllte die Säcke ab und wog sie auf der Waage, genau ein Zentner musste darin sein. Die kleinen Kartoffeln, die durch das Rüttelsieb hindurchfielen, die „Schweinekartoffeln", wurden in einen Dampfkessel in der Waschküche befördert, weichgedämpft und an die Schweine verfüttert.

Im Stall gab es im Winter viel Arbeit. Wir Kinder halfen beim Füttern, indem wir die Futterrüben mit der Gabel einzeln in eine Schnippelmaschine steckten. Diese Rübenschnitzel bekamen die Kühe, dazu Futtermehl und Rübenblattsilage, die wir Kinder täglich mit dem Pferdeschlitten holten. Wir beluden ihn am Silo von Hand, doch das konnten immer nur zwei von uns machen. Die übrigen Kinder sprangen indessen bäuchlings oder mit Salto in die Silomiete, denn sie war so schön weich und glitschig. Wie wir anschließend gestunken haben, ist kaum zu beschreiben. Manchmal besuchte ich danach meine Mutter in ihrem rosa Zimmer, doch die warf mich auf der Stelle wieder hinaus. Wir beförderten auch das Stroh für den Tiefstall vom Boden herab und spielten danach oben noch regelmäßig Verstecken.

In jedem Winter wurden zwei Schweine geschlachtet, die das Jahr hindurch mit gedämpften Kartoffeln und Küchenabfällen schön fett gemacht worden waren. Ihr markerschütterndes Geschrei, wenn sie zum Schlachtplatz gezerrt wurden, und dann die plötzliche Stille war mir jedes Mal ein Graus. Doch dann begann es, interessant zu werden. Zunächst wurden die Schweine gebrüht und ihnen die Borsten abgekratzt. Dann spaltete man sie der Länge nach, weidete sie aus und hängte sie an lange Leitern. Schön mit weißen Laken abgedeckt, damit die Fliegen nicht an das Fleisch konnten, hingen sie so einige Tage ab. Dann wurden sie zerteilt und das „Wursten" begann. Ich half dabei, die Fleischstückchen in den Fleischwolf zu stopfen, den Tante Luise drehte und drehte, bis eine große Zinkwanne voll mit Mett war. Dieses wurde dann nach altem Hausrezept gewürzt und schmeckte großartig. Händeweise stopfte ich es in mich hinein. Ebenso wurden die Lebern für die Leberwurst durch den Wolf gedreht, und das Blut kochte im großen Waschkessel für die Blutwurst. Pita schwitzte in der Küche am Feuerherd, auf dem die gesamten Schweinebraten fertig gebraten wurden, um anschließend in Portionen zerteilt und in Weckgläser eingekocht zu werden. Die Leber- und Blutwurst wurde ebenfalls in Sturzgläsern eingekocht, genauso die Schweinskopfsülze. Die Mettwurst jedoch stopften wir in Därme aus Stoff, die den Rauch hindurchließen. Die Würste kamen dann, an langen Stangen hängend, erst zum Antrocknen unter die Küchendecke und dann in die Räucherkammer.

Das Räuchern ist eine Kunst für sich, die Pita perfekt beherrschte. Die Glut unter den Würsten durfte nie zu heiß sein, denn dann platzten sie, und zu kalt natürlich auch nicht, weil sie dann verdarben. So ging Pita mehrmals am Tag zur Räucherkammer auf den Hausboden und regulierte die Glut mit einer Schaufel Buchen- oder Haselnussspäne. Am Niederrhein war das Räuchern damals unbekannt, meine Eltern hatten diese Kunst aus dem Osten mitgebracht.

Die vielen Haken unter unserer Küchendecke, in die die Stangen mit den Würsten eingelegt wurden, waren zum Lufttrocknen da, der hiesigen Methode zur Haltbarmachung der Würste und Schinken. Die Weckgläser wurden alle in unserem Keller verstaut, der jedoch meistens unter Wasser stand. Deshalb verdarb leider sehr oft das Fleisch und stank fürchterlich, wenn die Gläser geöffnet wurden. Wir aßen es dennoch, uns blieb ja nichts anderes übrig. Als nach Jahren dann Gefriertruhen auf den Markt kamen, gehörten meine Eltern zu den ersten, die eine kauften. Von da ab gab es Gott sei Dank keine verdorbene Leberwurst und stinkenden Schweinebraten mehr, und die Arbeit beim Schlachten wurde erheblich erleichtert.

Unser größtes Wintervergnügen war das Eishockeyspielen. In jenen Jahren fror es jeden Winter kräftig und oft musste auch Schnee vom Teich geschaufelt werden. Wir schnitten uns Eishockeyschläger aus Haselnussruten im Wald, als Puck diente ein Gummi von der Melkmaschine, und los ging's! Wir Kinder spielten täglich. Doch so oft sie nur konnten, gesellten sich sämtliche Jungen und Männer aus der Nachbarschaft hinzu, sodass oft ein Riesenpulk auf unserem kleinen Teich herumtobte, brüllend und lachend. Ich spielte als einziges Mädchen eine untergeordnete Rolle, zumal ich noch nicht einmal Schlittschuhe besaß. Meistens stand ich im Tor und lachte mich halbtot über die wilden Kerle und ihr Spiel. Selbst bei großer Kälte kamen wir so sehr ins Schwitzen, dass wir schließlich kaum noch etwas auf dem Leib trugen. Kam Tauwetter, so bildete sich auf dem Eis eine Wasserschicht, und dann war es besonders komisch, weil wir ja dauernd da hineinfielen. Triefend nass zogen wir abends heim. Manchmal spielte die Horde auch auf einem der Teiche der Nachbarbauern.

Ich brauchte dann nur einmal ganz still vor dem Hoftor zu horchen, schon konnte ich ihr Gebrüll in der Ferne hören und wusste, wo sie waren. Es sah so irrsinnig komisch aus, wie einmal die Meute auf dem großen Teich des Nachbarn Bodden auf schon völlig brüchigem Eis spielte. Mehr Wasser als Eis, gab die Decke in Wellenbewegungen nach, jeweils dort, wohin die wilde Horde raste. Alle waren pitschnass, doch niemand brach ein! Manchmal rief Pita uns nach dem Eishockeyspielen alle in die Küche, dann hatte sie für uns Schmalzäpfel gemacht. In einem großen Topf voll Schweineschmalz hatte sie Äpfel geschmort. War das ein herrliches Mahl! Mit hochroten Wangen, vollgepumpt mit klarer Winterluft, ließen wir es uns selig schmecken.

Ein andermal war am Heilgabend Vollmond. Alle Nachbarjungens und wir Kinder hatten schon den ganzen Nachmittag Eishockey gespielt. Es wurde dunkel und meine Mutter kam das erste Mal, nach mir zu rufen. Ich ging nicht, es war einfach zu schön. Mittlerweile schien der Mond so hell, dass der Schnee schimmerte und wir sehr gut sehen konnten; wir spielten und tobten weiter. Sie kam noch ein zweites und drittes Mal, bis sie schließlich böse wurde. Es half nichts, nun musste ich mit hineingehen zur Bescherung.

Die Satelliten gehörten mittlerweile ganz selbstverständlich zu meinem Leben. Morgens in der Schule gab es zwar Freundinnen, doch am Nachmittag war ich in meinem Element. Wir machten alles gemeinsam, alle Arbeiten, zu denen wir herangezogen wurden, und alle Spiele. Oft gingen wir in den Wald, bauten Knüppeldämme zwischen den einzelnen baumbestandenen Inseln im Wasser oder schaufelten uns auf einer Insel ein metertiefes Loch. Dieses wurde dann mit Stöcken abgedeckt, mit Lehm beworfen und mit Grassoden wieder unsichtbar gemacht, wäre da nicht das Ofenrohr gewesen, das durch die Decke herausschaute. Denn unten in unserer Höhle hatten wir einen Bullerofen stehen, in dem wir unsere Kartoffeln brieten, und wir hatten es uns zwischen dicken Schichten Stroh recht gemütlich gemacht.

Die Satelliten waren allesamt zerlumpte, rotznasige Kerle mit Spitznamen wie „Achel“, „Schoofi“, „Dick Maus“, „der müde Schrat“, „Züppi“ und „Bulle“. Sie waren ungehobelt und oft rauh, doch hatten sie alle das Herz auf dem rechten Fleck!

Unser „gemeinsamer Nenner“ waren zweifelsohne die Ackerpferde. Für uns war es die schönste Belohnung eines arbeitsreichen Tages, wenn wir abends noch reiten durften. Nur darauf hofften wir, wenn wir nicht das Glück gehabt hatten, ein Gespann führen zu dürfen. Im Sommerhalbjahr ritten wir wie gewohnt abends Rennen in der Wiese. Die Pferde hatten oft den ganzen Tag schwer gearbeitet, doch mussten sie sich den wohlverdienten Feierabend noch hart erkämpfen. Gleich mehrere Rennen ritten wir. Der Start war beim Weidetor auf dem Hinterhof, und ab ging's hinunter in die Wiesen bis zum Quergraben vor dem Melkstand, der die Ziellinie war. Dann ritten wir Schritt wieder zum Hof, starteten aufs Neue und so fort. Die ersten Male gewannen die größeren, schwereren Pferde, da sie längere Beine hatten, doch das vierte und fünfte Rennen gewann immer die alte Quelle, die kleine, unglaublich ausdauernde Stute. Endlich ließen wir die Pferde in der Wiese laufen und sogleich warfen sie sich hin und wälzten sich genüsslich. Ein herrlicher Anblick, wie alle fünf Dicken die Beine in die Luft streckten!

Sonntags hatten die Tiere auch keine Ruhe. Stundenlang ritten wir im Wald spazieren, kletterten steile Hänge herauf und rutschten wieder hinunter, oder wir spielten Räuber und Gendarm zu Pferde, wobei die Tiere uns jedoch oft durch ihr Gewieher verrieten. Wir bauten auch einen kleinen Parcours, den die Dicken immer und immer wieder springen mussten. In den Spitzenarbeitszeiten der Pferde sprach mein Vater schließlich ein Machtwort. Er befahl zu Recht, dass den Pferden ein Tag Ruhe gegönnt werden musste.

In allen Sommerferien kamen eine Nichte und ein Neffe von Heinz Kießler zu Besuch, Gabi und Walter Ringelmann. Auf die beiden freute ich mich immer schon lange Zeit, und viel zu schnell vergingen die Wochen, in denen sie da waren. Gabi war eine kleine freche, lustige Göre, in Walter hingegen war ich ein wenig verliebt. Wir spielten viel im Stroh in der Scheune, wo wir uns eine gemütliche, versteckte Hütte gebaut hatten. Darin rauchte Walter seine ersten Zigaretten (!), wir lasen Micky Maus und tranken Cola. Klein Gabi war unser abonnierter Clown, sie führte uns auf den hohen Balken in der Scheune urkomische Balancekunststücke vor. Wir machten doppelten Salto von hoch oben ins Stroh, was damals ein herrliches Vergnügen war, da es noch keine harten Hochdruckballen gab. Wir spielten auch wie die Wilden Wasserball im stinkenden und modrigen Ententeich, brüllend und uns gegenseitig untertauchend. Abends feuerte Oma Kießler den großen Kessel in der Waschküche und badete uns nacheinander in einer Zinkwanne, in die sie immer neues heißes Wasser aus dem Kessel schöpfte. Es war gar nicht so leicht, den Modergeruch des Ententeiches wieder loszuwerden, und so schrubbte sie jeden von uns kräftig ab. Oft fuhren wir auch mit den Eltern, Heinz und den Kruse-Jungens zum Schwimmen im Baggersee. Gabi, Walter und ich saßen während der Fahrt stets hinten im „Ställchen" des VW-Käfers.

Einige Male trocknete der Teich im Sommer völlig aus. Die Männer nutzten dies, um ihn wieder tiefer auszuheben. Dabei holten sie kiepenweise Handgranaten und Minen aus dem Moder, die wir Kinder uns dann um die Ohren warfen. Ich kann die Schutzengel nicht zählen, die uns ständig behütet haben!

Am Eingang zum Hohlweg gab es einen alten Kriegsbunker, der ganz zugeschüttet war mit Bauschutt. In Eimern und unter unendlicher Mühe schleppten wir den ganzen Schutt wieder hinaus, säuberten ihn und richteten uns mit Bullerofen, Tisch und Stühlen gemütlich darin ein. Hier empfing ich dann auch den ersten Kuss meines Lebens, von Walter Ringelmann! Rot vor Scham habe ich danach tagelang nicht gewagt, ihm zu begegnen!

Meine Eltern, besonders aber meine Mutter, die wir alle liebevoll „Titti" nannten, (auch alle vom Hof, obwohl sie sie mit Frau Gräfin anredeten), meine Mutter also bekam von all unseren wilden, oft auch gefährlichen und halsbrecherischen Spielen zum Glück nichts mit. Sie war eine sanfte, stille Frau, die sich am liebsten zurückzog, und ich hatte damals den Eindruck, dass sie nicht viel tat. Ständig traf man sie nur in ihrem hübschen Gartenzimmer, Briefe schreibend, strickend und immer wunderbare Musik hörend. Dass sie flickte, nähte, den ganzen Staudengarten pflegte und einem großen Haushalt vorstand, war nichts in meinen Augen. Erst viel später, als ich selbst erfuhr, was es heißt, einen ländlichen Haushalt zu führen, bekam ich Respekt vor ihrem Tun. So wusste ich denn auch nichts zu schreiben, als in der Schule das obligatorische Aufsatzthema gestellt wurde: „Was meine Mutter den ganzen Tag macht". Ich schämte mich sehr, denn mir fiel absolut nichts ein, was ich hätte schreiben können, während die anderen zum Beispiel schrieben: „Meine Mutter kocht, bügelt, wäscht, putzt." Alle diese Dinge tat Titti ja nicht! Mein Vetter Sven Sawade, der Sohn meiner heißgeliebten Tante Pine, der Schwester meiner Mutter aus Düsseldorf, zog sich da sorgloser aus der Affäre. Als er zu dem Thema in der Schule einen Aufsatz abliefern sollte, schrieb er schlicht: „Meine Mutter tut den ganzen Tag gar nichts. Manchmal ruft sie Tante Eva an und sagt: ‚Komm ganz schnell rüber, ich hab 'ne neue Flasche Wermut!'"

Der Freundeskreis meiner Eltern setzte sich teils aus alten Jugendfreunden, teils aber auch aus bedeutenden und auch reichen Leuten in ihrer neuen Umgebung zusammen. Meine Mutter besaß noch einige hochelegante Kleider aus dem Berlin der 1930er Jahre, doch hin und wieder ließ sie sich für die schicken Einladungen auch etwas Neues schneidern. Wie wundervoll sah sie jedesmal aus, wenn sie ein Abendkleid trug! Die große Garderobe stand ihrer zarten, zerbrechlichen Gestalt und ihrem engelsgleichen Gesicht sehr, und ich bewunderte die Eltern immer, wenn sie so elegant gekleidet zu einem großen Diner aufbrachen. Wie aus einer anderen, fernen Welt wirkten sie auf mich!

Auch ich wurde als Kind in Organdykleidchen gesteckt, meine blonden Zöpfe schön säuberlich glattgeflochten, dann wurde ich mitgenommen auf die Silvesterfeste bei Underbergs in Rheinberg oder auf die Bälle bei Fürstenbergs in Hugenpoet. Da saß ich dann alleine irgendwo an der Tanzfläche und sah dem mondänen Treiben zu, das mir so schrecklich fremd war. Andere Kinder, die auch dort waren, bewegten sich vollkommen selbstverständlich in dieser Umgebung, ich hingegen hätte mich am liebsten im nächsten Mauseloch verkrochen! Ich fühlte mich wie Aschenputtel, aber ohne Prinz!

Meine Eltern gaben auch hin und wieder selbst schöne festliche Abendessen. Alle bewunderten die Art, in der meine Mutter das Haus führte, die Gemütlichkeit der Räume, die Blumen, die Farben, das stets herrliche und reichliche Essen, und es herrschte jedesmal eine gelöste, fröhliche Stimmung. Immer saßen bei diesen Gelegenheiten die Chauffeure in unserer Küche, wo sie von Pita bestens versorgt wurden. Hier warteten sie darauf, ihre Herrschaften in ihren Rolls Royce oder Mercedes 300 wieder heimzufahren. Bei den Krebsessen, die meine Eltern gaben, fielen für Pita und mich in der Küche immer noch genügend Bäuche ab, die wir mit Wonne aßen.

Die besten Freunde der Eltern in ihrem Leben auf dem Thelenhof wurden Sohls. Hans-Günter Sohl gehörte zu denjenigen, die nach Krieg und Demontage die deutsche Schwerindustrie wieder aufgebaut hatten. Er war Generaldirektor der August Thyssen Hütte. Onkel Hagü war ein ungeheuer musischer Mann und teilte mit meiner Mutter die Hingabe an die Musik. So fuhren die Eltern beispielsweise alljährlich mit Sohls nach Bayreuth. Mit meinem Vater hingegen teilte er die Leidenschaft für die Jagd und seine tiefe Liebe zur Natur.

Auch Alfried Krupp war einige Male auf dem Thelenhof zu Gast, wie auch meine Eltern ab und zu zur Villa Hügel fuhren. Er war ein sehr vornehmer, ernster und stiller Mann, der die Verurteilung seines Vaters in Nürnberg und seine eigene darauf folgende Haft niemals hatte verwinden können. Mein Vater war regelmäßig Gast auf seinen herrlichen Niederwildjagden in Sevelen. Sein Sohn Arndt mochte Gabriele sehr, und Onkel Alfried hätte gerne eine Verbindung zwischen den beiden gesehen. Gabriele jedoch amüsierte sich lieber mit ihrem Jugendfreund Adrian Steengracht aus Moyland. Wie glühend habe ich sie beneidet, dass sie so oft mit ihm Rock 'n' Roll tanzen ging, während ich, das Küken, das ich war, natürlich zu Hause blieb! Aber ich rächte mich auf meine Weise und schlich ihr nach, wenn sie mit einem ihrer Verehrer spazierenging. Es war mir eine diebische Freude, sie beim Küssen zu belauschen oder sie zu stören.

In jenen Jahren drückten meine Eltern oftmals Geldsorgen, was auch mir nicht verborgen blieb. Doch ignorierte ich dieses Problem auf meine kindliche Art; meine Welt war heil und ich wollte mein Paradies nicht zerstört wissen. Jedenfalls musste sich auf dem Thelenhof etwas ändern. Die Löhne stiegen und die Kühe wurden unrentabel, da mein Vater ja nicht selber molk wie die anderen Bauern. Die Kühe wurden abgeschafft und an ihrer Statt hatten wir nun 60 Mastbullen. Im Tiefstall standen die Bullen zur Endmast, schon fast dreijährig, und wir Kinder bekamen striktes Verbot, zu ihnen in den Laufstall zu gehen und sie etwa einzustreuen. Die jüngeren Bullen hingegen, die in der Scheune untergebracht waren, dienten uns zum Rodeoreiten. Wir ließen uns vom seitlichen Gitter auf ihre Rücken fallen, und derjenige hatte gewonnen, der sich am längsten auf ihnen hielt. Die Tiere bockten und blökten und im hohen Bogen flogen wir in den Mist. Im Sommer durfte man nicht auf die Weide zu den großen Bullen, sie waren gefährlich. Nur mein kleiner Dackel „Whisky" hielt sie in Schach. Normalerweise jagen Rinder jeden Hund von der Weide und das wird manchmal lebensgefährlich für das Tier. Whisky aber stand und schrie und kläffte, eine Phalanx riesiger Bullen mit gesenkten Hörnern vor sich.

Von meinem Dackel Whisky muss ich noch ein wenig erzählen. Meine Eltern hatten mir mit ihm einen großen Herzenswunsch erfüllt, denn Trixi lebte ja nicht mehr und ich hatte mich glühend nach einem Dackel gesehnt. Also kam ein kleiner Langhaardackel zu uns und war fortan mein ständiger Begleiter. Auf unseren stundenlangen Spazierritten durch den Wald lief er stets mit, und nach einem Galopp mussten wir auf ihn warten, da seine Beine ja kurz waren. Das Tierchen war so sehr auf mich fixiert, dass er den ganzen Vormittag, während ich in der Schule war, vor dem Hoftor lag und auf mich wartete. Da wir dreimal die Woche auch nachmittags Stunden hatten, freute Whisky sich keineswegs, wenn ich nach Hause kam, sondern erst, wenn ich mir die ollen „Nachmittagsklamotten" anzog. Dann war seine Freude so überschwenglich, dass er quietschend unter allen Möbeln im Haus hindurchraste, viele Runden. Er liebte Baden, und an heißen Sommertagen lief er zum Teich, um geruhsam eine Runde zu schwimmen. Wir Kinder setzten ihn in eine kleine Zinkwanne und schickten ihn damit über das Wasser. Er sprang dann immer in der Mitte heraus und schwamm an Land. Oder meine Nachbarin Maria Roeloffs und ich zogen unsere Dackel hübsch mit Puppenkleidern an, dazu Schürzchen und Kopftuch, legten sie auf dem Rücken in Kinderwagen und schoben sie durch Uedemerfeld. Die Dackel lagen mucksmäuschenstill und ließen sich alle unsere Spiele gerne gefallen. Einmal aber geschah ein Unfall. Während der Getreideernte – der Pferdebinder war im vollen Einsatz – hatte sich Whisky zu weit ins Kornfeld gewagt und geriet in das große Schneidwerk. Die Maschine hatte zufällig irgendeinen Defekt und nur deshalb wurde sie angehalten. Erst jetzt hörten die Männer Whiskys jämmerliches Geschrei. Er hatte gerade noch vor dem im Zickzack hin und her schnellenden Messer mit den Vorderbeinen hochspringen können, so dass ihm das Messer die Knochen der Hinterbeine angesägt und – ihn kastriert hatte. Man brachte ihn noch zum Tierarzt, doch der konnte nichts weiter mehr tun als die Wunden zu behandeln. Meine Mutter pflegte ihn wie gewohnt mit Heilerde gesund. Trotz aller Bewegung, die der Dackel sich bei unseren stundenlangen Spazierritten machte, war er von nun an dick, was ihn jedoch nicht hinderte, unseren Pferden auch weiterhin zu folgen.

Mein Vater betrieb jetzt auch Gemüsebau. Es wurden Rotkohl, Weißkohl und Rosenkohl gepflanzt sowie Mohrrüben und Erbsen gesät. Den Kohl pflanzten wir von Hand und mussten ihn oft den ganzen Sommer hindurch mit Gießkannen wässern, jede einzelne

Pflanze. Zu diesem Zweck zog ein Pferd einen Wagen mit dem wassergefüllten Jauchefass durch die Reihen. Im Spätherbst wurde der Kohl dann geschnitten und in Mieten gepackt. Später, im Winter, standen wir wochenlang frierend in der Scheune, um den Kohl zu putzen. Wir entfernten von jedem einzelnen Kopf die unansehnlichen oder faulen Blätter, die oft fürchterlich stanken. Dann wurde er in Kisten gepackt und verkauft. Noch mühsamer war es mit dem Rosenkohl. Da man ihn auch im Winter erntet, erfroren uns fast die Finger, wenn wir die einzelnen Röschen abpflückten.

Die Mohrrüben wurden immerhin mit der Drillmaschine gesät und mit einem Pflug wieder ausgepflügt. Zu Hause wuschen wir sie in einer Maschine und füllten sie in Plastikbeutel mit Luftlöchern ab. Die Erbsen ließen wir auf dem Feld ganz reif werden, dann wurden sie gemäht und gereutert. Reutern, das heißt: große dreieckige Holzböcke hoch vollpacken zu kegelförmigen Haufen, unter denen die Luft hindurchzieht. Auf diese Weise trocknete man im allgemeinen das Heu und auch dieses Bild galt noch lange als Inbegriff der Romantik des ländlichen Lebens. Eine Wiese voller Heureuter war ein schöner Anblick und garantierte bestes Heu, doch das Reutern war schwere Körperarbeit. Auch die Erbsen trockneten bestens auf diese Weise. Später wurden sie eingefahren und im Dreschkasten gedroschen. Als sie jedoch noch grün waren, hatten die Frauen schon kiepenweise auf dem Feld gepflückt, zuhause von Hand gepult und in Gläser eingekocht.

Nun, da die Kuhherde nicht mehr existierte und die Bullen zu gefährlich waren, verlagerte ich meine Stallarbeit ganz auf die Pferde. Inzwischen hatten Allzeits uns verlassen, es gab also keinen Onkel Albert mehr, der den Pferdestall besorgte. Die Pferde wurden jetzt täglich am Abend von mir gefüttert. Oben auf dem Speicher stand die Häckselmaschine, mit der das Haferstroh gehäckselt wurde. In der kleinen Rübenbucht mussten die Futterrüben fein sauber mit dem Messer geschrabbt werden, denn Pferde können keine Erde vertragen. In großen Krippen bekamen sie dann Häckselstroh, Futterrüben und Hafer darüber, und ihr zufriedenes Mahlen beim Fressen wurde mir eines der liebsten Geräusche. Die Kopfstücke und Zuggeschirre mussten geölt, die Pferde täglich gestriegelt werden. Nur das Ausmisten besorgten damals noch die Männer.

Da Tante Luise auch nicht mehr da war, brauchte Pita anderweitig Hilfe. Es wurden diverse Ehepaare eingestellt, doch mit keinem hatten wir richtig Glück. Sie wohnten in den Zimmern oben auf dem Hausboden und leider allzu oft mussten wir unten mitanhören, wie sie sich fürchterlich prügelten. Doch dann sandte uns der Himmel das Ehepaar Böker, Bauersleute aus der Uckermark, aus der ja auch mein Vater stammte. Sie wohnten in Uedem und Frau Böker kam jeden Tag zu Fuß durch den Hohlweg, viele Jahre lang, um Pita bei der Arbeit zu helfen. Mein Vater war selig, mit ihr uckermärkisch Platt sprechen zu können. Sie war eine herzensgute, mordsfleißige und fröhliche Frau und wuchs uns allen sehr ans Herz. Ihr Mann half oft, beispielsweise beim Gänse- und Entenrupfen vor Weihnachten. Er konnte jedoch den Verlust seiner Heimat nie verwinden und beklagte ihn tagtäglich, bis wir schon darüber lachten.

Heinz Kießler hatte inzwischen geheiratet und bewohnte mit seiner Frau Friedchen die drei Zimmer an der Tenne. Die beiden hatten sich richtig schön im Stil der 1950er Jahre eingerichtet: Nierentisch, Tütenlampen und Musikbox. Im Schlafzimmer über ihrem Bett hing mein liebstes Bild: Ein kleines Mädchen in zerschlissenem Hemd geht barfuß über einen baufälligen hölzernen Steg, darunter ein reißender Wildbach. Gewitter steht am Himmel, Blitze zucken, doch ein wunderschöner großer Engel mit weißen Flügeln breitet schützend seine Hände über das Kind! Wie oft habe ich andachtsvoll vor diesem Bild gestanden!

Heinz und Friedchen bekamen zwei Kinder, doch dann erkrankte Friedchen schwer an Gehirntumor. Es war für mich das erste wirklich traurige Ereignis in meinem Leben und ich begriff es anfangs kaum. Oft sind wir Kinder ihr, wenn sie mit rasenden Schmerzen auf dem Sofa lag, noch auf die Nerven gegangen, bis Heinz uns hinausjagte. Sie starb schließlich nach großen Qualen, und Heinz' Wehklagen, nachdem meine Eltern ihm die traurige Nachricht überbracht hatten, verfolgt mich heute noch. Ab da kam Oma Kießler ganz zu uns, um für Heinz und die Kinder zu sorgen. Noch einmal erlebten wir eine wunderschöne Zeit mit ihr. Doch nach etwa einem Jahr starb auch sie, plötzlich während der Arbeit, an Herzschlag.

Zwei der Kruse-Jungens hatten uns verlassen, nur Ernst war noch da, und so stellte mein Vater noch einen Mann ein. Wir hatten mehrmals Pech. Einer zum Beispiel, ein Tier von einem Kerl, hatte vor seiner Kammer auf dem Dachboden einen Gummistiefel als Klo benutzt, weil er zu faul war, die Treppe hinunterzugehen. Als er wieder verschwand, ließ er natürlich den Stiefel stehen. Wer entfernte ihn? Selbstverständlich wir Kinder! Wir beförderten ihn, randvoll wie er war, die Treppe herunter, machten draußen ein großes Feuer und warfen ihn hinein. Dafür bekamen wir fünf Mark Belohnung. Oder ein anderer, den wir aus Petrusheim geholt hatten, einer Herberge für Tippelbrüder. Er war an sich fleißig und lieb, doch immer still und in sich gekehrt. Es hielt ihn nicht lange, plötzlich war er fort. Man hat ihn später tot in einem Straßengraben gefunden.

Es kam aber auch ein ganz anderer Typ zu uns, Siegfried Schulze aus der russischen Zone, wie sie damals noch hieß. Als erstes nahm er Religionsunterricht und ließ sich dann taufen und konfirmieren. Meine Eltern gaben anlässlich dieses Ereignisses ihm zu Ehren ein schönes Essen. Er war ein sehr gepflegter Mann mit großem ästhetischem Empfinden, höflich und bescheiden. Meine Eltern erkannten bald, dass der arme Kerl bei uns am falschen Platz war. Sie hätten ihn am liebsten auf eine Butlerschule vermittelt, wenn es eine solche in Deutschland noch gegeben hätte. Aber was half es, Siegfried hatte keine andere Wahl als unseren Schikanen ausgesetzt zu sein. Grausam und sadistisch, wie Kinder sind, ärgerten wir den armen Kerl bis zur Verzweiflung. Er ekelte sich vor Ratten und so packten wir ihm tote ins Bett. Er hatte gute Tischmanieren, wir jedoch machten Pfannkuchenschlachten, bei denen er und auch Pita nicht verschont blieben. Wenn sie mit einem Tablett voller Geschirr von den Eltern aus dem Wohnzimmer kam, so landete – flatsch! – ein Pfannkuchen mitten in ihrem Gesicht. Siegfried war verzweifelt und dies schlug dann irgendwann in Depressionen um, was wir Kinder natürlich nicht erkannten. Zunächst ließ er seinen Frust an den Tieren aus. Zum Beispiel musste Siegfried täglich unsere eine Kuh melken, die wir immer noch behalten hatten, damit sie uns mit Kalbfleisch und Milch versorgte. Die Kuh wollte aber nicht von ihm gemolken werden und rannte davon, immer um die Strohmiete herum, Siegfried mit dem Melkschemel in der Hand hinterher. Hatte er sie schließlich wieder im Stall, bekam sie erst mal Prügel, und folglich ging das ganze Theater am nächsten Tag von neuem los. Dann machte er die ersten Selbstmordversuche. Zuerst harmlose, über die wir Kinder auch noch spotteten. Pita war außer sich und versuchte, so gut sie es vermochte, uns im Zaum zu halten. Schließlich war Siegfried verschwunden. Wir suchten ihn, Schlimmes befürchtend, auf dem Dachboden und in den umliegenden Wäldern. Dann fanden wir ihn unten auf der Wiese liegend mit der Bibel in den Händen. Er hatte

Schlaftabletten genommen. Man konnte ihn retten, doch nun sprach mein Vater endlich ein Machtwort. Fortan benahmen wir uns höflich und rücksichtsvoll Siegfried gegenüber und er dankte es uns, indem auch er sich Mühe gab. Zum Beispiel bei Rattenjagden, die wir oftmals veranstalteten. Heinz Kießler mit dem Kleinkaliber lag auf der Lauer, während wir Kinder mit lautem Gepolter den Dachboden des alten Backhauses auf dem Hinterhof durchstöberten. Die Ratten liefen dann außen an der Mauer entlang, und Heinz knallte sie ab. Dann wurde Strecke gelegt! Siegfried überwand sich und machte mit. Doch nach einigen Jahren ging er seiner Wege.

Mein Bruder Adolf war viele Jahre fort gewesen, bevor er das erste Mal wieder nach Deutschland kam. Welch aufgeregte Freude herrschte allenthalben! Mein Vater holte Adolf in Frankfurt am Flugplatz ab und wir alle vom Hof standen im Garten vor der Haustür und empfingen ihn mit einem Ständchen, das Heinz Kießler auf seiner Trompete begleitete: „Lobe den Herrn!" Mit Tränen in den Augen kam Adolf den Gartenweg herauf. Abends saßen alle, auch die Männer vom Hof, um unseren großen Tisch im Wohnzimmer und lauschten gespannt seinen langen Erzählungen. Er hatte jahrelang hart gearbeitet auf Estancias in Argentinien, im brasilianischen Urwald und im Mato Grosso, bis er es geschafft hatte und Mayor Domo der Krupp- und Thyssenestancias geworden war. Die großen Entfernungen legte er mit einem Zweipropellerflugzeug zurück, das er selber flog. Er brachte herrliche Sachen mit: Krokodilledertaschen für meine Mutter und Gabriele, ein Silberarmband mit typisch südamerikanischen Anhängern daran für mich und auch uns damals noch unbekannte Früchte: Avocados. Von nun an besuchte Adolf wieder regelmäßig Deutschland.

Einige Zeit später heiratete meine Schwester. Zu diesem Anlass wurde ich mit einem Pferdewagen nach Schloss Kalbeck geschickt. Die Baronin Vittinghoff-Schell borgte uns dreißig feine, mit Seidenstoff bespannte Stühle, die ich auf den Wagen lud. Auf der Heimfahrt begann es, furchtbar zu regnen. In meiner Not deckte ich die Stühle mit schmutzigen Kartoffelsäcken zu, die sich auf dem Wagen befanden. Meine Mutter war entsetzt, alle Stühle waren verdorben und mussten mühevoll gereinigt werden! Gabriele und ihr Mann Christoph v. Hake wurden in der evangelischen Kirche von Uedem getraut. Meine Mutter hatte in unserem Haus eine wunderschöne Hochzeitsfeier ausgerichtet, in allen Räumen. In der Diele wurde das herrliche kalt-warme Buffet aufgebaut, das ein Koch und seine Gehilfen in der Küche zubereitet hatten. In allen Räumen waren Tische festlich gedeckt in zauberhaften Farben und mit bunten Blumen. Getanzt wurde im umgeräumten Gästezimmer, dem früheren Zimmer Gabrieles. Aus mir war immer noch kein Teenager geworden, und so saß ich wie immer, blass und mager, mit säuberlich geflochtenen Zöpfen in der Ecke und schaute zu und niemand tanzte mit mir. Gabriele und Christoph zogen nach Hamburg und kauften bald in der Elbmarsch eine alte Kate, die sie liebevoll renovierten.

Es kam wieder einmal ein Weihnachtsfest. Die Vorbereitungen, die Bescherung, alles verlief schön und aufregend wie immer. Doch ich wunderte mich: Auf meinem Gabentisch lagen ein richtiger Sattel und Zaumzeug, eine Longe, eine Gerte! „Wozu denn das?", dachte ich, denn unsere Ackerpferde brauchten solche Dinge doch nicht! Da zogen meine Eltern die Gardine auf und im Garten vor dem Fenster stand ein Pferd! Ein richtiges Reitpferd, eine Fuchsstute, viermal weiß gestiefelt und mit einer Blesse! Ich stürzte hinaus und hing weinend an ihrem Hals. Ein Pferd für mich ganz alleine, das nie schwere Hofarbeit würde verrichten müssen, das ich immer, jederzeit würde reiten dürfen! Mir war ganz schwindelig vor Glück! Die Stute wurde in eine schön für sie hergerichtete Box auf der Tenne gebracht, und ich war kaum dazu zu bewegen, wieder ins Weihnachtszimmer zu kommen. Das war „Amsel", die Begründerin unserer kleinen Reitpferdezucht. Natürlich erwies es sich sofort als Illusion, sie jederzeit reiten zu können, denn erst einmal war sie hochtragend. Gleich Anfang Februar bekam sie ein Stutfohlen und so ging es alle Jahre fort. Vier Jahre später bekam auch Amsels erste Tochter ein Fohlen und innerhalb weniger Jahre wussten wir kaum noch wohin mit allen Pferden.

Die Reitpferde wurden für mich von nun an ein wesentlicher Teil meines Lebens.

4. Der Umbruch

In den 1960er Jahren vollzog sich ein gewaltiger Umbruch in der Landwirtschaft. Die technische Revolution schritt rapide voran, denn die Löhne waren so sehr gestiegen, dass Arbeitskräfte durch Maschinen ersetzt werden mussten. Die Bauern in unserer Gegend hatten längst alle Traktoren, und entsprechend verschwanden die Ackerpferde von den Höfen. Das Bild der gemächlich arbeitenden Tiere auf dem Feld, das uns vormals so selbstverständlich und vertraut gewesen war, es wurde nun zur Seltenheit. Wir nahmen es nun ganz bewusst und voller Wehmut in uns auf in dem Gefühl, dass es eines Tages ganz verschwunden sein würde.

Der Beginn des Umbruchs auf dem Thelenhof wurde durch die Tatsache eingeleitet, dass unser alter, pferdegetriebener Mähbinder ausgedient hatte. Auch der alte große Dreschkasten wurde verschrottet. An ihrer beider Stelle war der Mähdrescher des Lohnunternehmers getreten, der jetzt in jedem Sommer unser Getreide erntete. Das Korn wurde damals noch oben auf der Maschine in Säcke abgefüllt, die ich mit dem Pferdewagen heimfuhr. Die Männer schleppten die hundert Kilogramm schweren Säcke dann auf ihrem Buckel die Treppe hoch und schütteten sie auf dem Speicher wieder aus.

Für mich persönlich wurde der Wandel in der Landwirtschaft, der auch unseren Hof erfasst hatte, durch zwei Vorgänge symbolisiert, die für mich gleichsam das Ende meiner Kindheit bedeuteten: Der erste war, dass Heinz Kießler uns verließ! Er hatte wieder eine Frau gefunden und wollte mit ihr ein neues Leben beginnen, und so ging er seinen Lebensweg bei einer großen Firma in Uedem weiter. Heinz hinterließ eine schmerzliche Lücke. Sein ungeheurer Fleiß, seine Heiterkeit, seine Autorität und seine Anhänglichkeit an unsere Familie waren nur Eckpfeiler seiner großen Persönlichkeit. Meine Eltern trauerten ebenso wie Pita und ich; er fehlte uns sehr. Mit ihm gingen auch die meisten Satelliten, die ihn alle sehr verehrt hatten, für die es aber nun keine Arbeit mehr gab und die vor allem nicht mehr reiten konnten.

Denn das war das zweite schmerzliche Ereignis dieser Zeit: drei der fünf Ackerpferde verschwanden auf Nimmerwiedersehen! Der dramatische Rückgang des Pferdebestandes in Deutschland zu jener Zeit gab Anlass zu allergrößter Besorgnis unter den Pferdeliebhabern und es wurde damals ein vielbeachtetes Schaubild auf vielen Pferdeveranstaltungen gezeigt mit dem Motto: „Das Pferd muss bleiben!"

Unsere Ackerpferde traf sicher das gleiche Schicksal wie andere Abertausende: Nach einem Leben voller Mühe und treuer Ergebenheit, ja Hingabe an den Menschen landeten sie auf dem Schlachthof! Ich habe nie zu fragen gewagt, wohin unsere Pferde gingen, ich verdrängte es einfach. Es gab gottlob noch „Lotte" und „Hummel", und

„Amsel" war ja auch da. So konnten wir wenigstens noch zu dritt reiten. Doch etwa zwei Jahre später verschwand auch „Hummel" und allein „Lotte", ihre Tochter und die jüngste der Kaltblutstuten blieben noch bei uns.

Auch der letzte „Star" meiner Kindheit, Ernst Kruse, war bald nach Heinz von uns gegangen und so fingen wir ganz neu, ganz anders, ganz von vorne an. Zu uns kam Hans-Peter Rupkalvis, ein echter Holsteiner: still, verschlossen und stur, doch redselig und fröhlich nach Alkoholgenuss, ein Mann so ganz anders als alle, die bisher auf unserem Hof gearbeitet hatten. In sich gekehrt und schweigsam wie er war, reagierte er kaum auf meines Vaters und unser aller Versuche, mit ihm ein lockeres Gespräch anzufangen, bis wir ihn schließlich in Ruhe ließen. Er arbeitete fleißig vor sich hin, doch kein Junge aus Uedem, kein „Satellit" gesellte sich zu ihm, obwohl Hans-Peter ein gutes Herz und viel versteckten Humor besaß. Bald gehörte auch er zur Familie wie Heinz, und doch war wirklich alles ganz anders. Beim Essen saß er nur noch allein mit Pita in der Küche, und Lachen und Scherzen fiel mit ihm viel schwerer als zuvor mit den vielen Männern und Jungens auf dem Hof. Doch auch er sang laut bei der Arbeit, besonders beim Treckerfahren, wenn er glaubte, dass niemand ihn hörte.

Mein Vater verkaufte zehn Morgen Wald unten im Bruch und finanzierte damit die große Umstellung des Hofes auf einen Ein-Mann-Betrieb. In den 1960er Jahren galt dies als die Lösung für die immer größer werdenden Probleme der Landwirtschaft. Er schaffte den Maschinenpark an, der notwendig war, um auf einem Hof wie dem unsrigen klarzukommen. Allem voran einen Schlepper, einen 30-PS-MAN mit Frontlader. Dazu einen Zwei-Schar-Drehpflug, einen Grubber und einen Miststreuer. Der Tiefstall wurde umgebaut, sodass man mit dem Frontlader entmisten und beidseitig des Mistganges je eine Reihe Bullen angebunden stehen konnte. Auf der Weide wurden Schweinehäuschen mit Mistplattformen und Futterkrippen errichtet, denn damals war eine neue Mastmethode der letzte Schrei: Nachdem die Ferkel abgesetzt waren, kamen sie auf die Weide und wurden zweimal täglich zugefüttert. Erst zur Endmast kamen sie noch einmal ganz in den Stall. Auf diese Weise erzeugte man festes, wohlschmeckendes Fleisch von gesunden, „glücklichen" Schweinen, allerdings brauchte man einige Wochen länger als die modernen Schnellmastbetriebe heute. Wir produzierten die Ferkel teilweise selbst, und zwar in unserem zum Sauenstall umgebauten Backhaus. Musste eine Sau zum Eber, so trieb ich sie, mit einem Stöckchen mal rechts, mal links leicht dirigierend, gemächlich den Uedemerfelder Weg entlang zu einem Nachbarhof, wo dann ein riesiger Eber seiner Aufgabe nachkam. Viele Nächte hindurch habe ich dann während der Geburten Wache gehalten, unter der Rotlampe hockend. Denn die riesigen Sauen legen sich allzu leicht auf ihre eigenen Neugeborenen und drücken sie platt.

Zur Endmast wurden die Schweine in den alten Schweinestall getrieben, in den ebenfalls schöne Boxen – mit Gummitüren nach draußen zur Mistplattform – eingebaut worden waren. Es gab noch viel Handarbeit im Stall. Die Schweine wurden von Hand gefüttert und gemistet und die Mistplattform musste leergeschaufelt werden. Doch ihr zufriedenes Grunzen, wenn sie im frischen Stroh wühlten, machte jedes Mal Freude. Ihr Futtergetreide, das auf dem Dachboden lagerte, wurde vorschriftsmäßig gemischt in einen Trichter gekippt und rutschte von dort in die Schrotmühle, die unten in der Tenne auf einem Sockel stand. Also keine Fahrten zur Mühle mehr! Die Säcke mit dem fertig gemahlenen Schrot wurden auf dem Rücken in den Schweinestall geschleppt, dort in der Schrotbucht ausgekippt und noch einmal durchgeschaufelt, bis alles gut gemischt war. Dieses Schrot wurde den Schweinen in die Tröge gefüllt und mit Wasser vermischt. Währenddessen gab es immer ein ohrenbetäubendes Geschrei im Stall, das schlagartig verstummte und in ein gieriges Schmatzen überging, wenn die Futterklappen der Tröge umgestellt wurden. Auch dieses Geräusch gibt es heute so gut wie gar nicht mehr. In den modernen Mastställen stehen automatische Fütterungsanlagen und kein Schwein braucht mehr zu warten und zu quieken. Für die Tröge im Backhaus und auf der Weide wurde das Schrot in Eimer abgefüllt, in einen Futterwagen gestellt und hingeschoben. Sie machten also viel Arbeit, die Schweine, doch brachten sie damals noch Geld. Ich erinnere mich noch gut, wie tiefbesorgt mein Vater die Nachricht vom Bau der ersten Schnellmastställe mit bis dahin unvorstellbar vielen Liegeplätzen aufgenommen hatte. „Das ist der Anfang vom Ende der Landwirtschaft!“, sagte er.

Eine Spezies hat unseren „Tierhof“ fast ad absurdum geführt: Pietrainschweine! Diese Rasse war in den 1960ern groß in Mode, um die Fleischqualität der Mastschweine zu verbessern und den Fettanteil zu reduzieren. Also schaffte mein Vater einen Pietrain-Eber und einige Sauen an. Während der Eber auch zur Kreuzung herangezogen wurde, brachten die Sauen reinrassige Nachkommen. Da das Pietrainschwein viel Wildschweinblut führt, hat es wie seine Vorfahren Stehohren, etwa die gleiche Größe, es ist schwarz-weiß gefleckt und vor allem: Es ist höllisch intelligent! Unsere kleine reinblütige Pietrainherde verursachte uns daher erhebliches Kopfzerbrechen. Im Nu hatten sie sich unter dem Knotengitterzaun hindurchgewühlt, die Ringe in ihren Nasen völlig ignorierend. Es war zwecklos; sie waren auf der Wiese nicht zu halten. Und so machten sie sich Tag für Tag selbständig, erschienen jedoch jedesmal pünktlich zu den Fütterungszeiten. Dazwischen aber vergnügten sie sich im Wald, den sie nach Eicheln und Bucheckern durchwühlten. Oder sie lagen satt und zufrieden mitten im Markstammkohlfeld. Sie brachen regelmäßig beim Nachbar Wehren in den Stall ein, rissen dort die Futtersäcke auf und richteten eine „Riesenschweinerei" an, worüber er zu Recht erbost war. Dasselbe machten sie im Hühnerstall bei der Katstelle Hermsen. Und mich holten sie mehrmals von der Schule ab! Die Schweinehorde kam mir dann am Ortsrand von Uedem grunzend entgegen und ich hatte alle Mühe, sie zurück die Bergstraße hoch und durch den Hohlweg wieder nach Hause zu treiben. So ging es, bis die Tiere fett waren. Dann sorgte mein Vater dafür, dass diese hochnotpeinlichen Vierbeiner wieder verschwanden, zumindest die reinblütigen. Die Kreuzungsprodukte jedoch setzten sich allgemein in der Schweinemast durch.

Auf den Feldern bauten wir jetzt fast nur noch Getreide an: Hafer-Sommergersten-Gemenge mit Saubohnen, Roggen und Weizen. Zur Bodenverbesserung säten wir Lupinen als Zwischenfrucht und pflügten sie unter. Das Getreide wurde nun vom Mähdrescher geerntet und konnte nicht länger in Ruhe in der Hocke trocken werden. So kam es immer zu feucht auf den Hausboden und musste dort mehrere Male ganz umgeschaufelt werden, was sehr mühsam war. Oft gab es dennoch Stellen im lagernden Getreide, die verdorben waren. Mein Vater entschloss sich deshalb ein paar Jahre später zum Bau einer Trocknung. Sie wurde hinten in der Scheune errichtet und das Getreide nach der Ernte erstmal dort abgekippt. Nachdem es getrocknet worden war, konnten wir es von einem Gebläse bis vorne auf den Hausboden blasen lassen, quer durch den Kuhstall und den Schweinestall hindurch. Welch eine Erleichterung!

Mir war klar und ich empfand es schmerzlich, dass sich die Tür, hinter der meine Kindheit lag, für immer geschlossen hatte. Die Menschenleere auf dem Hof traf mich zutiefst. Am Weihnachtsabend wurde sie uns allen in besonderem Maße bewusst, wenn wir gemeinsam, doch nur noch zu fünft, unsere Weihnachtslieder anstimmten: meine Eltern, Pita, Hans-Peter und ich. Welch ein kläglicher Gesang – und ohne Instrumente! Oder auch an den Geburtstagen meiner Eltern im Januar: Früher war es immer so schön gewesen! Frühmorgens wurde jedem von ihnen im Wohnzimmer bei leise geöffneter Schlafzimmertür ein Ständchen gebracht. Heinz Kießler spielte auf seiner Trompete und alle vom Hof sangen laut: „Lobe den Herrn". Und nun: drei klägliche Stimmen, Pita, Hans-Peter und ich! Wir taten unser Bestes! Abends spielte ich mit Hans-Peter oft Brettspiele oder Federball. Doch nach und nach zog mich die Reiterei immer mehr in ihren Bann.

Mein Vater schickte mich bald, nachdem ich Amsel geschenkt bekommen hatte, zu einem Reitlehrgang. Und so absolvierte ich auf „Bruno", einem Tattersallgaul (so nannten Kavalleristen früher alte Reitstall-Schulpferde), meine ersten Reitstunden. Mit dem richtigen Sitzen im Sattel hatte ich Schwierigkeiten, denn ich hatte nie einen benutzt. Ebenso galt es jetzt, Kommandos, Hufschlagfiguren, richtige Hilfengebung zu lernen, und ich, die ich meine ganze Kindheit auf dem Pferderücken verbracht und mit einer Horde Jungens die wildesten Reiterspiele veranstaltet hatte, kam mir vor wie eine Anfängerin. Doch schloss ich mit dem bronzenen Reitabzeichen ab.

Im Sommer ging ich mit Amsel regelmäßig zur Vereinsreitstunde und ritt meine ersten Reiterprüfungen. Schicke Turnierreitsachen kannten wir damals noch nicht, obwohl der schwarz-weiße Anzug vorgeschrieben war. Doch wenn ich daran denke, in welchem Aufzug ich auf meinen ersten Turnieren startete, muss ich heute noch lächeln: in Jodhpurs[5] und dazugehörigen Stiefeletten aus Amerika, dunklem Pulli und einer Reitmütze aus Pappe. Einer der Richter bedeutete uns liebevoll, ein wenig vorschriftsmäßigere Reitkleidung wäre doch angebracht. Und so bekam ich meine ersten „Romika"-Reitgummistiefel und eine richtige Stahlkappe, ein Jahr später dann sogar eine schwarze Reitjacke.

Zur damaligen Zeit wurde der Reitkunst ganz klar Vorrang vor korrekter Kleidung gegeben, die für uns alle mehr oder minder unerschwinglich war. Einige Reiterkameraden ritten in den alten Reitkleidern ihrer Väter, die ihnen bis an die Knie reichten. Ein Vereinskamerad, Theo Hebben, wurde Deutscher Juniorenmeister der Vielseitigkeitsreiter – wir platzten alle vor Stolz und Freude. Mit Fackelzug und Blasmusik empfing man ihn in seinem Heimatdorf Uedemerbruch, alle wurden zum Freibier in die Kneipe eingeladen und man überreichte ihm als Geschenk einen Gutschein über ein Paar richtige lederne Reitstiefel. Bis dahin hatte Theo alle seine Erfolge in den alten Kriegsstiefeln seines Vaters errungen, die ihm gerade mal bis unter die Waden reichten!

In den ersten Jahren meiner Reiterei verehrte ich über alle Maßen eine Bauerntochter aus dem Nachbardorf Keppeln: Carla Ostrop. Sie war der Fixstern am Himmel meiner Träume, so wie sie wollte ich auch einmal werden. Carla hatte die landwirtschaftliche und die ländlich-hauswirtschaftliche Lehre absolviert und sie schickte sich an, ihren Landwirtschaftsmeister zu machen. Sie war ungemein tüchtig in Haus und Hof und sollte einmal den elterlichen Betrieb übernehmen. Obendrein ritt sie in der Vielseitigkeit allen Männern davon und wurde mehrere Male mit ihrer eleganten Schimmelstute „Cissy" Landessieger im Rheinland! Oft radelte ich nach Keppeln, um ihr beim Reiten zuzuschauen, ihr eventuell bei der Arbeit helfen zu dürfen oder um sie einfach nur anzuhimmeln. Sie war mein Vorbild und ich mühte mich, so tüchtig und so sattelfest zu werden wie sie. Doch einige Jahre später geschah das Furchtbare: Bei einer schweren Military im Xantener Hochwald stürzte sie so unglücklich, dass sie wenig später starb. Der ganze Niederrhein war fassungslos, denn sie war so etwas wie eine Nationalheldin unter der ländlichen Bevölkerung. Bei ihrem Begräbnis waren zahllose Reitereskorten mit Standarten dabei und ihr Pferd ging gesattelt im Trauerzug mit. Ich habe von diesem Ereignis einen bleibenden Schock davongetragen, der nur langsam, ganz langsam verging.

Mittlerweile war ich Schülerin des Pro-Gymnasiums Uedem geworden. Wegen Platzmangels – Uedem war erst teilweise wieder aufgebaut und die Schule hatte gerade mal zwei Räume – gab es nur alle zwei Jahre eine Sexta. Ab der Mittleren Reife ging man dann nach Goch aufs Gymnasium bis zum Abitur. Das Gymnasium wurde geführt von Studienrat Tillmann, einem Lehrer vom alten Schlag. Er war hochgebildet und ein großer Idealist. Die Fächer, die er lehrte, waren:

Latein, Griechisch, Französisch, Deutsch, Mathematik, Chemie, Physik, Biologie, Geographie, Geschichte und Musik. Seine Söhne sollten beide die Priesterlaufbahn einschlagen und daher eine humanistische Erziehung erhalten. So stellte er kurzerhand die Schule um und begann zwei Jahrgänge lang mit Latein. Ich hatte jedoch das Glück, dass wieder mit Englisch begonnen wurde. Herr Tillmann war ein sehr bescheidener Mann, der ausschließlich für seine Schule lebte, denn seine Lehrfächer waren auch sein Hobby. Oftmals bestellte er uns nachmittags in die Schule und machte mit uns Physik- oder Chemieversuche außerhalb der Unterrichtsstunden. Oder – was sein Liebstes war – er radelte in die umliegenden Wälder oder Wiesen und hielt Ausschau nach seltenen Blumen. In der nächsten Biologiestunde mussten wir dann alle auf die Fahrräder und die Pflanzen bestimmen und bestaunen. Jeder von uns hatte ein Bestimmungsbuch, mit dessen Hilfe Tillmann uns die heimische Flora so vertraut machte wie nur möglich. Ich liebte seinen Biologieunterricht sehr und brachte oft seltene Pflanzen oder Pilze mit, die ich in „meinem Revier", den Wäldern im Bruch, gefunden hatte. Im Musikunterricht hatten beide Klassen einmal pro Woche Chor und Tillmann begleitete uns auf dem Flügel. Er ging nicht zimperlich um mit denjenigen, die alberten oder zappelten und schlug den Jungen rücksichtslos mit dem Stock gegen die Schienbeine. Oder er schrie sie an, rot vor Wut: „Nimm die Brille ab!", um ihnen anschließend eine gepfefferte Ohrfeige zu verpassen. Auf mich hatte er es in besonderem Maße abgesehen. Hatte die Klasse etwas ausgefressen, so war in seinen Augen (allerdings nicht ganz zu Unrecht) stets ich die Schuldige und die Anführerin und schon bekam ich den soundsovielten Tadel ins Klassenbuch. „Noblesse oblige!", pflegte er mir dann zu sagen, doch ich verstand diese Worte nicht. Trotz seiner Launen liebten und verehrten wir alle Tillmann und hatten großen Respekt vor seinem Wissen und seiner Persönlichkeit.

Ab der Quarta begannen auch die Konfirmandenstunden. Es war unser Pech, dass wir es hier am Niederrhein mit einer reformierten Gemeinde zu tun hatten. Unser Pastor war ein tieffrommer, doch unerbittlicher und puritanischer Mann, der seine Überzeugungen mehr oder weniger wirkungslos an uns Schützlinge weiterzugeben suchte. Zweieinhalb Jahre lang hatten wir zweimal pro Woche nachmittags für zwei Stunden zu erscheinen. Wir bekamen enorm viel zu lernen auf und stöhnten unter dieser Last, denn die Schule forderte uns ja schließlich auch. Beim Kirchgang gab es ebenfalls kein Pardon; wir mussten selbstverständlich jeden Sonntag erscheinen.

Die Frage, ob man diese Schikane boykottieren sollte, stellte sich für mich nicht; zu sehr war ich zur Pflichterfüllung erzogen worden. Am Ende, bei der Konfirmandenprüfung, konnten wir die Hälfte des evangelischen Gesangbuches, den gesamten lutherischen Katechismus und viele Stellen und Psalme der Bibel auswendig hersagen. Mir persönlich haben diese Überforderung und die unerbittlich frömmelnde Art des Pastors (er verteufelte Feiern, Tanzen und Fröhlichsein) den Rest gegeben. Seither habe ich ein gestörtes Verhältnis zur protestantischen Kirche. Meine Konfirmation habe ich daher auch nicht als markantes Erlebnis in meiner Jugend in Erinnerung, sondern eher als lang ersehntes Ende der fortdauernden Schinderei und – als den Punkt, an dem endlich meine Zöpfe fielen! Ich war 15 Jahre alt und wollte auch wie ein junges Mädchen aussehen und nicht mehr wie ein Kind. Allen meinen Mut hatte ich zusammengenommen und mit Würgestimme meine Mutter gebeten, zum Friseur gehen zu dürfen. Dann, plötzlich, die Verwandlung! Offenes Haar, schulterlang! Es war wie die Befreiung aus einer zu eng gewordenen Haut, die der Kindheit!

Außer den Konfirmandenstunden hatten wir noch einmal wöchentlich nachmittags Unterricht. So musste ich im Winterhalbjahr dreimal pro Woche abends im Dunkeln durch den Hohlweg nach Hause radeln. Jedes Mal hatte ich schreckliche Angst und ich raste, so schnell ich konnte, den Weg hinunter. Als Beleuchtung diente ja nur der winzige und trübe Lichtkegel der Fahrradlampe. Glücklich unten angekommen, sah ich dann immer eine weiße Schwesternschürze leuchten: Pita! Die Gute stand im dunklen Weg und wartete auf mich – mir fiel immer ein Stein vom Herzen, wenn ich sie sah!

Während meiner Jahre auf dem Uedemer Gymnasium verband mich eine enge Freundschaft mit Irmgard Verhülsdonk. Sie war so ganz anders als ich, hatte schon viele Jungensgeschichten erlebt, während ich immer noch auf meinen ersten Flirt wartete. Für die Schule tat sie nichts, schrieb nur morgens schnell die Schularbeiten ab, so gut es eben ging. Stattdessen ging sie nachmittags lieber mit Jungen im Stadtweg knutschen, einem heckengesäumten lauschigen Weg rund um Uedems Wallanlagen, der nur durch Gärten führte. Vor allem aber kam Irmi zu mir auf den Thelenhof. Sie war selbst ein halber Junge, wild, mit kurzgeschorenen Haaren, und sie hatte immer Unsinn im

Zichow, Uckermark (Brandenburg), 1940

Die Eltern mit der älteren Tochter Gabriele in Netzow

Annabel und Großvater Fink

Netzow, Uckermark, 1940

Auf dem Thelenhof, 1950

Mutter Annemarie im Hühnerhof

Die Erzählerin Annabel mit Katze „Pussy" und Dogge „Jasso"

Der Thelenhof bei Uedem am Niederrhein in den 1950er Jahren

Annemarie Gräfin von Arnim, gemalt von Prof. Nicolaus Michailow

Der Vater Hans-Georg Graf von Arnim

Heinz Kießler (sitzend) und die Kruse-Jungs

Auf der Kirmes

Adolf, Gabriele, Annabel und Bernd

Annabel beim Kartoffelfahren und auf „Quelle“

Bei der Getreideernte in den 1950ern

Erntedank, ca. 1955.
Oben: Walter Ringelmann, G. Kruse, Annabel.
Unten: Oma Kießler (2. v. l.), Heinz K., Gabriele, die Eltern

Annabel mit der Kaltblutstute „Lotte“ . . .

. . . und beim Springreiten mit ihrer Stute „Amsel“, 1963

Haustochter Marita und
Annabel beim Ferkelimpfen

Annabel beim Strohabladen

Der Vater Hans-Georg

Alfred Krupp von Bohlen und Halbach

Hans-Georg

Elisabeth Werner, genannt Pita

Ehemann Jörg und Annabels Eltern

Adelheid ist geboren

Kopf. Wir kauften uns die allerersten Jeans, die damals in Deutschland auf den Markt kamen, und zwängten uns hinein. Ich setzte mir dazu noch einen echten Cowboyhut auf, den ich einmal geschenkt bekommen hatte. Dann galoppierten wir mit „Lotte“ und „Hummel“, aus Karnevalspistolen wild um uns schießend, die Uedemerbrucher Dorfstraße entlang. Wir ärgerten Hans-Peter, wenn er im Stall arbeitete, bis er uns packte und uns unter den Wasserschlauch hielt. Oder wir strolchten im Wald herum wie in Kinderzeiten. Manchmal begleitete uns eine andere Freundin aus der Schule, die an derlei Dinge nicht gewöhnt war. Prompt versank sie bis an die Ohren in einem der schwarzen, morastigen Tümpel im Wald, über die Irmi und ich, von einer schwimmenden Grasinsel zur nächsten hüpfend, sicheren Fußes liefen. Wir kauften uns sämtliche neuen Singles von Jerry Lee Lewis, Chuck Berry, Elvis usw. und hörten sie, bis sie uns aus den Ohren wieder herauskamen. Im Pferdestall dudelte während des Fütterns und Mistens ununterbrochen die Rock- und Beatmusik der 1960er Jahre auf einem alten Philips-Kofferplattenspieler, den ich von meiner Schwester geerbt hatte. Er wurde auch auf den Fahrradgepäckträger geklemmt, die Tüte mit den Singles ans Lenkrad, und so gings durch den holprigen Hohlweg zu den Partys der Schulfreunde nach Uedem, bei denen mein Plattenspieler unentbehrlich war.

Vor allem aber hatten Irmi und ich viel Freude mit den Pferden. Wir ritten zusammen im Wald und sprangen alle möglichen Hindernisse mit den „Dicken“. Im Herbst, wenn die Fuchsjagden geritten wurden, war Amsel ja hochtragend und durfte nicht mehr mitgehen. So erschienen wir auf „Hummel“ und „Lotte“ und nahmen mit ihnen zum Spaß der Zuschauer an der „Jagd mit Auslauf“ teil. Einmal ritt ich mit „Lotte“ sogar ein richtiges A-Springen. Groß und schwer, wie sie war, hatte sie dennoch lange Beine und konnte deshalb für einen Kaltblüter recht gut springen. Wir hatten ja auch zu Hause unseren kleinen Parcours oft genug geübt. Die Leute lachten sich tot und riefen: „Was willst denn du hier mit dieser Dampfwalze?“ Doch sie staunten nicht schlecht, als „Lotte“ den Parcours fast fehlerfrei beendete, denn ich hatte nur den großen Oxer ausgelassen. Abends bekam ich sogar einen Ehrenpreis.

Im Winter spannten wir Lotte vor eine lange Reihe Schlitten und gemeinsam mit den Schulfreunden ließen wir uns zum „Radarberg“ ziehen, einer Anhöhe, auf der oben eine Radarstation war mit einem

Asphaltweg, der gleichmäßig ansteigend hinaufführte. Ein idealer Schlittenhang! Lotte wurde warm zugedeckt und angebunden und wir verbrachten selige Nachmittage im Schnee. Die Soldaten aus der Radarstation gesellten sich zu uns, fuhren auch Schlitten oder nahmen Reitunterricht auf „Lotte".

Eines Tages stürzte Irmi vom Pferd und schlug sich dabei die Vorderzähne aus. Von da ab lief sie ein halbes Jahr ohne Schneidezähne herum, was ihr nicht besonders gut stand. Sie hatte infolgedessen auch ausnahmsweise in Uedem keinen Freund. Aber dieser Zustand konnte nicht lange dauern. Sie und Hans-Peter verliebten sich ineinander, aus den allabendlichen Wasserschlachten im Stall wurden zärtliche Neckereien und nach Feierabend, schön geduscht und umgezogen, brachte Hans-Peter Irmi immer durch den dunklen Hohlweg nach Hause.

Als Irmi 16 Jahre alt war, lernte sie den Mann ihres Lebens kennen, einen künstlerisch begabten, verträumten Handwerkersohn aus Uedem. Sie wurde schwanger und der Skandal war perfekt! Ihre Eltern entfernten sie von unserer Schule und ließen sie das Kind in einem uns unbekannten Kloster zur Welt bringen. Wir bekamen dennoch ihre Adresse heraus und schrieben ihr regelmäßig. Als ihr Sohn geboren war, heiratete sie den Vater, und mit 20 Jahren war sie schon Mutter dreier Kinder. Sie wurde Stationsschwester im Landeskrankenhaus und ermöglichte es so ihrem Mann, sich künstlerisch zu betätigen und zu entwickeln. Im Laufe der Jahre häuften sich die Aufträge. Mittlerweile stehen in vielen Städtchen des Niederrheines, aber auch hier und da im übrigen Deutschland, seine Statuen und Brunnen aus Bronce. Sein erster Sohn und seine Tochter haben Steinmetz und Bronzegießerei gelernt. Beide arbeiten mit in der väterlichen Werkstatt; zu tun gibt es genug. Manchmal begegnen Irmi und ich uns noch in Uedem und dann drücken wir uns wie früher.

Parallel zu dieser meiner innigsten Jugendfreundschaft entwickelte sich meine Reiterei immer weiter. Jeden Winter absolvierte ich auf einem fremden Pferd ein Reitabzeichen: Silber Jugend, Großes Bronze, Großes Silber. Dann kam wieder ein Fohlen zur Welt und eine Woche später ging Amsel schon ihr erstes Hallenturnier. „Das werdet ihr noch bereuen! Sie bekommt sicher eine Gebärmuttersenkung!", unkten viele, doch Amsel bekam jahrein, jahraus ihre Fohlen und zog sie groß, obwohl sie fast jeden Sonntag Turniere ging. Trächtigkeit war ihr

Dauerzustand. Sie war unglaublich leistungsbereit und im Springen war sie besonders zuverlässig. So trug sie oftmals zum Sieg der Uedemer in Mannschaftswettkämpfen bei. Der Höhepunkt ihrer Laufbahn auf unseren ländlichen Turnieren war die Auszeichnung als erfolgreichstes Springpferd im Rheinland (Kategorie B, d. h. der ländlichen Reiter). Sie ging auch mit Erfolg Geländeprüfungen bis zum siebten Monat ihrer Trächtigkeit und natürlich Dressur.

An den Sonntagen, an denen es keine Turniere gab, ritten wir Reiterkameraden stundenlang im Wald spazieren. Amsel war mittlerweile meine beste Freundin und hatte volles Vertrauen zu mir. Sie lief mir nach wie ein Hund, und so band ich sie zum Beispiel bei einer Rast im Wald oder in der Mittagspause auf Turnieren nie an, sondern ließ sie grasen. Ein Ruf und sie kam wiehernd wieder heran.

Meine Reiterkameraden waren alle Bauernsöhne, denn in jener Zeit ritt noch niemand sonst außer Bauern. Alle hatten ja noch ein Pferd behalten, das etwa die Milchkarre oder die Saategge zog und, auf diese Weise immer bestens im Training, Sonntags Turniere ging. Anfangs musste Hans-Peter mich immer mit dem Trecker zu den Wettkämpfen fahren. Amsel stand in einem eigens für sie gebauten offenen Hänger. Es gab auch Turniere auf der anderen Rheinseite – dann mussten wir mit der Fähre übersetzen und Amsel beobachtete voller Aufmerksamkeit von ihrem Hänger aus die vielen Schiffe. Später jedoch wurde ich immer öfter von meinen Reiterkameraden aus der Nachbarschaft mitgenommen und das war viel lustiger! Es gab in Uedemerfeld einen großen Holzkasten-Hänger, auf den dichtgedrängt fünf Pferde passten, aber nur, wenn sie mit Kopf und Schweif vorne und hinten an die Wand stießen. Auf diesem Hänger standen alle unsere Pferde stundenlang und rührten kein Bein, wenn wir nach dem Turnier noch an einer Kneipe hielten. Einmal trank eine Reiterkameradin zu viel und kippte auf der Heimfahrt ihren Hänger voller Pferde in den Graben. Sie torkelte zum nächsten Bauernhof und holte Hilfe. Der Bauer zog den Anhänger wieder aufrecht und aus dem Graben heraus und sie setzte ihre Fahrt fort, ohne dass die Pferde sich auch nur gemuckst hätten! Doch ihr Vater wurde verständigt und sie bekam gehörigen Ärger.

Auf den Turnieren ging es immer fröhlich zu. Das Reiten war irgendwie Nebensache; für uns war das Wichtigste, uns jeden Sonntag treffen und miteinander feiern zu können. Zwischen den Prüfungen – fast jeder ritt mit seinem Pferd fünf Prüfungen am Tag – standen wir am Bierpilz und tranken und lachten. Natürlich vepassten wir regelmäßig den Zeitpunkt der Siegerehrungen, doch mein Vater passte auf. Es verging kein Turnier, bei dem er nicht von A bis Z dabei war. Mit hochrotem Kopf und wutentbrannt schrie er dann Sonntag für Sonntag: „Einreiten, ihr sollt einreiten, habt ihr nicht gehört?!" Dann mussten wir rennen, satteln und die schwarze Jacke anziehen, während andere schon zur Siegerehrung aufmarschierten. Meine Eltern begleiteten mich viel zu oft auf die Turniere. Ich fand es lästig, aber sie waren so stolz! Meine Mutter hielt sich immer die Augen zu, wenn ich ein Springen ritt, und auch bei Geländeritten schaute sie weg, obwohl sie an der Strecke stand. Doch sie fieberte mit und stundenlang saßen die Eltern in ihrem Auto an den Turnierplätzen. Damals waren die Turniere große Volksfeste mit Zuschauermengen, von denen man heute nur noch träumen kann. Sie wurden auf großen Weiden oder auf Stoppelfeldern ausgetragen und stets war auch eine Rennbahn abgesteckt. Es gab jedes Mal Galopprennen, Trabfahren, Ponyrennen für die Kinder und immer Mannschaftswettkämpfe im Springen oder Gelände. Wie groß damals immer noch die preußische Tradition am Niederrhein war, wurde mir erst später in der Fremde bewusst, als ich diesen Geist nicht mehr spürte und auf den Turnieren keine schönen alten preußischen Reitermärsche mehr erklangen. Zu jeder Siegerehrung, in allen Mittagspausen wurden sie gespielt und senkten sich mir so tief ins Herz, dass ich sie in späteren Jahren lange nicht hören konnte, ohne sentimental zu werden. Denn sogleich musste ich daran denken, was für ein unvergleichlich erhebendes Gefühl es zum Beispiel war, nach „Des Großen Kurfürsten Reitermarsch" einzumarschieren, oder wie alle teilnehmenden Vereine auf dem Landesturnier mit Standarten in langen Schlangenlinien im Trab einritten zu den Klängen der „Amboss-Polka". Die Reitervereine hatten Namen wie: „v. Seydlitz", „Blücher", „Moltke", „Lützow", „v. Bredow", „Ziethen" etc. Die gemütliche, eher einer gelassenen Heiterkeit des Herzens entstammende Mentalität der Niederrheiner wollte zu diesem Preußentum allerdings nie so recht passen.

In den ersten Jahren glaubte mein Vater noch an preußische Pünktlichkeit auf den Turnieren, die er selbst mit der Muttermilch eingesogen hatte. Wir fuhren also immer rechtzeitig los, sodass wir eine Stunde vor Beginn da waren und ich schon mal abreiten konnte. Dann, zur Zeit des angekündigten Prüfungsbeginns, war außer uns weit und breit nie ein Pferd zu sehen. Auch die Richter kamen erst nach und nach auf den Platz. Schließlich, eine halbe Stunde später, tönte es durch den Lautsprecher: „Wenn binnen fünf Minuten nicht der erste Reiter in die Bahn kommt, wird die Prüfung geschlossen!" Mein Vater schrie: „Hast du nicht gehört, du sollst einreiten!" Also ritt ich – das Pferd war ohnehin schon müde vom stundenlangen Abreiten – als erste ein und das war besonders in Dressurprüfungen nie sehr zuträglich. Dann kam wieder lange nichts, der Lautsprecher verkündete noch einige Male dieselbe Drohung. Irgendwann, Stunden später, kamen die Kenner der Niederrheiner Turnierszene in aller Ruhe auf den Platz gefahren, sattelten, ritten kurz ab und waren vorne in der Platzierung! So ging es regelmäßig, bis mein Vater sich nach Jahren an die gemütlichen Sitten gewöhnte und endlich ruhiger wurde.

Unser reiterlicher Freundeskreis war wundervoll! Wir waren uns alle einig, dass wir nur deswegen so intensiv ritten, weil wir so die Möglichkeit hatten, uns zu treffen. Natürlich spielte die gemeinsame Liebe zum Pferd eine große Rolle. Am schönsten waren die wenigen mehrtägigen Turniere im Jahr, das Kreisturnier, das Landesturnier und das Krefelder Jugendturnier. Letzteres haben wir immer besonders genossen! Wir fuhren mit dem Trecker und unserem großen, engen Hänger, auf den fünf Pferde gepfercht waren, drei Stunden lang bis Krefeld und durften dort drei Tage bleiben! Drei Tage von zu Hause weg! Und obwohl ich immer im Hotel schlafen musste und nicht im Stall bleiben durfte wie die Jungens, amüsierte ich mich königlich. Abends fuhren wir mit dem Trecker durch Krefeld in die Bierkneipen, wir fuhren mit dem Trecker zur Geländestrecke und sogar zur Kirche sonntags morgens fuhren die Jungens mit dem Trecker.

Der Kirchgang wurde damals von den Katholiken noch sehr ernst genommen. An jedem Sonntag vor dem Turnier waren alle schon in der Frühmesse gewesen. Deshalb war es natürlich viel schöner und praktischer, wenn ein Feldgottesdienst abgehalten wurde, wie es auf einigen Turnieren immer geschah. In der Mittagspause sattelten alle ihre Pferde und stellten sie im Kreis auf dem Platz auf. In der Mitte war ein Altar errichtet worden und ein Priester hielt feierlich die Messe, umgeben von den Pferden und Standarten. Die Musikkapelle des jeweiligen Ortes spielte dazu. Ich fand diese Messen wunderbar und fühlte mich überhaupt mittlerweile unter den Katholiken viel wohler. Eine unbekümmerte Fröhlichkeit zeichnete sie aus, die unter den streng calvinistischen Protestanten unbekannt war.

Ein besonderer Höhepunkt war die alljährliche St. Hubertusmesse, die im Wald von Haus Schwarzenstein zelebriert wurde. Schwarzenstein war das Anwesen des Rheinisch-Westfälischen Schleppjagdvereins, ein altes festes Haus mit ausgedehnten Wäldern und Wiesen zum Galoppieren. Auf einer großen Waldlichtung fand alljährlich am Hubertustag die Heilige Messe statt. Auch hier standen alle Pferde gesattelt im Halbkreis, dazu die Reiter in ihren roten Röcken. Vor dem Altar hüteten die Piqueure ihre Meute und dahinter standen keilförmig die Bläser. Die französische Messe, von Parforcehörnern geblasen, jagte uns Schauer über den Rücken und einen Kloß in den Hals, so wunderbar erklang sie mit dem Echo dort auf der Waldwiese, und die Hunde jaulten herzzerreißend dazu.

Bei allen Turnieren fand abends ein Reiterball statt. War man von außerhalb, so ging man einfach im Reitdress, mit Stiefeln und weißer Hose, und es tanzte sich großartig mit den glatten Stiefelsohlen. Wir lachten viel und sangen alle Lieder während des Tanzens mit und es wurde viel getrunken. Die Jungens hatten manchmal überhaupt nicht geschlafen, wenn sie morgens früh zu den Pferden und ins erste Springen mussten.

Wie früher unter den Satelliten war ich auch hier das einzige Mädchen. Außer zwei anderen Bauerntöchtern, die aber nicht in derselben Clique waren, ritten ausschließlich Jungens und ich wurde auf Händen getragen. Zu den Reiterbällen wurde ich abgeholt und eingeladen und mir wäre niemals eingefallen, Geld mitzunehmen, das ich sowieso nicht besaß. Im Laufe der Jahre verliebte ich mich immer mehr in Egon Raadts, einen kleinen, schneidigen, sehr charismatischen Reiter. Doch gab es für mich nie einen festen Freund. Meine Schulfreundinnen, die immer einen Freund nach dem anderen hatten, beneidete ich nicht, nie hätte ich mit ihnen tauschen mögen. Ich war umgeben von fröhlichen, kameradschaftlichen Jungens, flirtete mit allen, doch keiner rührte mich je an. Dennoch litt ich, je älter ich wurde, immer mehr unter der Tatsache, dass es Egon nie zu einer festen Beziehung kommen ließ. Er versuchte mir vergeblich zu erklären, dass wir nicht zusammengehörten, dass wir aus unterschiedlichen Kulturkreisen stammten. Davon wollte ich nichts wissen!

Mein Freundeskreis bestand so gut wie ausschließlich aus meinen bäuerlichen Reiterfreunden und ich fühlte mich von ihnen und ihren Familien herzlich auf- und angenommen. Trotzdem spürte auch ich, dass ich keine der ihren war. Die weit verzweigte bäuerliche Verwandtschaft hier am Niederrhein schenkte ihnen allen eine Geborgenheit in ihrer Familie und ihrer Kultur, die ich nicht kannte und zu der ich nicht gehörte. Ich hingegen lebte ein so völlig anderes Leben als das, welches den Töchtern aus unseren Familien traditionell anstand. So war ich in meiner Verwandtschaft von Anfang an eine Außenseiterin. Von einer großen Familie war bei uns durch die weite Zerstreuung nach dem Krieg ohnehin nicht viel zu spüren. In der Arnimschen Familie war ich heimatlos und so saß ich buchstäblich zwischen zwei Stühlen. Jedoch verband meine Freunde und mich unsere gemeinsame Passion, die Reiterei und alles Drumherum, und wir hatten eine herrliche, unvergleichliche Jugend miteinander.

Die Schule forderte mich von Jahr zu Jahr mehr. Mittlerweile war die dritte Fremdsprache hinzugekommen und dazu noch der ungeliebte Konfirmandenunterricht. Die Schularbeiten nahmen fast den gesamten Nachmittag in Anspruch; es blieb gerade mal Zeit, Amsel zu reiten und den Pferdestall zu versorgen. Unsere Herde war inzwischen beträchtlich angewachsen und machte dementsprechend viel Arbeit. In der Scheune waren noch zwei große Boxen entstanden für je drei Jährlinge bzw. Zweijährige. Ich konnte mich nur noch in den Ferien voll und ganz dem Thelenhof und der Reiterei widmen. Nach den Sommerferien berichteten meine Schulfreundinnen von ihren neuesten Flirts, die sie beim Schwimmen im Freibad kennengelernt hatten. Und sie fuhren jeden Tag schwimmen. Ich hingegen hatte mal wieder während der ganzen Ferien nur gearbeitet.

„Lotte" war ja noch da, nicht nur, um mir Spaß zu machen, sondern auch, um die Düngerkarre, die Drillmaschine und die Saategge zu ziehen, ebenso die Walze. So war ich während des Frühjahrs in jeder freien Minute gut beschäftigt, da alle Arbeiten mit „Lotte" von mir verrichtet wurden, wenn die Schule es erlaubte. Ich lief hinter der Dünger-, hinter der Drillkarre und der Saategge. Die Walze, mit der die frischgesäten Rüben angewalzt wurden, hatte immerhin einen Sitz. Später, im Juni, wurde das Heu in den Wiesen im Bruch geerntet. Die alte Grasschneidemaschine, die die Pferde auch gezogen hatten, war mittlerweile einem Mähbalken am Trecker gewichen. Nur mit einem

Bikini bekleidet fuhr ich mit Lotte auf einem alten Gabelheuwender durch das geschnittene Gras, wieder und wieder, bis es trocken war und ich braungebrannt! Dann wurde Lotte vor die Hungerharke gespannt, das Heu in Reihen zusammengezogen und auf Reuter gepackt. Zu dieser Arbeit allerdings holten wir uns noch Aushilfskräfte. Wenn die Getreideernte begann, waren ja Sommerferien, und so half ich beim Einfahren des Strohs, so gut ich konnte. Ein Lohnunternehmer presste Hochdruckballen auf dem Feld, die viel schwerer und unhandlicher waren als früher die Garben. Deshalb stakte Hans-Peter sie auf den Wagen, während ich packte. Zu Hause wurden sie mit einem Höhenförderer auf den Dachboden gebracht. Wir deckten die Ziegel ab und nahmen einen Teil der Dachsparren heraus. So konnten die Ballen von oben durch das Dach fallen und gleich an Ort und Stelle gepackt werden. Es war eine schwere Arbeit, wir schwitzten tüchtig und waren völlig zerkratzt, da man bei der niederrheinischen schwülen Hitze nichts anderes als Badesachen tragen konnte. Einige meiner Satelliten, „Bulle" und „Züppi", kamen uns zu Hilfe und abends ging es regelmäßig noch zum Baggersee. Wie tat das kühle Wasser immer gut nach allem Schweiß und Staub des Tages!

Bei der Herbstbestellung gab es für Lotte und mich dann auch wieder reichlich zu tun: Drillen, Eggen, Walzen. Lotte zog fleißig ihre Bahnen. Sie war dabei so selbständig, dass eines schönen Nachmittags Irmi und ich uns in die warme Septembersonne legten, Irmi am einen Ende des Feldes, ich am anderen. Wenn Lotte herankam, drehten wir sie nur um und führten sie wieder in die Spur. Dann bekam sie einen Klaps auf ihr dickes Hinterteil und zockelte ruhig und gelassen mit ihrer Walze von dannen, hinüber zum anderen Ende des Feldes.

Mein Vater hatte durch seine Freundschaft zu Hans-Günter Sohl die Möglichkeit erhalten, zusätzliches Geld zu verdienen. Zuerst bekam er die Oberaufsicht über die Jagden der August-Thyssen-Hütte im Sauerland und in Österreich. Für meine Eltern war das wundervoll. Wenn mein Vater dort zu tun hatte, fuhr meine Mutter immer mit und gemeinsam verlebten sie herrliche Tage in den Jagdhäusern, umsorgt von Personal. Auch Sohls waren oft mit meinen Eltern dort. Besonders das riesige und wunderschöne Revier im Salzburger Land wuchs meinen Eltern ans Herz. Hier fanden sie ihre zweite Heimat, in der grandiosen Landschaft, unter österreichischen Menschen und im geliebten Revier.

Da mein Vater ja eine sehr starke, bestimmende Persönlichkeit war, übte er unbewusst ständig Druck auf uns aus. Für Hans-Peter und mich war es deshalb viel angenehmer, dass mein Vater jetzt öfter unterwegs war. Nach einigen Jahren übetrug H. G. Sohl ihm auch die Verwaltung der für die Thyssen-Hütte neu angepachteten Niederwildjagden in Winternam und Wachtendonk bei Geldern. Von nun an hatte mein Vater die schönste Aufgabe, die er sich nur erträumen konnte. Er widmete sich tagtäglich seiner größten Passion! Mit seiner ungeheuren Kenntnis der Eigenarten und Bedürfnisse einer jeden Wildart verstand er es in wenigen Jahren, die völlig leergeschossenen Niederwildjagden in Spitzenreviere zu verwandeln, in denen es von Hasen, Rebhühnern, Enten und vor allem Fasanen nur so wimmelte. Auch der Rehwildbestand verbesserte sich durch sein Wirken. Bald gab es die ersten Goldmedaillenböcke. So war es zuvor auch in Österreich gewesen. Die Rothirsch-, Reh- und Gemsenbestände hatten sich auch dort vervielfacht und die Trophäen wurden immer stärker. Er war ein Zauberer. Leider hat er nie sein unschätzbares Wissen um Hege und Pflege des Wildes aufgeschrieben, um es so der Nachwelt zu übermitteln. Mein Vater war überglücklich mit dieser Aufgabe und ging ganz darin auf. Sie trug wesentlich dazu bei, dass er sich endgültig am Niederrhein zu Hause fühlte und der Verlust der Heimat ihn nicht mehr so schmerzte. Für meine Mutter war ja ohnehin ihr größter Traum in Erfüllung gegangen, seit sie auf dem Thelenhof lebte: ein großes Bauernhaus zu bewohnen. Sie liebte ihr Heim über alles. Finanziell gesehen war der neue Beruf meines Vaters für uns ein Segen; endlich drückten meine Eltern keine Geldsorgen mehr! Hans-Peter war froh, selbständiger arbeiten zu können, und auch ich atmete auf, denn meine Reiterei machte mir viel mehr Spaß ohne den ständigen Druck meines Vaters.

Die letzten Jahre meiner Schulzeit bescherten mir einen besseren Schulweg, den „Scholtenschen" Hohlweg vom Nachbarhof nach Uedem, der frisch asphaltiert worden war, so wie auch kurz zuvor der Uedemerfelder Weg, der an den Höfen entlangführt. Dort radelte ich nun dahin, froh, endlich der Höllenangst in unserem dunklen Hohlweg entronnen zu sein. An jedem Morgen stand ich noch einen Moment lang oben auf dem Berg und schaute zurück in das geliebte Tal. Im Winter war es mit Nebelmilch vollgegossen und eine riesige rote Sonnenscheibe stand über dem Waldsaum am Horizont. Im Sommer glitzerte der Tau in den Bruchwiesen, es war noch etwas dunstig und der Hof lag verwunschen und still inmitten seiner Felder und Weiden. Im Frühjahr zeigten sich die vielen wilden Kirschen in den Hohlwegen und Wäldern und die Schlehdorne im weißen Brautkleid, dazu das helle Grün der Buchen und das leuchtende Gelbgrün der Eichenwälder. Im Herbst dann ein Aufflammen in allen Farben, vor dem Thelenhof die abgeernteten, stillen Felder und das junge Grün der Saaten.

In all den Jahren meines überaus glücklichen Lebens auf dem Thelenhof und meiner Hingabe an alles, was der Betrieb von mir forderte, reifte langsam, aber sicher der Entschluss in mir, den Hof später ganz zu besitzen und deshalb Landwirtschaft zu lernen. Dieses Stück Erde, das für mich den Himmel bedeutete und das ich mit Pferden so viele Male bearbeitet hatte, liebte ich über alles. Der Blick vom obersten Feld hinunter auf den Hof – mit seinen drei weißen Giebeln, den Pferden, die in der Obstweide grasten zwischen den bunten Hindernissen, dem Wald und den Wiesen – diesen Anblick wollte ich niemals missen und war bereit, dafür alles zu geben und zu tun. Mein Entschluss stand bald fest.

Kurz bevor ich die Mittlere Reife machte, erklärte mein Vater mir, für das Abitur bliebe mir keine Zeit, denn er fühle sich zu alt, um noch lange zu wirtschaften, und schließlich nähme meine Ausbildung ja auch noch einige Jahre in Anspruch. So verließ ich die Schule, sehr zur Empörung und absoluten Verständnislosigkeit meiner Lehrer. Sie hatten ganz andere Pläne mit mir: Ich sollte Germanistik studieren oder Biologie. Jedenfalls nahmen sie meinen Willen, Landwirtschaft zu lernen, überhaupt nicht ernst. Wie dem auch war, ich verließ die Schule leichten Herzens, den Blick weit nach vorne gerichtet.

5. Lehrjahre

Mein erstes Lehrjahr absolvierte ich daheim. Das war in den bäuerlichen Familienbetrieben durchaus die Regel. Ich nutzte dieses Jahr, um noch einmal einen intensiven Reitkurs an der Landesreitschule zu absolvieren, aber auch, um meinen Führerschein zu machen, Schreibmaschine und Buchführung zu lernen. Beim Autofahren fing ich wirklich bei Null an. Noch nie hatte ich ein motorisiertes Fahrzeug gelenkt und mich bisher auch erfolgreich geweigert, Trecker zu fahren. Mit

Pferden konnte ich vollgeladene Erntewagen millimetergenau rückwärts in die Scheune setzen, doch nun musste ich erst einmal lernen, was eine Kupplung ist! Wenn ich zu den Fahrstunden musste, gab es jedesmal Ärger mit meinem Vater, da ich dem Hof während dieser Zeit nicht als Arbeitskraft zur Verfügung stand. Ähnlich ging es mit den Schreibmaschinenstunden. Ich empfand das als rasend ungerecht und es verbitterte mich. Umso größer die Erlösung, als ich meinen Führerschein in den Händen hielt! Endlich brauchte ich meinen Vater nicht mehr zu bitten und im Winterhalbjahr konnte ich allein in die Reithalle fahren, wo wir Reiter uns allabendlich trafen und unsere jungen Pferde ausbildeten.

In jenen Jahren erschienen die ersten „Hobbyreiter“ auf der Bildfläche. So nannten wir die Leute aus der Stadt, die sich ein Pferd zugelegt hatten und mit rührender Hingabe bei unserem Reitlehrer „Papa Hein“ Anfängerunterricht nahmen. Sie waren fröhlich und kameradschaftlich und reihten sich problemlos in unseren Freundeskreis ein, ja sie bereicherten ihn! Bei unseren allabendlichen Feiern nach dem Reiten sangen und tranken auch sie kräftig mit.

Wir sangen alle rheinischen Lieder aus vollem Halse: „So ein Tag!“, „Oh, du schöner Westerwald!“, „Warum ist es am Rhein so schön?“, „Ich hab’ den Vater Rhein in seinem Bett gesehn!“, „Kornblumenblau“ usw. und wir schunkelten dabei oder tanzten. Einer der Hobbyreiter war in seiner Freizeit Alleinunterhalter und er heizte uns oft kräftig ein mit Spiel und Gesang. Einmal forderte mich Pitt Mott, der Landrat des Kreises Kleve und Kreisverbandsvorsitzender der Reitervereine, zum Tanzen auf. Er war eine herrliche Type, ein großer, dicker Bauer mit niederländisch-flämischem Kopf. Prompt ertönte die Ansage: „Jetzt tanzt Annabel den Niederrheinischen Kaltblutwalzer mit Pitt Mott!“

Die Hobbyreiter regten oft mehrtägige Ausritte an und organisierten sie auch. Viele schöne Erinnerungen sind damit verbunden. Nach einem sommerlichen Morgenritt bei Sonnenaufgang im Reichswald bei Kleve zum Beispiel waren wir zum anschließenden Frühstück bei der Familie Ophey in Kessel eingeladen worden. Die Eltern Ophey habe ich immer sehr verehrt. Sie lebten ihr arbeitsames und gottesfürchtiges bäuerliches Leben auf ihrem Hof an der Niers und züchteten mit großem Erfolg Pferde, und ihre gut reitenden Söhne machten Furore. Vor dem Frühstück wurde gemeinsam gebetet, dann durften wir, ausgehungert vom langen Ritt, die bäuerlichen Tafelfreuden um acht Uhr morgens genießen: Bratkartoffeln mit Speck und Spiegeleiern, duftendes selbstgebackenes Rosinenbrot mit holländischem Käse und Marmelade, luftgetrocknete Mettwurst und Schinken. Von dort führte der Weg heim nach Uedem am Niersufer entlang parallel zum Reichswald und dann durch den Kalbecker Busch, ein herrlicher Weg, der heute leider den Fahrradfahrern vorbehalten ist.

In meinem reiterlichen Freundeskreis fühlte ich mich total glücklich und ging darin auf. Genau das war wohl der Grund, weshalb meine Eltern beschlossen, dem etwas Neues entgegenzusetzen und meinen Horizont zu erweitern. Sie suchten für mich einen Lehrbetrieb, der in ostdeutscher Tradition geführt wurde mit vielen jungen Leuten. Und sie fanden ihn in Rixdorf im Kreis Plön, Schleswig-Holstein. Der Inspektor Konrad v. Heydebreck stammte aus Pommern und hatte den Traumposten inne, ein märchenhaft schönes und großes Gut in Ostholstein vollkommen selbständig führen zu dürfen, denn der Besitzer, Graf v. Westphalen, lebte im fernen Sauerland. Herr v. Heydebreck hatte noch nie einen weiblichen Lehrling gehabt und war äußerst skeptisch. Doch die bestimmende und überzeugende Art meines Vaters ließ ihm keine andere Wahl, als mich zu nehmen.

Die letzten (Hallen-)Turniere vor meiner Abreise waren wie ein Rausch. Ich nahm noch einmal diese ungezwungen-fröhliche, freundschaftliche Atmosphäre mit allen Sinnen in mich auf wie in einer Vorahnung auf deren Unwiederbringlichkeit. Dann verabschiedete ich mich von allen Freunden ohne Trauer, in dem Bewusstsein, dass das Leben weitergehen muss.

Holstein bergrüßte mich mit eisigem Winterwetter. Damit hatte ich im April, wenn am Niederrhein längst alles blüht, nicht gerechnet und nichts Entsprechendes zum Anziehen dabei. Bei eisigem Wind und Schneetreiben war meine erste Arbeit in Rixdorf tagelanges Düngerstreuen und Mistfahren. Allein wenn der Mist mit dem Bagger aufgeladen wurde, konnte ich mir kurze Zeit auf dem dampfenden Misthaufen die Füße wärmen. Abends kam ich völlig steifgefroren in mein eisiges Zimmer. Der Feuerofen, den ich dort heizen musste („stochen“, wie man zu Hause sagt), war tagsüber ausgegangen, weil ich dieses Handwerk noch nicht verstand. Ich feuerte ihn mit Holz und Kohle, doch schaffte ich es noch nicht, die Glut über Tag und Nacht zu halten, und so ging ich lieber angepummelt mit allen Anziehsachen, die ich hatte, in mein eiskaltes Bett. Noch nie in meinem jungen Leben hatte ich so jämmerlich gefroren wie hier!

Rixdorf war ein riesengroßer, sehr vielseitiger Betrieb. Spezialisierung und die Reduzierung der landwirtschaftlichen Betriebe auf wenige Arbeitskräfte hatte Mitte der 1960er Jahre Holstein noch nicht erfasst. So hatte ich das große Glück, noch einen außerordentlich interressanten Lehrbetrieb vorzufinden, bevor dann einige Jahre später auch in Rixdorf radikal umgestellt wurde. Während meines Lehrjahres gab es in Rixdorf 220 Milchkühe, die ganzjährig im Stall gehalten wurden, und für die daher täglich frisches Futter herangefahren werden musste. Sieben Melker, darunter der Melkermeister, betreuten sie, die Kälber und das Jungvieh und kümmerten sich auch um die Mastbullen. Es gab einen Schweinemeister, dem der Sauenstall und der Maststall unterstanden, und dem ich oft beim Misten helfen musste und einen Speichermeister, der sich um die Getreideernte, Trocknung und Lagerung kümmerte und um das Beizen des Saatgutes. Zur Belegschaft gehörte sogar noch ein alter Stellmacher, ein archaischer Ostpreuße wie aus einem Wiechert-Roman, in dessen Werkstatt ich mich wintertags oft am Ofen wärmte. Es gab einen Schmied, der ständig mit seiner großen Lederschürze herumlief, die Pferde beschlug und dessen Hilfe beim Reparieren und Ausbessern der Ackergeräte und Maschinen unentbehrlich war, die ein hofeigener Landmaschinenmechaniker betreute. Es gab noch einen Gespannführer, der allmorgendlich die Milch zur Molkerei im nächsten Dorf fuhr. Zwei Schleswiger Kaltblüter zogen den Milchwagen und stets brachte er Buttermilch mit, die wir in der Frühstückspause tranken. Etliche Treckerfahrer arbeiteten auf dem Hof, jüngere und ältere, und ein jeder hatte seinen bestimmten Trecker und nur diesen. Es gab auch eine Gutssekretärin, die nebenbei die Ausbildung der jungen Pferde aus der kleinen Trakehnerzucht übernommen hatte und auch noch einen Verwalter, der Herrn v. Heydebreck direkt unterstellt war. Und schließlich gab es uns junge Leute im Haus unter der Obhut der Familie v. Heydebreck: zwei junge Männer, die schon ihre Gehilfenprüfung gemacht hatten, mich als Lehrling und eine Haustochter, die Frau v. Heydebreck in ihrem großen Gutshaushalt zur Hand ging. Es wimmelte also von Menschen auf Rixdorf und ich genoss das sehr! Die Bewirtschaftung war ungeheuer vielseitig: Man baute außer sämtlichen Getreidesorten Zuckerrüben, Raps, Erbsen, Kleesaat, Rübensaat, und man erntete täglich frisches Gras für die Kühe im Stall. Zum Gut gehörten viele Karpfenteiche, riesig große und auch kleinere, die im Winter abgefischt wurden. Dabei durfte auch ich helfen, in Anglerhosen bis zum Bauch im Wasser stehend. Bei Frost wurde das Reet an den Teichen geschnitten, von Hand und mit Sicheln, und von Hand auch wurde es gebunden. Dann bewahrte man es für die riesigen Stallgebäude und Scheunen, die alle reetgedeckt waren, auf dem Hof auf. Die Arbeit im Reet fand ich besonders romantisch – schon bald darauf wurde auch sie durch Maschinen ersetzt. Natürlich gab es auch ausgedehnte Wälder, die zu Rixdorf gehörten, ebenso wie einige der ostholsteinischen Seen.

Die Landschaft war grandios und zog mich völlig in ihren Bann! Riesengroße sanftgewellte Felder, auf denen ich mir mit meinem kleinen Trecker ganz verloren vorkam, wechselten sich ab mit Teichen oder Seen, die sich in der hügeligen Landschaft versteckten und von teils sehr steilen Ufern gesäumt wurden. Diese Steilhänge waren Jungviehweiden, da man damals noch keine Maschinen besaß, um sie zu beackern. Einige lagen sehr weit vom Hof entfernt. Wenn das Jungvieh umgetrieben werden musste, ritten die Gutssekretärin Ina und ich hinter den blökenden und buckelnden Rindern her, während die jungen Männer rannten, was sie konnten.

Ich hatte ein eigenes junges Pferd mitgebracht, das ich ritt, so oft ich Zeit fand. Im Sommerhalbjahr nahmen Ina und ich an einigen Turnieren teil. Es machte Spaß, obwohl ich natürlich eine Fremde war. Aber damals waren die Turniere auch in Holstein noch sehr ländlich, gemütlich und familiär. Ina und ich fuhren mit einem alten Unimog, die Pferde in einem dunklen Kasten verstaut, bis Oldesloe oder Fehmarn, nach Güldenstein oder Segeberg. Unser „Chef" Konrad Heydebreck ritt oft mit Ina und mir über die Felder durch stehendes Getreide oder Raps, um mitten im Feld liegende, gemächlich wiederkäuende Damwildrudel zu vertreiben. Die Tiere jedoch waren zahm wie Kühe und ließen sich nur schwer in den Wald zurückdrängen.

Es war ein kunterbuntes Jahr. Ich musste hart arbeiten, denn auf meine Weiblichkeit wurde selbstverständlich keine Rücksicht genommen. Zum Beispiel musste ich an der Erbsendreschmaschine täglich acht Stunden lang 20 Kilogramm schwere, mit frischen Erbsen gefüllte Behälter hochstapeln, eine Arbeit, die heute von einem Gabelstapler erledigt würde, und das setzte schon eine gewisse Körperkraft voraus.

Beim Rapsmähen hatte ich hinten auf dem Schwadtmäher so schwere Arbeit zu leisten, dass Bruno, mein Freund unter den Treckerfahrern, täglich mit mir tauschte, mich den Unimog fahren ließ und sich selbst hintendrauf setzte. Ein echter Kavalier! Es gab viele harte Tage für mich, doch die Stimmung im Haus war gut, und das war vor allem Frau v. Heydebrecks Verdienst. Immer liebenswürdig, fröhlich und ausgleichend verstand sie es, unsere Erschöpfung und manchmal schlechte Laune zu verscheuchen. Konrad Heydebreck hingegen „spielte" den gestrengen, unerbittlichen Chef und wir waren oft böse auf ihn. Erst später, auf privater Ebene, sollte ich ihn als humorvollen, lebenslustigen und kameradschaftlichen Menschen kennen und schätzen lernen.

Ständig war das Haus voll junger Leute. Da Heydebrecks viele, unzählig viele junge Menschen ausgebildet hatten und ihnen allen wie Eltern gewesen waren mit einem stets offenen Haus, kamen alle auch gern immer wieder zu Besuch. Ich schloss auf diese Weise Freundschaften fürs Leben und sogar meine beiden Ehemänner habe ich in Rixdorf kennengelernt. Denn alle, die sich gern dort aufhielten, verband auch der gleiche Geist. Heydebrecks gaben zur Krönung des Jahres sogar ein großes Tanzfest, ein „Spatzenfest", zu dem alle jungen Leute (die „Rixdorfer Spatzen") eingeladen wurden. Es war das erste Mal in meinem Leben, dass ich mich auf einem Tanzfest, das kein niederrheinischer Reiterball war, königlich amüsierte.

Während meines Lehrjahres trafen Briefe über Briefe ein von meinen Reiterkameraden, die mir fleißig schrieben und von den Turnieren daheim erzählten. Auch Pita schrieb mir und schickte immer noch etwas von ihrem schmalen Gehalt, denn auch in Rixdorf war mein Portemonnaie leer. Meines Vaters Briefe waren immer besonders schön, denn er schilderte so wunderbar lebendig und plastisch das Geschehen auf dem Thelenhof. Hans-Peter schrieb mir auch, er habe sich Hals über Kopf verliebt in Gabi Ringelmann und dass sie schon bald heiraten würden! Die kleine kesse Göre, Gefährtin meiner Kindheit, hatte ihren Onkel Heinz Kießler in Uedem besucht und mal auf dem Thelenhof hereingeschaut. Dort waren Hans-Peter und sie sich begegnet und es hatte geknallt!

Da ich ja Lehrling war, saß ich abends oft noch lange an meinem Merkbuch und Tagebuch. Das gab einem der jungen Männer – Jörg Graf Platen – Anlass, mich zu verspotten. Er befand, ich sei ein

Bauerntrampel oder eine Verrückte, diese beiden Möglichkeiten gäbe es nur, und ausserdem sei ich ein Streber. Mir taten seine Worte weh und auch, wenn er sich unkameradschaftlich gegen mich benahm, ein Verhalten, das mir bis dahin so völlig unbekannt gewesen war.

Für das letzte Vierteljahr kam noch ein weiterer „junger Mann" nach Rixdorf, ein Schwede deutsch-niederländischer Herkunft, Franz Graf Limburg-Stirum. Mit ihm begann das Leben im Rixdorfer Gutshaus viel verrückter und lockerer zu werden. Hatten sich Heydebrecks durch mich schon daran gewöhnen müssen, dass ein Mädchen Jeans trägt und Bier trinkt, so setzte sich Franz vollends über alle Verbote und Maßregeln Konrad Heydebrecks hinweg. Ab jetzt wurden wir Mädchen auf unseren Betten durchgekitzelt, was vorher den sofortigen Rausschmiss bedeutet hätte. Franz fuhr mit uns in die Diskothek oder auf ländliche Feste, was eigentlich streng verboten war. Ostern nahm er kurzerhand für uns junge Leute frei und fuhr mit uns nach Schweden. Konrad Heydebreck kochte, denn eigentlich sollte Hafer gesät werden. Doch wir erlebten unvergessliche Tage in Franz' Elternhaus, inmitten unberührter Natur, und ein so fröhlich-familiäres Osterfest, wie ich es nie gekannt hatte! Als mein Lehrjahr dem Ende zuging, wurde mir schwerer und schwerer ums Herz. Ich hatte Rixdorf liebgewonnen, seine Menschen und das lebendige Geschehen auf diesem großen Gut. Wir feierten noch mit allen Hofleuten Abschied, es gab ein großes Besäufnis und tüchtig „Dans op de Dääl". Dann fuhr ich tränenüberströmt wieder an den Niederrhein zurück mit dem dumpfen Gefühl im Bauch, dass ich einem Leben als Thelenhofbäuerin nicht gewachsen war.

Wie klein, wie winzig erschienen mir bei meiner Ankunft alle Dinge hier: der Spielzeugtrecker, die Gebäude, die Felder, einfach alles! Doch schon bald verwischte sich dieser Eindruck wieder und ich gewöhnte mich schnell an die neuen, alten Dimensionen. Hans-Peter war nun nicht mehr da. Er hatte schon zwei Jahre vorher angekündigt, dass er gehen wolle, sobald ich aus der Lehre wiederkäme, und er ging als Waldarbeiter in den Staatsforst. Ich sah mich nun allen Aufgaben auf dem Thelenhof allein gegenüber. Das war der Grund, weshalb für mich die Proportionen ganz schnell wieder zurechtgerückt wurden: Rixdorf mit damals noch 30 Leuten auf 550 Hektar, auf dem Thelenhof ich allein auf 35 Hektar! Bei gleichem Arbeitskräftebesatz hätte demnach Rixdorf doppelt so groß sein müssen!

Wir suchten nach einem Mann, der Arbeiten wie Schweinemisten etc. übernehmen sollte, fanden aber nie einen geigneten. Denn keiner wollte akzeptieren, dass ich die bequemere Feldarbeit mit dem Trecker machte und er nur die Drecksarbeit. So war ich gezwungen, andere Wege zu gehen. Ich versuchte es mit dem Zauberwort, das ich aus Rixdorf übernommen hatte: mit einer Haustochter. Und fortan klappte alles prima! Der Thelenhof wurde zu einem richtigen Zweimäderlhof!

Als erste kam eine Österreicherin zu uns, Alwine. In ihrer Eigenschaft als Haustochter half sie Pita in der Küche, denn Pita wurde langsam alt und der Haushalt wurde ihr schwer und schwerer. Doch Alwine arbeitete vor allem auch auf dem Hof mit. Wir verrichteten grundsätzlich alle Arbeiten gemeinsam, bei denen eine Haustochter sich sonst diskriminiert gefühlt hätte, so das Ausmisten der Schweine und Pferde und das Rupfen und Ausnehmen von Geflügel. Sie zog mit und packte in den Spitzenzeiten wie der Heu- und Strohernte in wahnsinnigem Eifer mit an. Sie ging auch hinter Lotte auf dem Feld, wenn es nötig war. Alwine lebte nur von Äpfeln, da sie ständig abnehmen wollte. Jungens waren für sie wie Luft. Meine Reiterkameraden bemühten sich ehrlich, sie in unsere fröhliche Clique zu integrieren, doch an Alwine blitzte jede liebgemeinte Zuwendung ab. Sie arbeitete wie ein Pferd und ritt auch mit mir aus, aber leider war sie entsetzlich langweilig.

In diesem ersten Sommer hatte sich zu meiner allergrößten Überraschung Besuch angemeldet! Eine meiner neuen Bekanntschaften aus Rixdorf, eine sehr flüchtige allerdings nur: Hubert de Beauregard. Er war ein junger französischer Graf, ein sehr junger, der bei den Westphalens im Sommerhaus am Rixdorfer Teich seine Ferien verbracht hatte, um Deutsch zu lernen. Nachdem wir uns kennengelernt hatten, half er ein paar Tage bei der Strohernte und ritt mit uns aus. Dann musste er abreisen. Nun schrieb er, dass er in den Sommerferien zu mir auf den Thelenhof kommen wolle, um zu arbeiten. Warum also nicht? Er kam und gewöhnte sich erstaunlich schnell an unser „rustikales" Leben, machte alle, auch die schmutzigen Arbeiten mit und ritt gern und mit Passion. Mein Vater hielt nicht viel von ihm, befand, er sei ein junger Luftikus, und hoffte sehr, dass sich keine Liebelei zwischen uns entwickelte. In der Tat war Hubert ein verrückter Kerl und so anders als alle, die ich bisher kennengelernt hatte. Er kleidete sich extravagant, tanzte extravagant und immer ein wenig frivol. Alwine fand er einfach fürchterlich, sie nervte ihn zu Tode mit ihrer hausbackenen, zugeknöpften Art. Stattdessen erklärte er mir seine Liebe! Ich nahm ihn kaum ernst, er war ja so jung. Für mich zählte immer noch vor allem meine Reiterclique, die Hubert als einen charmanten, etwas „bekloppten" Franzosen aufgenommen hatte. Hubert hatte uns aber immerhin über den ersten, nicht einfachen Sommer hinweggeholfen und es war amüsant mit ihm gewesen.

Dieser Sommer war in der Tat sehr schwer. Gut durchmechanisiert konnte man den Thelenhof noch lange nicht nennen. Die Schweinemästerei war ja sowieso reine Handarbeit, die täglich verrichtet werden musste. Die Sauenhaltung hatten wir inzwischen ganz aufgegeben, um zu vereinfachen. Wegen der miserablen Fleischpreise gab es keine Mastbullen mehr und so wurden alle Ställe vollgestopft mit Mastschweinen, auch das Backhaus und der Kuhstall. Letzterer freilich sehr provisorisch, obwohl man ihn ja immerhin mit dem Trecker entmisten konnte. Wir machten also im Jahr 600 Schweine fett, damals eine annehmbare Zahl, von der man leben konnte. Das Futter bauten wir selbst an, ausschließlich Getreide (mit Lupinen als Gründünger und Humusspender). Zweimal pro Woche stand ich in der Tenne an der Schrotmühle, wie vor mir Hans-Peter, und ich schleppte das fertige Schrot in Säcken auf meinem Buckel in den Schweinestall. Anderthalb Jahre lang machte ich das so, dann hatte mein Vater ein Einsehen und kaufte einen Futtersilo, der mit Schweinefertigfutter befüllt wurde, das ich zum Füttern nur zu entnehmen brauchte. Ab jetzt produzierten wir Getreide nur noch für den Verkauf.

Die Feldarbeit verrichtete ich, wie schon zwei Jahre zuvor, entweder mit Lotte oder mit dem Trecker. Der erste Arbeitsschwerpunkt war die Heuernte. Alle Wiesen im Bruch wurden jetzt zweimal im Jahr geheut, für unsere vielen Pferde und zum Verkauf. Lotte zog den alten Gabelheuwender zwei bis drei Tage hindurch und ich liebte diese ruhige, erholsame Tätigkeit. Ich brauchte ja nur hintendrauf zu sitzen und mich gemütlich durch die einsame, stille Bruchlandschaft ziehen zu lassen, den vielen Vogelstimmen und dem Klopfen des Spechtes zuzuhören und in meinem Bikini dunkelbraun zu werden. Die schwere Arbeit begann beim Einfahren. Ein Lohnunternehmer presste das Heu zu Hochdruckballen, die gehörig schwer waren, und ich stakte sie mit der Gabel auf den Wagen, während Alwine packte. Dann ging es mit dem wackligen Miststreuer, der unser einziger Wagen war, über den holperigen Weg nach Hause und wir mussten höllisch aufpassen, dass die Ladung obenblieb. Das Abladen, Hochstaken und Packen der Heuballen in der Scheune war ebenso schwer und so oft er konnte, half uns der gute Hans-Peter, der für unsere Hilferufe immer ein offenes Ohr hatte.

Die Getreideernte wurde vom Mähdrescher des Lohnunternehmers besorgt und ich fuhr das Korn mit Amsels Pferdehänger, in den während der Fahrt abgetankt wurde, nach Hause in die Scheune zur Trocknung. Das Trocknen des Korns im Satztrockner und die Beförderung per Gebläse auf den Hausboden machte einige Mühe, musste doch das Gebläse ständig umgebaut werden. Dann wurde das Stroh gepresst und los ging es mit dem Aufstaken, Packen, Einfahren. Wagen für Wagen wurde beladen, zu Hause wieder abgeladen und das Stroh durch das offene Dach auf die Scheunenböden befördert, 8 000 Ballen Stroh in einem Sommer! Die Arbeit war schwer und unsere Erschöpfung am Abend groß. Trotzdem ritten wir dann noch im kühlen, nach Fichtenharz duftenden Wald spazieren oder fuhren zum Baggersee, um uns zu erfrischen. War die Strohernte beendet, so waren wir unendlich erleichtert und froh, denn das Allerschwerste lag jetzt hinter uns! Mit Hans-Peter gemeinsam gab es ein seliges Erntedankbesäufnis.

Nach dem Kultivieren (Grubbern) der Felder begann ich mit dem Pflügen. Der alte MAN schnaufte und qualmte und ich brauchte einige Tage und Nächte, bis alles gepflügt war. Ich liebte diese Beschäftigung, schaute ständig nach hinten auf die herrlich braune, fallende Erde, wie ich es von meinem Vater angenommen hatte. Unmittelbar danach begann die Herbstbestellung des Wintergetreides. Mein Vater schaffte eine Drillmaschine für den Trecker an, sodass Lotte diese schwere Arbeit nicht mehr zu tun brauchte. Denn die Drillkarre, die sie viele Jahre schwitzend und pustend gezogen hatte, war eigentlich für zwei Pferde gedacht. Und wieder vollendete sich ein landwirtschaftliches Jahr und begann ein neues, in dem die jungen Saaten aufgingen und die Felder mit einem grünen, schimmernden Schleier überzogen.

Mein Vater hatte mir einen alten VW-Käfer geschenkt mit der Begründung, dass ich auf diese Weise meine neugewonnenen Freundschaften aus dem Holsteiner Jahr aufrechterhalten könne. Das tat ich auch. Ich folgte den Einladungen nach Göttingen, Heidelberg und

Bonn zu den Corpsfesten des „Weißen Kreises"[6], die traumhaft schön waren und wie ein Märchen auf mich wirkten. Samstags mittags, nachdem ich noch schnell in den Wiesen Dünger gestreut und nachgemäht hatte, schrubbte ich mich mit kaltem Wasser ab (denn warmes gab es nur im Winter), so gut es ging, und sauste in meinem Käfer davon. Auf den Bällen wurde Aschenputtel dann oftmals gefragt, was sie denn mache, und sie antwortete, sie sei Bäuerin. Daraufhin haben die jungen Tänzer ihre Handflächen von innen besehen, die vielen Schwielen bemerkt und beide Hände charmant geküsst. Herrliche Feste erlebte ich, tanzte Quadrille, verteilte Cotillons, während Hans-Peter mich rührend vertrat und die Schweine versorgte. Ich fuhr auch nach München oder Rixdorf. Meinem Vater passte das dann doch nicht so ganz; er war jedes Mal mehr als mürrisch, wenn ich für ein Wochenende den Hof verließ und oft erst sonntags spät nachts wieder heimkam. Einmal kam ich Montagmorgens pünktlich um sechs Uhr zur Arbeit nach Hause. Mein Vater empfing mich aufgebracht vor dem Hoftor, wo er auf mich gewartet hatte. Dass er etwa gesagt hätte: „War es schön? Hast du dich amüsiert? Schlaf dich ruhig mal aus!", war ein bloßer Traum! Sofort musste ich auf den Trecker und pflügen, oben zwischen den Hohlwegen. Wie habe ich gebetet, nicht einzuschlafen, denn das hätte einen lebensgefährlichen Absturz die Böschung herunter zur Folge gehabt!

Die Reiterei versuchte ich im alten Stil aufrechtzuerhalten, doch merkte ich bald, dass mir das unmöglich war. Auf den Turnieren hatte ich anstatt nur Amsel gleich zwei bis drei Pferde zu reiten, und das artete in wirkliche Arbeit aus. Vorbei die ursprüngliche bierselige Gemütlichkeit und Heiterkeit! Stattdessen gab es jetzt nur noch Hetzerei! Auch daheim schaffte ich mein Reitpensum nicht mehr neben den Aufgaben, die ich auf dem Hof hatte. Ich versuchte im Sommer ein paar Wochen lang, frühmorgens um vier Uhr aufzustehen und vor der Arbeit noch zwei Pferde zu reiten. Doch das hielt ich nur bis zur Strohernte durch, dann reichten die Kräfte nicht mehr. Nach der Arbeit abends noch vernünftig zu reiten, fiel mir zunehmend schwerer, und schließlich hängte ich die Turnierreiterei ganz an den Nagel.

Etwas anderes war außerdem noch hinzugekommen. Die „Hobbyreiter" hatten uns ja nie ernsthaft Konkurrenz gemacht, im Gegenteil, sie stellten mit ihrem Geld manchen von uns gute Pferde zur Verfügung. Doch nun tauchte auf den Turnieren eine neue Spezies auf: die Neureichen! Töchterchen von reichen Eltern erschienen im Mercedes mit dazugehörigem Anhänger schick gekleidet auf den Plätzen und nahmen uns mit ihren hochbezahlten, eleganten Pferden die Preise weg. Natürlich waren diese Pferde besser geritten als die unsrigen, denn das besorgte ein Bereiter. Auch vor den Prüfungen ritt er die Pferde ab und erst zum Einreiten wurden die Töchterchen in den Sattel gehoben. Diese neue Art von Reiterei (die allerdings erst allmählich die Turnierszene eroberte) konnte uns Ländlichen, die wir unsere Pferde selbst recht und schlecht ausgebildet hatten, wirklich den Spaß verderben. Wir wollten einfach nicht glauben, dass sie eines Tages die ländliche Reiterei fast vollständig ablösen würde und nur noch diejenigen eine Chance haben würden, die äußerst regelmäßig und von guten Reitlehrern betreut ihre Pferde auf die Turniere vorbereiten. Und doch war es so!

Die Turniere bekamen nach und nach einen völlig neuen Charakter. Starterlisten wurden eingeführt und wer nicht pünktlich war, wurde disqualifiziert. Jedermann war nur noch darauf bedacht, möglichst viele Erfolge zu erzielen, Missgunst und Neid hielten Einzug. Die Turniere entwickelten sich zu zweitägigen Stress-Veranstaltungen mit unerträglich hohen Starterzahlen in den einzelnen Prüfungen; Gemütlichkeit und Volksfestatmosphäre waren dahin. Jeder Reiter kam nur noch zu seinen Prüfungen angefahren und blieb nicht wie früher den ganzen Tag auf dem Platz. Kurz: Es machte keinen Spaß mehr.

Es galt jetzt, in jedem Winter zwei junge Pferde anzureiten und für die Frühjahrsauktion in Wülfrath vorzubereiten. Das war etwas anderes. Im Winter war es ohnehin ruhiger und es gab nur die Tiere zu versorgen. Vormittags drückte ich die Schulbank, sodass am Abend noch Kräfte genug fürs Reiten übrig waren. Abend für Abend ritten wir in der Reithalle, wo die jungen Pferde über Winter aufgestallt waren, und danach wurde natürlich noch kräftig gefeiert und getrunken. Nach wie vor verbrachten wir unsere Abende mit dem Singen rheinischer Lieder. Am nächsten Morgen in der Schule bekam ich oft keinen Pieps mehr heraus; stockheiser war ich vom vielen Alkohol, Zigarettenqualm und Gesang.

Ja, die Schule! Ich besuchte das erste Semester der Landwirtschaftsschule in Goch. Als wieder mal einziges Mädchen fand ich mich in einer ca. 30-köpfigen Jungenklasse wieder. Einige der Bauernsöhne waren sehr nett, witzig und intelligent; wir befreundeten uns schnell miteinander. Mit anderen konnte ich wenig oder nichts anfangen, doch was machte das schon! Spaß gab es genug. Wir hatten zu fünft eine Fahrgemeinschaft gebildet und lösten uns mit dem Fahren ab, jeder war eine Woche lang dran. War ich an der Reihe, so fuhr ich zuerst in den Wald hinauf, um Friedel Lyon abzuholen, dann Hannes Bremmenkamp aus Uedemerbruch, dann aus Kirsel hinter Uedem den immer frechen und witzigen Günter Derksen, dann aus Steinbergen Hubert Boßmann und schließlich aus der Nähe von Weeze noch einen Bauernsohn. Zurück das gleiche umgekehrt. Zweimal pro Woche war Berufsschule, da wollten Theo und Elsie Hebben aus Bruch auch noch mitfahren, und so quetschten sich alle kichernd und grölend in meinen geduldigen Käfer.

Es waren lustige Monate in der Landwirtschaftsschule. Die Jungens waren im Durchschnitt zwei Jahre jünger und das steckte mich an. Alles Schwere des Sommers fiel von mir ab. Nach der Schule brachen wir oft in die Mädchenklasse ein. (Damals lernten die Bauerntöchter noch ländliche Hauswirtschaft und besuchten ebenfalls im Winterhalbjahr die Schule.) Sie hatten gekocht und wir aßen schon mal den ersten Teller mit Schweinebraten, Rotkohl, Kartoffeln und Soße. Dann ging es regelmäßig in die Kneipe an der Ecke zum Stiefelsaufen[7]. Das war wirklich jedesmal ein Blitzbesäufnis, denn wir mussten ja eigentlich schnell nach Hause, um zu arbeiten. Doch vorher fuhren wir genau so regelmäßig schnell noch an der Pommesbude vorbei, um für jeden eine Portion auf die Hand zu holen. Zuhause wartete Pita mit dem Mittagessen, das immer herrlich schmeckte! Dann begann die Hofarbeit. Doch kam es hin und wieder vor, dass mein Vater den ganzen Tag fort war, um eine Thyssen-Jagd zu organisieren. Dann hielt ich erst einmal wunderschön Mittagsschläfchen, um meinen Rausch loszuwerden. Oder wir feierten an solchen Tagen weiter, zum Beispiel bei Friedel Lyon, dessen Eltern immer so gastfreundlich waren. Herrliche Tage, an denen mein Vater mir nicht im Nacken saß!

Unsere Lehrer in der Landwirtschaftsschule waren jeder für sich eine große Kapazität. Wir verehrten sie alle, doch Respekt ist etwas anderes, den genießen ja immer nur diejenigen, die Autorität haben. Einer unserer Lehrer besaß jedoch keine, und so musste der Ärmste unsere gesamten dummen Streiche über sich ergehen lassen, was ihn fast zur Verzweiflung trieb. Wir Schüler kamen uns vor wie Heinz Rühmann in der „Feuerzangenbowle“: Dem Schulalter eigentlich schon entwachsen, genossen wir voller Seligkeit die sorglosen Stunden und die kleinen und großen Scherze, die wir trieben.

Am Ende des Wintersemesters schloss ich mit der landwirtschaftlichen Gehilfenprüfung ab.

Zur Frühjahrsauktion in Wülfrath mussten die jungen Pferde einige Wochen dort aufgestallt und vorbereitet werden. Einige Tage vor der Auktion fuhr ich auch dorthin, um meine Pferde selbst zu reiten und vorzuführen und mir bei der Stallarbeit etwas Geld zu verdienen, das ja ständig knapp war. Die wenigen Tage weg von den Pflichten daheim und unter jungen Leuten waren himmlisch – die Preise für unsere Pferde allerdings eher bescheiden!

Für die Osterferien hatte mich Hubert de Beauregard nach Frankreich eingeladen. Die Frühjahrsbestellung war fertig, Hans-Peter versprach, mich im Stall zu vertreten, und so sauste ich mit meinem Käfer, das finstere Gesicht meines Vaters ignorierend, nach Sarreguemines in Lothringen. Dort besaßen Huberts Eltern eine Fayence-Manufaktur und lebten mit ihren sieben Kindern in einem wunderschönen, lichten Haus voll französischer Eleganz. Ich war tief beeindruckt von Huberts vornehmem Vater, einem Aristokraten alter Schule. Die Eltern waren sehr lieb zu mir und zeigten mir die ganze nähere Umgebung, einschließlich Straßburg und Metz. Über die Ostertage fuhren Hubert und ich nach Westfrankreich in die Vendee zum Landschloss des Großvaters. Entlang der Loire besuchten wir viele Schlösser und ich wurde überhäuft mit neuen Eindrücken. Das Leben auf einem französischen Landsitz, „la vie de chateau", erschien mir wiederum so ganz anders, fast noch feudal, als ob es nie eine Revolution gegeben hätte. Auch den Großvater schloss ich in mein Herz. Hier, wo Hubert inmitten seiner Umgebung war, sah ich ihn plötzlich mit anderen Augen und ich verliebte mich wahnsinnig in ihn. Alle um mich herum waren so zierlich und elegant, ich hingegen kam mir vor wie ein Bauerntrampel in meinen einfachen Kleidern und mit meinen vielen Pfunden auf den Hüften. Auch mein Französisch war ja gleich Null, da ich in der Schule nur Blödsinn gemacht hatte, und so hatte ich arge Komplexe. Alles in allem war ich jedoch erfüllt von den neuen schönen Eindrücken und erzählte lebhaft und begeistert, als ich wieder zu Hause war. Mein Vater jedoch unterbrach mich mit scharfen Worten: „Wer eine Reise tut, der kann was erzählen! An die Arbeit!"

Für das folgende Jahr hatte sich als Haustochter Maria-Viktoria Reusch angemeldet. Sie entstammte einer alten Familie, und ihre Mutter hoffte, dass ihre Tochter in unserem Hause den gewissen Schliff erhalten möge – ein Irrtum, dem nach ihr noch andere Haustochtermütter erliegen sollten! Marita erwies sich als der absolute Knüller! Mein Vater konnte sie zwar nicht leiden, weil ihre Manieren und ihr Auftreten ihm allzu burschikos waren, doch was kümmerte mich das! Sie war sehr groß, schlank zwar, doch trotzdem kräftig, ja stark, und arbeitete wie ein Pferd! Sie war eine gute Springreiterin, eine geschickte Schneiderin und vor allem eine großartige Kameradin. Wir zwei waren ein unschlagbares Team auf dem Thelenhof und bald in aller Munde.

Seit ich aus Rixdorf zurück war, bewohnte ich mit der jeweiligen Haustochter zusammen eines der kleinen Zimmer an der Tenne, gegenüber den Pferden. Ich liebte es sehr. Vor allem konnten die Eltern nicht mehr hören, wann ich nach Hause kam. Die Nähe der Pferde, ihr Schnauben und Stampfen gefiel mir und ich fütterte sie sonntagmorgens immer schnell im Nachthemd, um danach wieder ins Bett zu kriechen. Da das Klo weit war, gingen wir immer schnell barfuß und in Nachtsachen hinter die Pferde. Wir hatten das Zimmer knallrot gestrichen und einfache weiße Möbel hineingestellt. Nebenan war der Fernsehraum für Pita. Hier stand auch der alte Kofferplattenspieler, der ununterbrochen Rolling Stones oder Jimmy Hendrix in voller Lautstärke dudelte, denn außer den Pferden hörte uns ja keiner. Marita hatte auch ihre Nähmaschine hier stehen, auf der sie schicke Kostüme genauso schneiderte wie Pferdedecken oder Karnevalsklamotten.

Marita war in jeder Beziehung exzessiv, beim Arbeiten, beim Autofahren, beim Feiern und Trinken und auch mit Jungens. Mit ihr erlebte ich auf dem Thelenhof meine wildeste Zeit. Die schwere Arbeit auf dem Hof erledigte sie mit Bravour, mistete die Schweine, mistete die Pferde, stakte wochenlang Strohballen auf oder packte sie hoch in der Bande. Wenn die Schweine zur Endmast von der Weide in den Stall getrieben werden mussten, taten wir das immer mit Hilfe von hölzernen Gattern, mit denen wir die Schweine dirigierten, denn diese Tiere rennen einem anderenfalls nur durch die Beine, auf jeden Fall aber immer in entgegengesetzter Richtung. Trotz der sanften Führung durch die Gatter brachen die Schweine oftmals aus und dann hechtete Marita hinter ihnen her! Sie warf sich der Länge nach auf ein davonlaufendes Schwein, packte es an den Hinterbeinen und ließ sich mitschleifen, doch niemals ließ sie los, ehe das quiekende Tier nicht die richtige Richtung eingeschlagen hatte. Wenn die Ferkel geimpft werden mussten, erledigten wir das selbst. Marita packte die schreienden Tiere, schleuderte sie sich zwischen die Beine und klemmte sie ein, bis ich ihnen die Spritze mit Vitaminen und Antibiotika gesetzt hatte. Ebenso machten wir es, wenn die Absatzferkel vor dem Weideaustrieb ihre Nasenringe verpasst bekamen, damit sie nicht die ganze Wiese zerwühlten. Musste ein Schwein notgeschlachtet werden, so war Marita auch nicht zimperlich. Kurzerhand setzte sie ihm das Messer an die Kehle und tat den kräftigen Schnitt. Ich selbst fand daraufhin auch einmal den Mut, das Notwendige zu tun, als niemand sonst auf dem Hof war.

Wir beide arbeiteten schwer, obwohl mein Vater nach und nach immer mehr Maschinen anschaffte, um uns das Leben zu erleichtern. Vor allem hatte er einen großen Schlepper gekauft, einen IHC mit 50 PS, mit dem das Pflügen und Grubbern plötzlich ein Kinderspiel war. Dazu einen richtigen Ackerwagen, auf den wir Stroh- und Heuballen endlich vernünftig aufpacken konnten. Die alten Pferdewagen, die noch aus der Uckermark stammten, wurden jetzt verschrottet und der Miststreuer nur noch zum Mistfahren benutzt. Später kam auch noch eine Hochdruckpresse hinzu mit einer Rutsche, sodass eine der schwersten Arbeiten wegfiel, das Aufstaken. Ich hatte mittlerweile einen kleinen Maschinenpark, der gepflegt und gewartet werden wollte. In ruhigen Zeiten wurden die Maschinen gesäubert, geschmiert und mit Diesel eingesprüht, die Pflugschare geschärft und die Streichbleche gefettet.

Eigentlich war die gute Lotte längst überflüssig, doch wollte ich das nicht wahrhaben und bestand darauf, einige Arbeiten noch immer mit ihr ausführen zu müssen. So z. B. das Heuwenden, das Walzen und das Düngerstreuen auf den jungen Saaten. Im zeitigen Frühjahr morgens bei Sonnenaufgang, wenn noch leichter Frost den Boden tragen ließ, spannte ich Lotte vor den alten hölzernen Düngerkarren, hievte die Säcke mit Kalkstickstoff hinein und streute ihn zur Unkrautbekämpfung, Bodenverbesserung und nicht zuletzt als Düngergabe aus. Danach durfte man einen Tag lang keinen Alkohol trinken, und wehe dem, der das einmal vergaß! Mir ist es einmal passiert. Mein Körper reagierte so heftig, dass ich Todesangst bekam. In den vergangenen Jahren hatte ich den gesamten Dünger, Thomasmehl, Kali,

Kalkammonsalpeter, selbst die großen Mengen Kalk mit dem alten Holzkarren per Pferd ausgestreut und alle Säcke geschleppt und in den Kasten gefüllt. Nun machte ich das mit dem Trecker und dem Schleuderstreuer, doch ich sorgte dafür, dass Lotte trotzdem noch einige Aufgaben behielt, dort, wo ihre Arbeit von größerer Qualität war als die des Treckers, der ja leider schädlichen Reifendruck auf den Ackerboden ausübte. Mein Vater akzeptierte das.

Wenn dieses Miststück sich doch auf der Weide nur besser hätte fangen lassen! Sie drehte sich einfach nur um die eigene Achse, ganz flink, sodass man ihren Kopf nicht greifen konnte, und lief weg, wenn wir zu zweit kamen. Jedesmal dachten wir uns einen neuen Trick aus, um sie zu fangen, doch den hatte das schlaue Luder beim zweiten Mal schon durchschaut und fiel nicht mehr darauf herein. Sie war eine echte Herausforderung für unsere Phantasie.

Marita half sehr viel bei Pita in der Küche. Die riesige Beeren- und Gemüseernte und die Geflügelschlachterei sowie das Rupfen und Verarbeiten des vielen Wildes aus der Jagd wurden allmählich vollends zu unserer Aufgabe. Im Herbst saßen wir daher viele Tage lang in der Küche vor Kiepen voller Wildtauben, bei denen das Rupfen leicht von der Hand ging, oder über Bergen von mühsam zu rupfenden Fasanen oder Enten. Nach dem Ausnehmen wurden den Tauben die Brüste herausgetrennt und durch den Fleischwolf gedreht, der Rest ergab eine köstliche Bouillon. Das Hackfleisch schmeckte ebenfalls vorzüglich als Klopse oder Hackbraten. Meine Mutter stellte auch viele Pasteten her aus Hasen, Fasanen und Tauben und weckte sie ein. Überhaupt hatte sie ganz das Kochen übernommen. Als Pita zu uns auf den Thelenhof kam, hatte meine Mutter ihr Kochen beigebracht, bis sie es phantastisch beherrschte. Doch nun war sie alt und vergesslich und sie war oft sehr unglücklich darüber. Wir trösteten sie und sagten ihr immer wieder, wie sehr wir sie brauchten. Denn das war ihr Leben: für andere da sein, arbeiten, sich aufopfern, und auch jetzt im Alter gab sie ihre ganze Liebe und Kraft für uns.

Meine Mutter pflegte seit langem den schönen großen Staudengarten. Er war prachtvoll zu jeder Jahreszeit. Im Frühjahr begann der Reigen mit Massen von Schneeglöckchen und schon bald reckten sich die Krokusse und die ersten Narzissen, bis dann zur Osterzeit der Garten aufleuchtete in einem Frühlingsrausch: Tulpen, Osterglocken, Forsythien, die duftenden gelben Mahonien, rote Quittenbüsche, die grandiosen Magnolienbäume, die blassblauen Glyzinien an der Hauswand, die Hisakurakirschen, deren Leuchten man, von Uedem kommend, schon auf dem Berg sehen konnte. Sie alle wetteiferten mit der Blüte der alten Obstbäume, zuerst der Kirschen-, dann der zartrosa Apfelblüte. Diese Zeit war das erste große Fest in unserem Garten, doch gleich darauf begann ein neues: die Zeit der Azaleen und Rhododendren. In allen nur denkbaren Tönen zwischen gelb über orange, rosa, allen Rotschattierungen bis hin zu lila und dunkelviolett flammte der Garten in genau den Pop-Farben, die damals gerade die Modewelt eroberten. Kaum war dieser Höhepunkt vorüber, stand schon das nächste Gartenfest bevor: das der Rosenblüte! Über und über erblühten sie an den Hauswänden, auf den Rabatten, als Büsche im Hintergrund, auch das ein Rausch, ein verschwenderischer Willkommensgruß an den Sommer! Gleichzeitig begannen die vielen bunten Stauden zu blühen: zuerst Mohn, Margeriten, Schwertlilien, Iris, Lupinen, dann Rittersporn, Spireen, später Phlox in leuchtenden Farben, Goldraute, Sonnenhut und viele mehr. Meine Mutter pflegte alles liebevoll und zog im Gemüsegarten immer noch viele Sommerblumen heran, die sie dann in den Staudengarten verpflanzte, um auch im Spätsommer eine mannigfaltige Farbenpracht zu erzielen. Vor allem die Zwergdahlien, die die Beete in bunte Teppiche verwandelten, durften nicht fehlen. Aber auch Sonnenblumen, Stockrosen, Tagetes groß und klein und Astern! Bunte Schnittastern im Gemüsegarten, die vielen verschiedenen Staudenastern am Haus in dicken lila Polstern oder hochragenden dunkelrosa Sträußen sahen wunderschön aus neben dem kräftigen Gelb der Spätsommerblumen und sie verwandelten den geliebten Garten noch ein weiteres Mal in ein lila-buntes Märchenreich!

Für mich war (und ist bis heute) der September der wunderbarste Monat im Jahreslauf. Die schwere Arbeit des Sommers fiel von uns ab. Die Tage waren voller Frieden; bis zur Herbstbestellung war noch Zeit. Wir genossen die warme Sonne, verbrachten Stunden im Garten, Tee trinkend, und ließen die Wunder des Septembers auf uns wirken. Das Glitzern des Taus in der Frühe, wenn er sich auf Blumen und auf das Netz der Kreuzspinne gelegt hatte, das Funkeln all der feinen Altweibersommerfäden, die den Garten wie von Feen gesponnen durchzogen, ließ uns wieder staunen wie zu Kinderzeiten. Das lila-rosa Farbenspiel der Asternblüte im milden Septemberlicht ist für mich seither ein Symbol für Ruhe, für Ausruhendürfen nach einem heißen Sommer.

Im Winter dann, wenn alle Blumen unter der Erde schliefen und die Rosen zurückgeschnitten unter einer wärmenden Schicht von Pferdemist schlummerten, kam das blanke Dunkelgrün der Ilexe besonders hübsch zur Geltung, wenn sie übersät waren mit roten Beeren. Bei Rauhreif oder gar bei Schnee sah unser Garten so richtig festlich aus in seinem Weiß-Rot-Grün, wozu auch die vielen verschiedenen Schattierungen der anderen immergrünen Sträucher beitrugen.

Ich selbst hatte seit meiner Rückkehr aus Rixdorf den Gemüsegarten übernommen. Wie ich es bei aller Arbeit noch geschafft habe, einen 1 200 Quadratmeter großen Garten zu pflegen, ist mir heute ein völliges Rätsel. Aber ich tat es gerne und hielt ihn gut in Schuss. Ein großes Johannisbeerquartier, Kartoffeln, Buschbohnen und viele Erdbeeren nahmen die eine Hälfte des Gartens ein, Himbeeren, Zwiebeln, Rhabarber, Kräuter, Kohl und Gemüse aller Art, aber auch Schnittblumen die andere Hälfte. Immer, wenn ich die Zeit aufbringen konnte, wühlte ich in meinem Reich und freute mich an allem, was da wuchs, blühte und reifte. Im Herbst veranstalteten wir noch eine richtige Kartoffelernte. Sie wurden ausgegraben, aufgelesen, danach das Kraut verbrannt und die letzten Kartoffeln in der Glut gebraten. Dazu tranken wir rote und grüne Schnäpse. Wenn der Garten abgeerntet war, grub ich ihn eigenhändig um, Spatenstich für Spatenstich, jeden Herbst. Im darauffolgenden Frühjahr begann der Zyklus aufs Neue mit dem Durchziehen des Gartenlandes, bis die Erde fein genug fiel für die kommende Einsaat.

So oft es eben ging, wurde nachmittags im Garten Tee getrunken, und selbst bei dringenden Erntearbeiten nahmen Marita und ich uns ein Viertelstündchen, um die Ruhe und die Vogelstimmen dieses kleinen Paradieses in uns aufzunehmen. Für mich war es meist die einzige Gelegenheit am Tag, ein paar Worte mit Titti zu wechseln. Ich liebte sie sehr, doch hatte mein Vater mich von Kindheit an für sich vereinnahmt, weil er in mir seine Leidenschaften Landwirtschaft und Reiterei wiederfand. Doch die Jagdleidenschaft teilte ich nicht mit ihm und war stattdessen froh, am Nachmittag mein Mütterchen auch einmal für mich zu haben, wenn mein Vater im Revier war. In der kalten Jahreszeit saßen wir zum Tee im Wohnzimmer und ich streckte mich wohlig für ein paar Minuten im Sessel aus. Bei ihr brauchte ich nie viele Worte, Titti verstand mich immer und in ihrer Gegenwart war alles gut!

Schon bald nach meinem Aufenthalt in Frankreich kam ein Brief von Hubert, in dem er mir einen Heiratsantrag machte. Aber er ging doch noch zur Schule! Ich konnte sein Anliegen einfach nicht ernst nehmen und tat ihm damit sehr unrecht, wie sich viele Jahre später herausstellen sollte. Damals jedoch sorgte dieser Brief bei mir nur dafür, dass meine Verliebtheit abkühlte und ich über so viel jugendlichen Leichtsinn ein wenig den Kopf schüttelte. Doch kam Hubert im folgenden Sommer wieder zu uns, wieder zur nur geringen Erbauung meines Vaters. Meine Mutter hingegen liebte ihn sehr. Wie im Jahr vorher Alwine, so passte ihm auch Marita nicht besonders, auch er fand sie viel zu burschikos und wild. Er arbeitete mit uns bis zur Erschöpfung, er teilte unser Leben vollends, und er wollte nur eines: mit mir allein sein. Gegen Ende seines Aufenthaltes fanden wir endlich Zeit für zwei Tage Holland. Ich vermochte jedoch nicht mehr, ihm solche Gefühle wie in Frankreich entgegenzubringen.

Marita und ich kämpften weiter. Unser gemeinschaftliches Leben, das wir mit Arbeit, Reiten und Feiern verbrachten, trieben wir oft bis zum Exzess, als ob wir damit die Schwere des Alltags verscheuchen könnten. So ritten wir zum Beispiel in einer Hochzeitseskorte mit. Es war Heuerntezeit und glühend heiß. Als wir das Brautpaar bis nach Hause begleitet hatten, wurden wir zum Dank so gut mit Schnaps bewirtet und langten auch so gründlich zu, dass Marita irgendwann der Länge nach in der Hochzeitskutsche lag und schlief. Wir weckten sie und hoben sie aufs Pferd, um heimzureiten, versäumten jedoch, sie in unsere Mitte zu nehmen. Während sie vor uns her ritt, neigte sie sich plötzlich im Zeitlupentempo zur Seite, bis sie ganz aus dem Sattel kippte und mit dem Kopf zuerst auf dem Straßenpflaster landete. Vor kurzem erst hatte Marita eine Gehirnerschütterung erlitten, und nun das! Wir hievten sie wieder in den Sattel und hielten sie nun gut fest. Daheim ließ sie sich aufs Bett fallen und war fast bewusstlos, aber schon nahte mein Vater. Er drängte uns, denn am Nachmittag sollten noch 16 Morgen Heu eingefahren werden. Mit viel gutem Zureden und kaltem Wasser bekam ich Marita tatsächlich soweit, dass sie sich erhob, und wir beide zum Heuernten ins Bruch fahren konnten. Ich fuhr die Presse, da ich ihr das in ihrem Zustand nicht mehr zutraute, und sie tat oben auf dem Wagen ihr Bestes beim Packen. Doch der Wagen schaukelte und schwankte, ich erkannte die Gefahr und tauschte schleunigst mit Marita. Wie haben wir uns an diesem Nachmittag in der Gluthitze gequält! Gott weiß, wie, aber wir haben alles Heu gut nach Hause und unter Dach bekommen! Abends waren wir zur Hochzeitsfeier eingeladen, aber nicht einmal mehr in der Lage, uns auszuziehen und zu waschen; wir ließen uns aufs Bett fallen, wie wir waren, und erwachten erst am nächsten Morgen.

Einmal wurden alle Mitglieder des Uedemer Reitervereins zum Anmalen des Parcours herbeibeordert, der bei Bauer Hebben in Uedemerbruch aufbewahrt wurde. Wir trafen uns dort mit ca. 20 Leuten und schnell war das Hindernisstreichen erledigt. Da der Abend erst jung war und wir noch voller Übermut steckten, beschlossen wir, Ringkämpfe nach K.-o.-System auszutragen. Zwei Mannschaften wurden gewählt, und los gings! Wir warfen uns auf die Kuhwiese und wälzten uns ineinander verkeilt in den Kuhfladen, angefeuert von den grölenden Zuschauern. Nach kurzer Zeit sahen alle aus wie Schweine, die frisch aus der Suhle kommen. Je mehr die Kämpfe der Entscheidung zugingen, desto heftiger und verbissener wurden sie, desto lauter auch das Gelächter und Gebrüll der Ausgeschiedenen. Für den Endkampf hatten sich Friedel Lyon und Marita qualifiziert. Friedel klein und drahtig, Marita lang und schlaksig, doch stark genug, um es mit ihm aufzunehmen. Inzwischen war es stockdunkel geworden und wir gingen lieber hinein. In der Waschküche des Bauernhauses hatte Frau Hebben uns einige Wasserschüsseln mit Seife und Handtüchern zurechtgestellt, damit wir die Kuhscheiße wenigstens grob abwaschen konnten. Dann wurde der Endkampf angepfiffen und Friedel und Marita stürzten sich aufeinander und krachten auf den gefliesten Boden der Waschküche. Mit lauten Anfeuerungsrufen standen wir alle um die beiden herum. Sie waren gleich stark, sie warfen sich hin und her, keiner gab nach. Schließlich hatten sie sich dermaßen ineinander verkeilt, dass nichts mehr ging. Wir schütteten die vollen Waschschüsseln mit der grünen, stinkenden Brühe und danach einige Schüsseln Milch über ihnen aus, wir brüllten vor Lachen. Die beiden wälzten sich weiter auf dem glitschigen Fußboden, keiner gab auf. Uns liefen Lachtränen übers Gesicht und unsere Bäuche schmerzten. Schließlich biss Marita Friedel so heftig in den nackten Rücken, dass er aufschrie und sich ergab. Wir feierten sie lautstark als große Siegerin und Friedel hatte noch wochenlang die Zahnabdrücke als Wundmal auf seinem Rücken. Natürlich durften wir alle noch zum Biertrinken in die gute Stube kommen und hatten nur ein Thema: „Wer heute nicht dabei war, der wird diesen verrückten Abend nie glauben können!“ Marita jedoch, die Hauptakteurin, war schon – einmal angeheizt – mit einem der Hebben-Brüder eine Etage höher verschwunden.

Auch beim Essen war Marita nicht zimperlich. Unser tägliches Frühstück bei Pita in der Küche bestand aus Milchsuppe und Graubrot mit Harzer Käse, der aber in einem Weckglas oben auf dem Küchenschrank schön zerlaufen sein musste. Oftmals war er voller Maden, dann warfen wir ihn weg. Doch wenn wir nur einige entdeckten, drükkten wir sie mit dem Messer breit und verspeisten sie mitsamt dem Käsebrot. In der Scheune fanden wir manchmal wilde Gelege einiger Hühner mit 10 bis 15 Eiern darin. Marita trank dann die rohen Eier hintereinander aus, ohne sich im geringsten Gedanken zu machen, wie alt sie wohl sein mochten. Ich war ja auch hart gesotten, doch in diesem Fall musste ich mich würgend abwenden. Danach strotzte sie wieder vor Kraft. Ständig schien dieses Mädel zu fragen: „Wo sind die Bäume, die ich noch ausreißen kann?“

Alle diese Geschichten und noch viele mehr halfen jedoch nicht darüber hinweg, dass uns der Alltag schwer und sauer war. Einmal an Alkohol gewöhnt, schien uns darin oft der einzige Sonnenschein zu liegen und des Abends floss er oft reichlich. Das führte natürlich regelmäßig zu einem noch schwereren neuen Arbeitstag, doch das wollten wir nicht wahrhaben. Oft warf ich mich abends bitterlich schluchzend auf mein Bett. Die Arbeit stand wie ein riesig hoher Berg vor mir und schien unüberwindlich, denn kaum war ein Teil der Arbeit getan, gab es schon wieder reichlich neue. Ich war oft verzweifelt und glaubte, es nicht schaffen zu können.

Im Winterhalbjahr besuchte ich das zweite Semester der Landwirtschaftsschule. Wie schon im Jahr zuvor hieß es morgens nach dem Schweinefüttern: waschen, umziehen, kurz frühstücken und dann Beeilung! Denn wir hatten die gleiche Fahrgemeinschaft wie im Jahr zuvor und es wurde ebenso lustig. Marita vertrat mich bei vielen Arbeiten auf dem Hof. Abends fuhren wir wie immer zum Reiten in die Halle. Danach ging es oftmals noch mit mehreren Autos auf irgendwelche Reiterbälle, wir allesamt in unserer Reitkluft. Am Niederrhein ist es üblich, hinterher immer bei irgendeiner Bauernfamilie noch Spiegeleier zu essen. Einmal, nach einem Reiterball in Sonsbeck, hieß es, beim Bauern X wäre alles vorbereitet. Also setzte sich unsere wilde Horde in Bewegung und fiel wie eine Räuberbande über die arme Bauernfamilie her. Im Nu hatten wir alle Eier gebraten und vertilgt, es folgte der gesamte Inhalt des Kühlschrankes, danach der der Vorratskammer. Die Bäuerin hatte Bleche voll Kuchen und Obsttorten gebacken, in die einer der Reiter wie ein Hund hineinbiss, die ganze Sahne im Gesicht. Wir stopften uns die Backen voll. Dann machten wir Räuberleiter zur Küchendecke, unter der die Würste und Schinken zum Trocknen hingen, plünderten und verspeisten sie. Die gute Bauersfrau blieb freundlich, sie fragte uns dauernd: „Was möchtet ihr noch, was kann ich euch noch bringen?“ Als wir endlich das gastliche Haus verließen, blieb eine ausgeplünderte Küche mit Kammer zurück, in der es aussah wie im Schweinestall. Die armen Leute hatten am nächsten Morgen nichts mehr, wovon sie sich ein Frühstück hätten zubereiten können. Derart exessiv ging es natürlich nicht jedes Mal zu und heute schäme ich mich fast, darüber zu berichten, doch gehören diese Geschichten zu meinen lustigsten Erinnerungen aus jener Zeit.

Während der Karnevalstage besuchten wir nach dem Reiten oft noch irgendein Kostümfest oder einen Möhneball. Entweder wir gingen wie immer in Reitsachen oder in selbstgenähten Kostümen, die wir auf Maritas Maschine angefertigt hatten. Von solch einem Möhneball fuhren Marita und ich bei Schnee heim, sie steuerte und prompt schleuderte sie in der ersten Kurve, der VW kippte die Böschung hinunter und blieb auf der Seite liegen. Da wir beide tüchtig getrunken hatten, dachten wir: „Nichts wie weg hier!“, und krabbelten aus dem Seitenfenster heraus. Dann wuchteten wir den guten Käfer – hau-ruck! – wieder auf alle vier Räder, schoben, was wir konnten, bis er wieder auf der Chaussee war, und ab ging's nach Hause! Meine Eltern waren gottlob nicht da; wie immer waren sie über die Karnevalstage nach Österreich geflüchtet. So blieb uns das Donnerwetter meines Vaters erspart und Maritas Mutter ließ schnellstens das verbeulte Auto reparieren. Marita baute noch einige weitere Unfälle, an denen mein Käfer beteiligt war, z.B. einen Frontalzusammenstoß im Hohlweg mit unserem vollbesetzten Landwirtschaftsschulauto. Die geduldige Mutter zahlte und zahlte.

In diesem Winter trat Jörg Graf Platen in mein Leben. Ich kannte ihn eigentlich recht gut aus Rixdorf, doch konnte er mich dort ja nicht leiden. Später hatte er mich dann doch einmal auf dem Thelenhof besucht, seitdem war ich rehabilitiert. Wir hielten locker-freundschaftlichen Kontakt. Nach der Militärzeit war er Student an der Agraringenieurschule in Soest geworden, wohnte also nicht so weit entfernt. Eines Tages lud mein Vater ihn auf eine kleine Jagd ein und prompt kam er. Als er morgens zünftig gekleidet mit meinem Vater aufbrach und Marita und ich im Stall ihnen nachschauten, klopfte sie mir auf die Schulter und sagte: „Das ist der Mann für dich!“ Ich starrte sie erstaunt an, doch tatsächlich entwickelten sich nach und nach immer mehr Sympathien zwischen Jörg und mir.

In der folgenden Zeit kam er öfter und im Februar feierte er sogar einige Karnevalfeste mit, obwohl das seiner holsteinischen Natur widersprach. Einmal fuhren wir von einem Kostümfest bei Schneesturm heim. Unser Hohlweg war völlig mit Schnee zugeweht und der Käfer fuhr mitten hinein in die weiße Pracht, bis er bis zum Dach darin verschwunden war. Wir krabbelten zum Schiebedach hinaus und liefen, leicht bekleidet, wie wir waren, zitternd quer übers Feld durch Schnee und Wind nach Hause, um den Trecker zu holen. Wir mussten uns beeilen; bald würde der Käfer restlos unter Schnee verschwunden sein. Doch wir hatten Glück und konnten ihn gerade noch herausziehen.

Marita und ich machten bei einem Möhneball mit. Wir hatten uns mit viel Liebe schöne Altweiberkleider zurechtgeschneidert und glaubten, da wir von Kopf bis Fuß kostümiert und maskiert waren, niemand würde uns erkennen. Doch die Rechnung ging nicht auf. In unserer Generation waren wir die größten Mädchen weit und breit (heute würden wir nicht mehr auffallen). Es war nicht schwer zu erraten, wer unter den schwarzen Kleidern und hinter den Masken steckte.

Meine Eltern nahmen mich mal wieder mit auf eines dieser rheinischen Schickeriafeste, eine Hochzeit in Hugenpoet, die in pompösem Stil gefeiert wurde. Ich fühlte mich wie immer völlig fehl am Platze und langweilte mich zu Tode. In der Nacht glaubte ich zu wissen, wohin ich gehörte. Ich fuhr zu Jörg nach Soest und blieb bei ihm. Er wurde mein erster Mann.

Ich fühlte seit langem und immer deutlicher, dass ich ein Leben auf meinem geliebten Thelenhof allein nicht durchhalten könnte, dazu war ich zu schwach. Mit einem Mann an meiner Seite wäre es die

Erfüllung meines Lebenstraums gewesen, doch es fand sich keiner. Ich fühlte, dass ich weggehen musste, wenn ich nicht allein daheim verhärten und versauern wollte. Ich wollte nicht ein Leben lang arbeiten wie ein Mann, ich wünschte mir ein eigenes Heim und Kinder. Mir wurde klar, dass ich mit Jörg auf seinen Hof an der Ostsee gehen musste.

Wenig später verlobten wir uns heimlich. Es geschah in einer merkwürdigen Situation. Ich hatte den ganzen Morgen Hafer gesät und mich furchtbar beeilt, denn am Nachmittag sollte ich auf einem Vergleichsturnier (Kreis Kleve gegen Kreis Geldern) mitreiten, was ich dann doch hin und wieder noch tat. Die Zeit war knapp und hastig fuhren wir zur Halle putzen, satteln. Das Abreiten geschah in aller Hektik, denn schon wurde ich aufgerufen. Meine Stute muss wohl meine Nervosität gespürt haben, denn sie riss den Kopf hoch und knallte ihn mir gegen die Nase, sodass ich benommen vom Pferd fiel. Blutend und blutbefleckt ritt ich gleich darauf wie in Trance meine L-Dressur und verritt mich prompt. Als ich danach in den Spiegel schaute, musste ich feststellen, dass mein Auge dick rot unterlaufen war, meine Nase und mein ganzes Gesicht geschwollen und die Lippe geplatzt. In dieser Nacht fragte mich Jörg, ob ich ihn heiraten wolle.

Marita hatte sich mehr und mehr mit einem unserer Reiterkameraden zusammengetan. Er war ein prima Kerl, energisch, kameradschaftlich, sehr männlich und ein guter Reiter; das einzige Problem war, dass er Marita nur bis zur Schulter reichte. Die beiden beschlossen, zusammenzuleben, und so verließ uns Marita nach eineinhalb wahnsinnigen und unvergesslichen Jahren. Als nächste Haustochter folgte Marion Böhm, ein keckes, flinkes Mädel. Sie war auch ein guter Kumpel, jedoch: Eine Marita konnte es nur einmal geben!

Im folgenden Herbst luden meine Eltern für mich einmal alle jungen Leute ein, die ich seit Rixdorf kennengelernt hatte und die überall in Deutschland wohnten. Wir glaubten, nur die Hälfte würde den Weg zu uns an den Niederrhein antreten und planten ein Tanzfest im Haus. Doch zu unserer großen Überraschung sagten alle zu! Bei 85 Gästen war guter Rat teuer: Wo sollten wir feiern? Wir beschlossen, den Pferdestall herzurichten, denn die Eltern hatten so oft von meiner gelungenen Taufe geschwärmt. Marion und ich spuckten uns in die Hände, kälkten und schmückten den Stall mit großen Beeren- und

Blütenkränzen und einer Erntekrone. In einige Boxen wurden rundherum Strohballen zum Sitzen hingelegt, in die Mitte jeweils eine Tischplatte, andere Boxen mit Stroh zum Schlafen hergerichtet. Auf die Tenne stellten wir Tische, auch für das Büffet und die Musik. Bunte Lampions, Blumen und Kerzen verliehen dem schön geschmückten Raum mit den bunt gedeckten Tischen einen festlichen Zauber. Dann war es soweit: Alle kamen, aus Holstein, aus München, aus Berlin, Bonn, Göttingen usw. Und alle waren hellauf begeistert; noch nie hatte einer von ihnen ein Stallfest gefeiert. Es wurde ein tolles Fest, und gleichzeitig war es Jörgs und mein Debut als Verlobte.

Nach durchtanzter Nacht schliefen die Mädchen im ganzen Haus verteilt, auch in den Betten der Eltern, die extra ins Hotel gezogen waren, um ihr Zimmer zur Verfügung zu stellen. Ihr Anblick und der der jungen Männer in den Strohboxen, schnarchend und mitten dazwischen Marion und der Dackel, war einfach umwerfend! Das Katerfrühstück fand im Garten an langen, bunt gedeckten Tischen statt, die letzten Gäste trafen erst jetzt ein, da sie per Anhalter nicht mitgenommen worden und irgendwo auf einer Dorfkirmes hängengeblieben waren. Mit diesem Fest war die Idee der Stallfeste geboren, die ich noch so oft in meinem Leben zur Freude vieler Menschen arrangiert habe.

Jörg kam jetzt regelmäßig am Wochenende aus Soest. Da Pita im Haushalt so gut wie nichts mehr tun konnte und Marion hauptsächlich sie zu ersetzen hatte, blieben viele schwere Arbeiten draußen liegen, die ich bisher mit Marita gemeinsam verrichtet hatte. Jörg half mir rührend jeden Samstag, alles nachzuholen, besonders das mühsame Schweinemisten. Wir beide teilten unsere Passion für die Landwirtschaft und das Landleben allgemein und glaubten, damit eine feste Basis für unser zukünftiges Leben zu haben. Auch zeigte Jörg großen Einsatz für meinen geliebten Thelenhof, woraus ich schloss, dass dies in aller Zukunft so bleiben würde. Während der Ernte in den Sommerferien blieb er ganz bei mir, um zu helfen und mit mir zusammenzuleben, während auf seinem Hof ein Verwalter alles besorgte. Manchmal, bei der Heuernte z. B., half auch sein bester Freund aus Holstein und Kommilitone Hemme Struckmann, der sich ebenfalls eine niederrheinische Bauerntochter auserkoren hatte und stets mit Jörg gemeinsam aus Soest kam. Wir verbrachten viele schöne und harmonische Wochenenden und Wochen miteinander, jedoch verlief mein Leben an Jörgs Seite so ganz anders als bisher: in einem ruhigen, allzu ruhigen Strom. Es gab keine Höhen und Tiefen mehr, keine Gefühlsstürme, keine Zärtlichkeit, kein Herzklopfen und keine Leidenschaft. Es herrschte eine beunruhigende Ruhe. Auch gab es andere Anzeichen, die mich dazu drängten, meinen Entschluss, Jörg zu heiraten, noch einmal zu überdenken. Einige Male wurde ich aufgerüttelt, z.B. machte er aus seiner Verachtung meinen niederrheinischen Reiterfreunden gegenüber keinen Hehl und beleidigte sie, was für mich entsetzlich war. Doch verwarf ich jedes Mal alle Bedenken wieder aufgrund der festen Überzeugung, eine harmonische Ehe beruhe in erster Linie auf gleicher Lebensauffassung. Unser Leben, das wir auf dem Thelenhof führten, Bauer und Bäuerin, war so schön, und es machte so viel Freude, nur das zählte für mich.

Im folgenden Frühling wechselte wieder einmal die Haustochter auf dem Thelenhof. Zu uns kam Elizabeth Stead, eine kleine, niedliche und rundliche Engländerin aus allereinfachsten Arbeiterkreisen. Ihr Verlobter gehörte der englischen Oberschicht an und seine Eltern legten Wert darauf, dass Liz, wie wir sie nannten, vor der Ehe erst einmal in einem adäquaten Haushalt den nötigen Schliff bekommen solle. Sie traf mit ihrem Verlobten just am Karnevalsamstag bei uns ein. Abends bereiteten Jörg und ich ihnen zur Begrüßung eine Feuerzangenbowle, und Liz, die bisher in ihrem Leben noch nie Alkohol getrunken hatte, erlebte selig ihren ersten Schwips. Sie lachte und freute sich so herzlich über alles, dass wir sie vom Fleck weg liebgewannen. Ihr Verlobter Stuart war ein weichlicher Kerl mit dicken Brillengläsern, der unentwegt an einem Pullover strickte, was wir fassungslos mit ansahen. Am folgenden Tag reiste er nach England zurück und gab seine Liz in unsere Obhut! Doch gleich am nächsten Tag sollte Liz erfahren, wie das wirkliche Leben ist. Kaum dem grau-tristen Dasein in einer ärmlichen mittelenglischen Arbeitersiedlung entronnen, schlugen die Wogen des Karnevals über ihr zusammen! Rosenmontagsumzug in Keppeln, das war mehr Lebensfreude, als sie sich jemals hatte träumen lassen! Sie lachte, sie trank, sie tanzte, sie flirtete, und jedermann war sofort von ihrer unverfälschten, von Herzen kommenden Fröhlichkeit und kindlichen Freude fasziniert. Am Tag danach fand in unserer Reithalle ein Kostümreiten statt. Unser Reitlehrer „Papa Hein“ war wie immer als Clown verkleidet und stand mit einer Tröte in der Bahn, und trötend bedeutete er uns, die wir kostümiert Quadrille ritten, wann wir abwenden sollten. Danach beim großen Kostümball in der Kantine schäumte Liz' Temperament über. Selig vor Glück, endlich frei zu sein, und selig vom ungewohnten Alkoholgenuss küsste sie einen Mann nach dem anderen, während sich die erstgeküssten hinten in der Warteschlange wieder anstellten. Es war wahnsinnig! Als ich sie nach Hause und ins Bett brachte, musste sie sich dann doch erst einmal übergeben, sie hatte zu viel Sekt getrunken. Am nächsten Tag, dem Aschermittwoch, schrieb sie Stuart ihren Abschiedsbrief! Der arme Kerl konnte das natürlich überhaupt nicht fassen und kam sofort aus England wieder angereist, um mit ihr zu reden. Doch Liz blieb fest. Unter Tränen erklärte sie ihm, dass es für sie kein Zurück in dieses „englische" Leben mehr gäbe. Von nun an ging sie voll und ganz in unserer Familie, in unserem Leben auf, half fleißig überall, wo sie gebraucht wurde, lernte schnell Deutsch, und alle liebten ihre Warmherzigkeit, ihre Fröhlichkeit und ihren Humor. Sie ritt auch gern, noch Anfängerin zwar, doch in Lotte hatte sie das richtige Pferd. Da Liz zwar eine Wespentaille und ein feines Gesicht, jedoch einen üppigen Hintern besaß, wollte sie sich immer über sich selbst totlachen, wenn sie Lotte ritt. Denn das sah dann von hinten gesehen so aus: Lottes riesiges Hinterteil mit der tiefen Kerbe zwischen den Pobacken oben auf der Kruppe, darüber ein ebenso breiter Hintern mit der Kerbe nach unten! Sie selbst hat diesen lustigen Anblick in Skizzen festgehalten, wie sie uns überhaupt zu allen Gelegenheiten mit herrlichen und feinsinnigen Karikaturen von eigener Hand erfreute.

In der Osterzeit starb mein verehrter und heißgelebter Opa Fink. Im engsten, nur Fink'schen Familienkreis beerdigten wir ihn in Uedem auf dem kleinen Friedhof neben seiner Frau. Zur Trauerfeier in der Kirche hatte man die alte schwarz-weiß-rote Reichsfahne mit dem Adler über seinen Sarg gebreitet; darauf lag ein Kissen mit seinen Orden, allen voran der des Goldenen Herzens. Zu seinem Haupt auf dem Altar standen die beiden großen messingnen Kapitänsleuchter. Es war ein schöner und würdiger Tag, den wir in freudigem und dankbarem Andenken an diesen großen Mann begingen und bei aller Abschiedstrauer auch viel lachten, wie es in seinem Sinne war. Leider fehlte Jörg. Er konnte nicht verstehen, dass ich zu Ostern nicht mit ihm in Sehlendorf sein wollte, sondern meinen Großvater beerdigte.

Das Leben auf dem Thelenhof ging weiter. Mit Liz' und auch Jörgs Hilfe an den Wochenenden kamen wir ganz gut über die Runden. Wenn Jörg da war, wohnte er offiziell immer in unserem Gästezimmer gleich neben dem Elternschlafzimmer. Doch natürlich blieb er nachts bei mir. Pita beschützte unsere junge Liebe, indem sie jeden Morgen um halb sechs Uhr leise an die Tür klopfte und sagte: „Jörg, du musst jetzt rübergehen!" Er beeilte sich dann, in sein Zimmer zu kommen, bevor meine Eltern erwachten.

Im folgenden Sommer merkte ich, dass ich schwanger war. Als ich zum Arzt ging, war ich bereits im dritten Monat. Dort traf ich übrigens Marita wieder, die auch schwanger war und den selben Stichtag hatte wie ich. Zu oft hatte meine Regel wegen der schweren Arbeit ausgesetzt, als dass ich gleich Verdacht geschöpft hätte. Ich merkte es schließlich daran, dass mir das Bier nicht mehr schmecken wollte. Meine Eltern reagierten liebevoll, öffneten eine Flasche Champagner und sagten, nun müsse schnell und unauffällig geheiratet werden. Ich hingegen hatte immer von einer großen Bauernhochzeit geträumt, wie sie hier am Niederrhein üblich war, und war unsagbar enttäuscht. Mit der Zeit ließen sich meine Eltern erweichen und stimmten doch noch meinem Herzenswunsch zu.

Die Hochzeit wurde auf Mitte Oktober festgesetzt. Natürlich arbeiteten wir alle auf Hochtouren, meine Mutter, um Haus und Garten, wir, d. h. Liz und ich, um Ställe und Hof piccobello zu machen und auch die Herbstbestellung noch fertig zu bekommen. Dann schmückten wir die Tenne nach dem Vorbild unseres ersten, gelungenen Stallfestes. Schließlich war der Tag gekommen!

Als schönste Überraschung erschien eine riesenhafte Reitereskorte auf dem Hof, etwa 35 meiner Reiterfreunde hatten ihre Pferde und sich selbst herausgeputzt, um uns zur Kirche zu geleiten. Nachbar Jupp Hahlen fuhr die geschmückte Kutsche zusammen mit seiner Beifahrerin Maria Roeloffs. So zog der lange Hochzeitszug bei schönstem Herbstwetter durch die hellgrünen Felder und den Hohlweg hoch nach Uedem, der Kirche zu. Dort herrschte ziemliches Gedränge, denn die Kirmes war aufgebaut. Doch fanden die Pferde noch Platz, um vor der Kirche Spalier zu stehen. Nach dem Gottesdienst entstand ein Menschenauflauf; alle bewunderten das schöne Bild, die Pferde, die Kutsche. Auf dem Heimweg fehlte es auch nicht an dem Brauch, ein geschmücktes Seil zu spannen, wobei Kinder ein Gedicht aufsagen und man sich wieder freikaufen muss mit Süßigkeiten oder Schnaps. Zu Hause auf dem Hof hatten indes die Nachbarn eine wunderschöne, mit Hunderten von weißen Krepp-Papierrosen geschmückte Girlande um das große Tennentor gehängt, es sah einfach herrlich aus! Alle Reiter bekamen etwas zu trinken und wurden zum nächsten Tag eingeladen. Dann folgte ein Empfang in Garten und Haus mit den üblichen Mengen von Menschen. Das Hochzeitsdiner am Abend fand im Kalkarer Ratskeller statt, dessen gotisches Backsteingewölbe wunderschön im Kerzenschein und im Schmuck der vielen Blumen zur Geltung kam. Mein Vater war sehr bewegt, als er seine Brautrede hielt, und musste sie deshalb ablesen. Seine Hände zitterten. Jeder wusste, wie unsagbar schwer für ihn der Abschied von seiner jüngsten Tochter war.

Am folgenden Tag wurde die große Bauernhochzeit auf der Tenne gefeiert. Alle Nachbarn, alle Reiterkameraden und Freunde kamen. Die unverheirateten Töchter aus der Nachbarschaft servierten das Essen und kellnerten, wie es allgemein üblich war. Der Ein-Mann-Unterhalter aus der Reithalle heizte uns nach dem Essen tüchtig ein und alle tanzten ausgelassen bis zum frühen Morgen.

Tags drauf fuhren Jörg und ich mit seinem VW, der von einigen Nachbarn mit Blechbüchsen, Reis, Blumenband und Lippenstift präpariert worden war, auf „Hochzeitreise" durchs Münsterland nach Sehlendorf an der Ostsee, das in absehbarer Zeit mein Zuhause sein sollte. Dort gab es noch eine Feier mit allen Leuten vom Hof.

Wir hatten nicht viel Zeit. In der Woche darauf begann meine landwirtschaftliche Meisterschule; ein heißer Winter stand mir bevor. Mein Vater hatte sich den Kopf zerbrochen, wie es mit dem Thelenhof weitergehen solle. Da ich für keine schwere Arbeit mehr taugte und auch zur Schule ging, musste eine Lösung gefunden werden. Sie fand sich in Gestalt eines uckermärkischen Bauernsohnes, dessen älterer Bruder einen Siedlungshof am Niederrhein bewirtschaftete. Joachim kam daher zu uns, um fortan die Wirtschaft zu führen. Jedoch ließen wir ihm nicht genug freie Hand, was seinen Vorstellungen widersprach. Sein Lohn war etwa das, was an der Schweinemast noch verdient wurde, sodass der Thelenhof mit plus minus null da stand, keine bleibende Lösung also. Liz verliebte sich Hals über Kopf in Joachim und er sich in sie. Über Monate hatten die beiden eine Liebesbeziehung, die abrupt endete: Joachim hatte eine Bauerntochter mit Hof gefunden; er verließ uns, um sie zu heiraten, und Liz' Herz war gebrochen! Ihre Verzweiflung war so groß, dass sie beschloss, ans andere Ende der Welt zu fliehen – nach Neuseeland – und dort ein völlig neues Leben zu beginnen. Es zerriss uns das Herz, sie so leiden zu sehen, und der Abschied von ihr fiel uns unsagbar schwer. Wie sehr hatten wir sie liebgewonnen! Immer wird sie einen Platz in unseren Herzen behalten.

Jörg und ich führten eine richtige Studentenehe. Er hatte noch ein Jahr in Soest zu absolvieren und ich drückte die Schulbank fünf Tage in der Woche zehn Stunden täglich. Zuerst kam der Lehrgang für Viehhaltung in unserer landwirtschaftlichen Lehr- und Versuchsanstalt Haus Riswick bei Kleve. Dann gings weiter an der Meisterschule Kempen-Unterweiden, wo ich die Woche über blieb. Ich hatte ein Zimmer auf einem Bauernhof gemietet, während die Männer in der „Deula" schliefen, der Schule für Agrartechnik, wo wir auch Mittagessen bekamen. Mal wieder war ich das einzige weibliche Wesen unter 60 Männern. Außer mir hatten vormals nur zwei Frauen diese Schule besucht: zwei Nonnen, Priörinnen, die die landwirtschaftliche Meisterprüfung zur Führung ihrer zum Kloster gehörenden Höfe benötigten! Ich jedoch war hochschwanger! Anfangs bildete ich mir noch ein, keiner wisse und bemerke es, weil ich eigentlich noch recht schlank war. Doch eines Tages hatten mir die rührenden Kerle einen Sessel an meinen Platz gestellt. Ich brauchte nicht mehr auf dem harten Stuhl zu sitzen! Im Laufe des Winters nahm mein Umfang natürlich beträchtlich zu. Ich schämte mich oft, wenn das Baby so strampelte, dass mein ganzer Bauch wackelte und suchte es vor den Männern zu verbergen. Wir hatten alle gemeinsam viel Spaß, obwohl der Unterricht knallhart war, und es noch abends viel zu arbeiten gab. Doch fast täglich fanden wir in der Mittagspause kurz Zeit zum Kegeln in der Kneipe gegenüber, ich mit meinem Bauch war immer mit von der Partie. Oft gingen wir abends auch noch feiern und irgendwo Spiegeleier essen, die ich dann für alle briet.

Die Schule schloss mit den schriftlichen und mündlichen Prüfungen ab; letztere traten wir nicht an, ohne vorher ein paar Cognacs gekippt zu haben. Dann war ich wieder zu Hause. Die letzten vier Wochen vor der Geburt meines Babys verbrachte ich damit, die schriftliche Hausarbeit, verschiedene Betriebsentwicklungspläne für den Thelenhof, zu erstellen. Welch abstrakte Sache, wo doch klar war, dass der Betrieb seinem Ende zuging! Joachim war in diesen Winter voll und ganz in der Wirtschaft an meine Stelle getreten; auch ihn hatte uns der Himmel geschickt!

Am 1. April 1971 wurde Adelheid geboren! Sie kam in dem kleinen, von Nonnen geführten Krankenhaus in Uedem zur Welt, nach unendlich vielen Stunden Mühe. Die Eltern, besonders mein Vater, waren an meiner Seite. Jörg, in Soest zwar benachrichtigt, erschien ebenso wenig wie seinerzeit mein Vater bei meiner Geburt, und als er schließlich erschien, verschwand er gleich wieder. Adelheid also war das einzige, bildhübsche, blonde Baby auf der Säuglingsstation des Uedemer Krankenhauses und sie hatte eine kleine, hutzelige alte Nonne ganz für sich allein, die sich Tag und Nacht um das Kind kümmerte. Zwei Tage später gellte nachts plötzlich ein energischer Schrei durch den Flur, und dann lag neben Adelheid noch ein kleiner pechschwarzer Junge, der kleine Hahlen! So waren sie nun zu zweit, aber unverwechselbar!

Mein Bett war ständig umgeben von Scharen von Besuchern, was mich herzlich freute, doch ich war unsagbar schlapp und ruhebedürftig. Pünktlich zur Zeit des Stillens am Nachmittag erschien täglich ein alter holländischer Pater, der Krankenhausgeistliche, und setzte sich an mein Bett, meinen riesigen Milchbusen betrachtend. Als ich ihn bat, doch nach dem Stillen wiederzukommen, meinte er nur, er wäre so etwas aus Indonesien gewöhnt – und blieb!

Als Adelheidchen und ich nach Hause durften, schien die Sonne wunderschön und mein Vater hatte den ganzen Garten mit bunten Primeln bepflanzen lassen zur Begrüßung. Wie selig war er über sein Enkelkind! Oft sagte er, dass er erst jetzt, im Alter, erkenne, wie wunderbar diese kleinen Wesen seien, als junger Mann bei den eigenen Kindern hatte er dazu weder Zeit noch Sinn.

So wiederholte sich noch einmal – im Abendrot über dem Thelenhof – jenes Bild, das vor einem Vierteljahrhundert Symbol für Neuanfang und Glück gewesen war: Ein Baby lag in seinem Körbchen täglich im Garten unter dem schattigen Apfelbaum, die Hunde ihm zu Füßen, Vögel sangen, Bienen summten und Schmetterlinge gaukelten um das Kind, das lachend und aufmerksam das Spiel der Blätter im Wind beobachtete. Oft traten meine Eltern voller Glück an das Körbchen, um das Baby zu bestaunen.

Kaum war Adelheid geboren, hatte ich noch im April meine praktischen Prüfungen zu absolvieren, die auch Lehrlingsanleitungen beinhalteten. Letzteres war nicht gerade meine Stärke. Mit Shorts und nackten Füßen, die nur in Berkemann-Holzpantinen steckten, sollte ich einem Lehrling zeigen, wie man mit der Flex umgeht. Meine Angst vor den sprühenden Funken war wie immer schrecklich und meine Demonstration an diesem Gerät so jammervoll, dass schließlich der Lehrling mir die Flex aus der Hand nahm und selbst mit der nötigen Sachkenntnis das Stück Eisen bearbeitete.

Die Eltern und meine Schwiegermutter hatten mir gegen meinen Willen ein Kindermädchen aufoktroyiert, das natürlich Adelheid versorgte und nichts anderes tat und das uns allen mit seinem Gequassel auf die Nerven ging, während ich ja nun Zeit hatte für die Hofarbeit und mein Kind kaum sah! Mittlerweile arbeitete ich wieder schwer, denn Joachim hatte uns verlassen. Meine Milch versiegte prompt. Es galt die letzte Ernte einzubringen, erst die Heu-, dann die Getreideernte. Jörg half, so gut er es zeitlich einrichten konnte.

Von unserer letzten Haustochter, die für ein halbes Jahr auf den Thelenhof gekommen war, muss ich noch berichten: Caroline, eine Engländerin aus adeligem Hause, mit durscheinender Haut, rötlichen Haaren und feinen Gesichtszügen. Auch sie sollte einmal einen „vornehmen" deutschen Haushalt kennenlernen. Doch sie war bei uns wirklich fehl am Platze! In ihrem heimatlichen Schloss nur an Dienerschaft gewöhnt, weigerte sie sich, im Stall oder auf dem Hof auch nur einen Finger zu rühren und ging gerade mal ein wenig Pita zur Hand. Doch die meiste Zeit verbrachte sie damit, sich zu waschen und zu baden. Sie ließ mich mit aller Arbeit förmlich sitzen.

Dazu hatte ich noch den letzten Teil meiner Meisterprüfung, die Vorstellung meines landwirtschaftlichen Betriebes, zu absolvieren und sah dem mit großem Herzklopfen entgegen. Alles musste ja mal wieder piccobello sein, Stallungen, Maschinen, Felder sowieso, auch die Weiden natürlich. Es lief alles glatt, erleichtet konnte ich abends mit Jörg diesen „gemeisterten" Lebensabschnitt feiern!

Kurz darauf begannen die Schweineställe, sich zu leeren. Eine Partie fette Mastschweine nach der anderen ging weg, ohne dass die Ställe wieder mit Ferkeln aufgefüllt worden wären. Stattdessen kälkte und säuberte ich ein letztes Mal alle Boxen. Schließlich standen mein Vater und ich schweigend vor den leeren Ställen und verwaisten Schweineweiden.

Die schönen neuen Maschinen wurden nach und nach verkauft, auch der herrliche Traktor. Aber auch die alten Ackergeräte, die immer noch unter dem Schuppen standen, wurden verschrottet: Kippflug, Gabelheuwender, Hungerharke, Kartoffelpflug, Eggen usw. Schon wenige Jahre später musste ich das bereuen, denn es setzte ein regelrechter „Run“ auf diese alten „Schätzchen“ ein. Was aber besonders weh tat: Lotte musste den Hof für immer verlassen! Auch dieses Mal wagte ich nicht zu fragen, nachzuforschen, wohin meine geliebte Dicke ging. Mein Vater behauptete, er hätte einen kleinen Bauernhof für sie gefunden, doch ich zweifelte daran.

Es ging in die letzte Runde. Wir hatten eine gewaltige Getreideernte einzubringen, die reichste bisher. Gegen den Willen meines Vaters hatte ich die neue, auf der Schule erlernte Methode des Kurzspritzens und vermehrter Stickstoffgabe angewandt und deshalb gehörig Ärger mit ihm bekommen. Jetzt aber war da dieser beträchtliche Mehrertrag und mein Vater war begeistert und lobte mich! Wir packten noch einmal die Scheunen voll Stroh für die Pferde und fuhren das gesamte Korn zu den Landhandlungen nach Geldern und Kleve, um es dort möglichst gut zu verkaufen. Dann, abgeerntet und durchgegrubbert, wurden die Felder an die Pächterfamilie übergeben.

Nach schwerem Ringen mit sich selbst (und durch das Misslingen des Experimentes Joachim überzeugt, den richtigen Schritt zu tun) hatte mein Vater sich zur Verpachtung entschlossen und einen Pächter gefunden, der als tüchtig und fleißig galt. Die Weiden am Hof wurden beträchtlich verkleinert, die alten Obstbäume gerodet, die Schweinehäuschen abgerissen und die Zäune abgebaut. So konnte das Land gepflügt und auch verpachtet werden. Mein Vater behielt lediglich das Grundstück um den Hofteich und bepflanzte es mit Fichten, Büschen und zwei schönen Trauerweiden. Die Wiesen im Bruch wurden auch verpachtet an unseren Nachbarn Jupp Hahlen. Wir behielten nur die Pferdeweide hinter dem Hof, wie ja gottlob auch die Pferde noch da waren. Ein alter Pole, Josef Quapik, kam täglich zu Fuß aus Uedem den Hohlweg herunter, um in aller Ruhe die Tiere und den Stall zu versorgen. Er tat das sehr liebevoll, immer zu einem Lachen aufgelegt. Besonders Pita freute sich immer auf das Kaffeepäuschen mit ihm. Er nahm die alte Kunst des Misthaufensetzens – die aus einer Zeit stammt, als Mist noch der einzig verfügbare Dünger war – noch sehr ernst. Sein ganzer Stolz war der fein säuberlich wohlgeschichtete und viereckig festgetrampelte Pferdemisthaufen im Innenhof.

Ihren ersten großen Schutzengel brauchte unser Adelheidchen noch auf dem Thelenhof, über dem wirklich die Engel zu schweben scheinen. Täglich lag sie in ihrem Körbchen im Garten unter dem alten Apfelbaum auf dem Rasen. Nur an diesem Tag hatte ich sie, ich weiß nicht warum, unter den alten Kirschbaum vor der Haustür geschoben. Es war ein nicht zu heißer, wunderschöner windstiller Sommertag. Wir waren in der Küche und hörten plötzlich im Garten ein gewaltiges Knirschen und Krachen. Als wir hinausstürzten, sahen wir fassunglos, dass der alte Apfelbaum „aus heiterem Himmel" vollständig zusammengebrochen war! Er hätte das Kindchen unter sich begraben!

Die Zeit des Aufbruchs war gekommen. Jörg und ich luden unsere Habseligkeiten auf einen gemieteten Transporter, packten unser Baby ein und drückten die Eltern und Pita zum Abschied. Es zerschnitt es mir das Herz, wie die drei Alten dort am Tor standen, um zu winken! Jörg aber fuhr mit mir, die ich in Tränen aufgelöst war, zügig und ohne ein Wort unserem neuen Leben entgegen.

„Und jedem Anfang wohnt ein Zauber inne,
der dich erhält, und der dir hilft, zu leben!"

Dieser Zauber des neu gewonnenen Familienlebens, des eigenen Heimes war es, der mich positiv in die Zukunft blicken ließ. Auch empfand ich die Loslösung von meinen Eltern, besonders von meinem Vater, als befreiend.

Doch dann erhielt ich einen Brief von meinem Vater, der mich wie ein Hammerschlag traf:

„Meine geliebte Annabel!
Es ist ein herrlicher Sonntagmorgen. Alles glitzert im Tau und die Sonne strahlt. Da will ich Dir und Jörg einen Gruß senden. Ich musste erst ein paar Tage Abstand gewinnen.
Es gibt drei Abschiede in meinem Leben, die mir ans Herz gegangen sind:
• *Als ich … dem Manne die letzte Ehre an seinem Grabe erweisen konnte, den ich von allen Männern, die mir in meinem Leben begegnet sind, am höchsten verehrt habe: Onkel Dietlof Arnim-Boizenburg!*

• Als ich am 25. April 1945 unseren herrlichen Besitz Zichow, Kleinow und Netzow, auf dem ich aufgewachsen war, in der Zeit verlassen musste, als er in der höchsten Blüte und Ertragsfähigkeit stand.
• Als ich Dich, meine geliebte Annabel, hier auf dem Thelenhof verabschieden musste!
... Dieser Abschied von Dir, meine geliebte Annabel, war weniger aus wirtschaftlichen Gründen schmerzlich, da ich der Meinung bin, dass die jetzige Lösung die in jedem Falle beste ist, die wir treffen konnten. Und Titti und ich werden versuchen, diesen Zustand, solange unsere Kräfte reichen, aufrecht zu erhalten. – Nein, der Abschied von Dir war mir aus rein persönlichen Gründen so schwer! Ich könnte von Dir ähnliches sagen wie von Onkel Dietlof. Du hast alle die guten Eigenschaften, die immer wieder in unserer Familie zum Durchbruch kamen. Du hast in jungen Jahren manchmal Unglaubliches geleistet, sodass wir Dich bewundert haben. Du warst im schönsten Sinne immer Kamerad ... Nicht nur wir Eltern, auch unsere Umgebung in Uedem, im Kreis Kleve und im Freundeskreis lieben und verehren Dich!“

Es folgen wirklich von Herzen kommende gute Wünsche für unser zukünftiges Leben und die aufrichtige Bitte, die gegenseitige Liebe und Achtung nicht durch die Trennung leiden zu lassen und im Notfall füreinander einzustehen.

Nie, niemals würde ich die Verantwortung ablegen können, das erkannte ich jetzt.

„Die Zeit, die du für deine Rose verloren hast, sie macht deine Rose so wichtig...
Du bist zeitlebens für das verantwortlich, was du dir vertraut gemacht hast. Du bist für deine Rose verantwortlich.“

Ich war für meine Eltern, für Pita, und ich war für meinen Thelenhof verantwortlich!

Teil 2

6. Veltheim

Am Fuße des Elm, östlich von Braunschweig, liegt Veltheim, ein hübsches altes Rittergut. Anfang der 1970er Jahre barg es in seinen Mauern noch das Leben eines Gutshofes wie in alter Zeit. Eine fröhliche Hofgemeinschaft lebte und arbeitete hier, und Jörg und ich hatten das Glück, für knapp zwei Jahre dazu zu gehören. Veltheim war ein äußerst vielseitiger Betrieb, der von seinem jungen Chef dynamisch und schwungvoll geführt wurde. Herr v. Veltheim, genannt Ako, baute nicht nur die üblichen Feldfrüchte, Getreide und Zuckerrüben an, sondern auch das verschiedenste Gemüse. Obendrein gab es umfangreiche Sauerkirschplantagen, Legehennenhaltung und ein florierendes Fuhrunternehmen. Es arbeiteten noch relativ viele Personen auf dem Betrieb: mehrere Treckerfahrer, ein Gärtner, der auch die Kirschen unter sich hatte, ein Stellmacher, ein Gutssekretär, ein Speichervogt, der auch die Hühner versorgte, und mein Mann, der nach seinem Studium hier sein Wissen in der Praxis vertiefen wollte.

Die alte Ritterburg war eine wahrhaft romantische Anlage. Sie war umgeben mit einem Wassergraben, auf dem Enten, Gänse, Teichhühner und Schwäne lebten. Zum Burggelände gehörte auch die alte Feldsteinkirche auf der anderen Seite des Burggrabens, deren Glocken uns des Sonntags aus den Federn läuteten. Unsere hübsche Wohnung lag in einem Flügel der Burg und aus dem Fenster blickten wir auf das Wasser und den Park mit seinen alten Bäumen. Im Vorfrühling verwandelte er sich in einen goldenen Traum, wenn er über und über von kleinen gelben Winterlingsblüten leuchtete. Die Fenster zum Innenhof waren umrankt von Kletterrosen und Adelheid spielte in ihrer geschützten Ecke im Burghof, umgeben von Blumen. Herr v. Veltheim sen., der alte Rittmeister, besuchte das Kind täglich und sprach freundlich mit ihm. Es wohnten noch Arbeiterfamilien in der Burg, oftmals hielten wir ein munteres Morgenschwätzchen quer über den Hof von einem geöffneten Fenster zum anderen. Die Atmosphäre in Veltheim war heiter und gelöst und das war das alleinige Verdienst unseres Chefs, Ako. Er war ein warmherziger, humorvoller Mann, der mit großer Kameradschaftlichkeit und Menschlichkeit, aber auch Bestimmtheit seine Angestellten führte. Abends saßen wir alle oftmals in der Arbeiterstube beisammen, tranken Bier, sangen und lachten. Ein Großteil der Männer gehörte dem örtlichen Männergesangverein an und so konnten wir unsere Lieder mehrstimmig oder als Kanon singen. Die Frauen gingen und holten Eier, Brot und eingelegte Gurken und dann brieten sie auf dem alten Bullerofen Spiegeleier für uns alle. Adelheid hüpfte von Schoß zu Schoß und strahlte. Nach solchen Abenden geschah es oft, dass Ako seinen VW-Kübelwagen voller Männer lud und nachts in die „Ohe" fuhr, sein Jagdrevier. Das Auto holperte über Stock und Stein, alle flogen durcheinander und grölten, und vollgepumpt mit guter Waldluft schliefen sie danach doppelt so gut.

Frau v. Veltheim, die wir Lani nannten, war eine tüchtige, lebhafte und hübsche junge Frau. Sie, ihr Mahn und die zwei Söhne wohnten in einem ehemaligen Schafstall, der zu einem wunderschönen Wohnhaus mit ländlicher Eleganz umgebaut worden war. Sie führte den Haushalt noch im alten Gutsherrinnenstil. Der Gärtner lieferte aus dem riesigen Garten alles nur denkbare Obst und Gemüse, dazu Blumen in Hülle und Fülle. Auch wir bekamen ständig etwas davon ab. Des Morgens standen vor unserer Tür Körbchen mit Erdbeeren oder Himbeeren, Gurken oder Sauerkirschen. Lani v. Veltheim zog verwaiste Entchen vom Schlossgraben in ihrer Küche groß; einmal brütete sie sogar Enteneier in der Backröhre aus! Ein Schwan hatte die Entenmutter kurz vor dem Schlüpfen der Kleinen getötet. Nun saßen Lani und ich vor dem Backofen und konnten durch die Glasscheibe beobachten, wie die Küken pickten und sich aus der Schale befreiten.

Einmal im Jahr wurden mehrere Schweine geschlachtet und dann wurde in der alten Gutsküche im Keller der Burg noch gewurstet wie anno dazumal. Lani und Ako gaben für alle Freunde des Hauses ein großes Schlachtfest. Das Buffet quoll über von all den Herrlichkeiten, die nach Thüringer Rezepten zubereitet waren: heiße Leber- und Blutwurst mit Sauerkraut, geschmorte Haxen, Wellfleisch in Brühe, Kasseler und natürlich Thüringer Mett und Griebenschmalz mit Schwarzbrot. Selbstverständlich schmeckten dazu Schnaps und Bier! Aber auch wenn die Arbeiterfamilien, die auf der Burg wohnten, Schlachttag hatten, wurden Jörg und ich reichlich bedacht. Vor unserer

Tür standen dann Kannen mit Brühe und Wellfleisch oder es gab Päckchen mit Mett.

Ich nahm den lebendigen Veltheimer Jahreslauf und die fröhliche Gemeinschaft der Menschen dort mit allen Sinnen in mich auf und genoss sie. Jedoch war ich ja nur am Rande beteiligt. Ich führte unseren kleinen Haushalt, widmete mich unserem Töchterchen und meinem jungen Pferd, das ich mit nach Veltheim genommen hatte, um es auszubilden und zu verkaufen. Im Grunde fühlte ich mich nicht ausgelastet. Ich bat um ein Stück Gartenland, doch das ließ sich nicht machen. Mein neues Leben bedeutete eine Riesenumstellung für mich und ich war nicht wirklich zufrieden.

Schon kurz nach unserer Ankunft in Veltheim im Herbst 1971 fuhr ich wieder an den Niederrhein, um meinen Meisterbrief in Empfang zu nehmen. In der Klever Stadthalle überreichte unser Bauernpräsident Constantin Freiherr v. Heereman persönlich im Rahmen einer Feierstunde uns frischgebackenen Landwirtschaftsmeistern die Briefe. Tags darauf fuhr mein Vater mit mir zum Notar. Er überschrieb den Thelenhof an mich, seine jüngste Tochter! Er hatte sich diese Entscheidung nicht leicht gemacht, jahrelang hatte er mit sich gerungen und auch mit seinem ältesten Sohn Adolf gesprochen. Wäre dieser aus Argentinien zurückgekehrt, hätte alles ganz anders ausgesehen. So aber wählte mein Vater die Möglichkeit, die seinem Wesen am meisten entsprach: die Flucht nach vorne! Erst vor kurzem hatte ich dem Hof den Rücken gekehrt und es sah nicht so aus, als würde ich jemals wieder zurückkommen. Dennoch hatte er beschlossen, mir den Hof schon zu seinen Lebzeiten zu übertragen. Er war überzeugt, dass ich alles tun würde, um ihn zu erhalten. So wurde ich mit 24 Jahren Besitzerin eines Hofes, den ich nicht mehr bewirtschaftete und auf dem ich nicht mehr lebte.

An meiner Einstellung zum Thelenhof änderte diese Tatsache nichts. Seit jeher hatte ich mich mit Herz und Hand für dieses Fleckchen Erde eingesetzt und ich würde es auch weiterhin tun. Vornehmste Sorge in dieser Zeit waren meine alten Eltern und Pita, die so ganz allein auf dem Hof zurückgeblieben waren und tapfer ihre Trauer zu verbergen suchten. Mein Vater hatte ja noch die Pferde um sich, die vom alten Polen Quapik versorgt wurden. Und er hatte seine jagdlichen Aufgaben. Meine Mutter machte alle Arbeiten in Haushalt und Garten selbst, da Pita alt und verbraucht war und ihr nur noch wenig zur Hand gehen konnte. Ich pflegte einen innigen Briefkontakt mit allen dreien, doch fuhren wir auch regelmäßig für ein Wochenende zum Thelenhof, um die alten Menschen aufzumuntern. Wie tot und leer war alles dort! Und wie schnell schritt der Verfall voran! Leere Ställe und eine leere Scheune, ungeschützt gegen Frost, mit Moos und Algen in den Mauerritzen und später mit Gras und Unkraut zugewuchert! Die Werkstatt, einstmals ausgestattet mit allem notwendigen Werkzeug, leerte sich zusehends; jeder konnte offenbar etwas gebrauchen! Der Hofplatz wurde grün, da er nicht mehr befahren wurde. Wir konnten wenig tun, und da dem so war, schauten wir am besten weg. Sonntags nachmittags mussten wir nach Veltheim zurück. Immer fuhr mir der Anblick der drei alten Menschen, die uns nachwinkten, wie ein Stich tief ins Herz!

Auch nach Sehlendorf an der Ostsee, unserer zukünftigen Wirkungsstätte, fuhren wir regelmäßig, um uns um meine alleinstehende Schwiegermutter zu kümmern, die seit dem Tode ihres Mannes vor zehn Jahren mit Hilfe eines Verwalters tapfer den Hof allein führte. Vor allem aber lebten wir in Veltheim und fügten uns, so gut wir konnten, in das dortige Leben ein.

Das ganze Jahr hindurch gab es wahnsinnig viel Arbeit auf dem Betrieb. Alle Männer waren mehr als ausgelastet, denn außer dem eigenen Gemüse transportierten die Unimogs mit den großen LKW-Anhängern auch das Gemüse anderer Betriebe zu den Fabriken, ebenso wie eigene und fremde Zuckerrüben. Sonntags sprang der Chef, Ako, oft selbst mit ein, da er mal einen der Männer ausschlafen lassen wollte. Wenn zum Beispiel der frische Spinat auf den Ladewagen festgetrampelt werden musste, damit mehr darauf passte, so war das Sonntag morgens um vier Uhr immer Jörgs und Akos Angelegenheit. Der Traktor mit der Pick-Up musste recht genau gefahren werden, was Ako sich nicht zutraute nach durchzechter Nacht. Also bot er Jörg seinen bequemen Treckersessel an und kletterte selbst in den Ladewagen, um den Spinat zu trampeln. Es gab auch grüne Bohnen, Erbsen und dicke Bohnen, die alle maschinell geerntet wurden und ebenso wie der Spinat frühmorgens frisch in die Fabrik geliefert werden mussten. Ich hingegen brauchte nur mit meinen Schüsseln aufs Feld zu fahren und sie unter die Maschinen halten, schon hatte ich wieder jede Menge Gemüse für meine Kühltruhe. Im Herbst, wenn die ersten Nachtfröste kamen, mussten auf den Kürbisfeldern Feuer entzündet werden, denn die Riesenfrüchte erfroren gar zu leicht. Später bei der Ernte mussten die Kürbisse vorsichtig auf Wagen gehoben werden. Leider waren dann doch einige erfroren und von innen verfault, was man erst merkte, wenn der ganze Arm bis zur Schulter in der stinkenden Masse verschwunden war. Im Winter wurde noch Grünkohl geerntet. Kolonnen von Türken pflückten bei Eiseskälte die Blätter von den Strünken und ich wurde mehrmals mit einer Schnapsflasche aufs Feld geschickt, damit sich die Menschen ein wenig von innen wärmen konnten.

Ein Höhepunkt in jedem Jahr war das Kirscherntefest. Nicht nur alle Menschen vom Hof, auch die Bauern aus dem Dorf wurden dazu eingeladen. Es gab Kirschwein, den der Gärtnermeister selber herstellte, und der einem gehörig den Kopf verdrehte. Es gab auch Kirschkuchen und Kirschen mit Schlagsahne satt für alle und es wurde viel getrunken und gelacht. Natürlich endete das Fest wie immer mit einer Fahrt in Akos Kübelwagen durch die Ohe.

Im Herbst wurden Jagden geritten, hinter der Meute oder auch ohne Hunde. Ako v. Veltheim und ich nahmen mit unseren Pferden daran teil; allerdings musste ich Akos Pferd vorher erst einmal gehörig die Leviten lesen. Der dreiste Gaul hatte unter seinem Herrn den Burghof nicht verlassen wollen und war gestiegen. Außerdem neigte er dazu, seinen Reiter im Wald an den Bäumen abzustreifen. Mit einer gehörigen Tracht Prügel konnte ich ihm das schnell wieder austreiben, sodass er in panischem Galopp die Pappelallee zur Ohe hinaufraste.

Es gab auch Turniere, Hunter Trials oder einfach nur die herrlichen langen Spazierritte durch den Elm, zusammen mit lieben Nachbarn. Der Elm gilt als der größte Buchenwald Deutschlands. Bis an die Zonengrenze erstreckten sich seine Höhen, in den weiten Tälern grasten Pferde auf herrlichen Weiden. Besonders im Frühjahr, wenn der Elm wie ein riesiger hellgrüner Edelstein in der weiten Landschaft funkelte, oder in der Herbstsonne, die das Rotgold der Buchen zum Leuchten brachte, dass es uns den Atem verschlug, ritten wir stundenlang und selig durch diesen Wald, begegneten auch hin und wieder einer Rotte Sauen. Es war immer etwas los in Veltheim, viele Menschen gingen auf der Burg ein und aus. Unter einigen von uns entwickelten sich bleibende tiefe Verbindungen.

Mitten in dem bunten und fröhlichen Sommer, den wir in Veltheim verlebten, verstarb der alte Herr, der Rittmeister. Im Rittersaal der

Burg lag er aufgebahrt und die Menschen der Gegend erwiesen ihm die letzte Ehre. Die Trauerfeier fand an einem strahlenden Sommertag im Park an seiner hübschen alten Burg statt. Anschließend wurde er hinausgeleitet zu seiner Ruhestätte auf einem Hügel außerhalb des Dorfes. Wir vermissten den alten Herrn! Wir vermissten seine aufrechte, blendende Gestalt, wenn er über den Burghof spazierte und mit Adelheid sprach. Wir vermissten seine Liebenswürdigkeit und Güte, oder auch die wohlwollende Kritik, die er übte, wenn er mir am Reitplatz zusah.

Das Kommen und Gehen der Generationen prägt in besonderem Maße das ländliche Leben. Im selben Jahr bekam Lani eine Tochter und Ako war jetzt unumschränkter Chef, der, selbst hochmotiviert, auch seine Leute zu Höchstleistungen anzuspornen verstand. Das Leben in Veltheim ging weiter, angetrieben von der Dynamik und dem herzlichen Humor des jungen Herrn.

Doch der Winter kam und mit ihm die Katastrophe! Es gab viele Jagden überall, wie es auf dem Land Sitte ist. Im Januar gab Ako noch eine große Feldjagd. Es war ein eisiger, nebliger Tag. Auch Jörg war eingeteilt; er hatte die Treiber zu führen. In der alten Gutsküche dampfte im großen Kessel die Erbsensuppe, bald sollten Jäger und Treiber in den geheizten Keller kommen, um sich aufzuwärmen. Plötzlich erschien ein Bauer aus dem Dorf an meiner Haustür, aschfahl im Gesicht. Er bat, sich setzen zu dürfen, und mir blieb das Herz stehen. Stammelnd brachte er hervor, unser junger Chef, Ako v. Veltheim, sei von einem Flintenschuss lebensgefährlich getroffen worden. Er habe die gesamte Schrotladung aus einem Meter Entfernung in die Brust bekommen!

Sofort war er ins Krankenhaus transportiert worden, doch seine Lage war hoffnungslos. Alle standen wir unter tiefstem Schock! Die Jagdgesellschaft, auch Jörg und ich saßen schweigend einige Stunden im Hause der Veltheims beisammen, betend, kaum noch hoffend, bis die Nachricht kam: Er ist tot!

Lani war wie in Trance und sie blieb in diesem Zustand bis zur Beerdigung. In den folgenden Tagen lag nun auch der junge Herr im Rittersaal der Burg aufgebahrt, in einem Meer von Blumen, und ein nicht enden wollender Zug von Menschen schritt an seinem Sarg vorüber. Die riesenhafte, überwältigende Beerdigung organisierte Akos völlig verzweifelter Bruder Jobst generalstabsmäßig und er wuchs in seiner Trauer über sich selbst hinaus. An einem trüben, eisigen Wintertag war der gesamte Weg, von der alten Kirche über den Burghof bis hinaus aus dem Dorf den Hügel hinan auf beiden Seiten mit Kränzen behängt worden, die über und über von frischen Frühlingsblumen prangten. Niemals mehr werde ich einen derart üppigen Blumengruß erleben! Hunderte von Menschen von nah und fern trugen in tiefer Trauer und völligem Schweigen einen Mann zu Grabe, der es verstanden hatte, nicht nur seine Familie, sondern alle ihn umgebenden Menschen glücklich zu machen, der Hoffnungsträger gewesen war für den schon bröckelnden Berufsstand des Landwirtes.

Mit ihm schwanden aus Veltheim das Glück, die Heiterkeit, die Dynamik. Es blieben die Tapferkeit und Tüchtigkeit der jungen Frau, die viel zu früh vor einer schier erdrückenden Aufgabe stand.

Jörg leitete in den folgenden Monaten bis zu unserem Abschied die Umstellung des Betriebes. Die Kirschplantagen wurden gerodet, der Gemüsebau eingestellt, das Fuhrunternehmen liquidiert. Die Treckerfahrer wurden bis auf wenige entlassen, ebenso der Gärtner, der Gutssekretär und der Stellmacher. Ein selbständiger Verwalter wurde gesucht und gefunden, ein biederer, durchschnittlicher Mann. Mit wenigen Leuten sollte er fortan eine einfache Landwirtschaft führen, ohne Innovationen, ohne Risiko, bis irgendwann der gerade mal zehnjährige älteste Sohn übernehmen würde. So wurde aus Veltheim durch den schmerzlichen Tod Akos ein Betrieb wie viele andere auch.

Mit einem Monat Verspätung, da es noch so viel zu regeln gab, packten wir unsere Siebensachen wieder ein, nahmen unser Kind, drückten die tapfere Lani zum Abschied und brachen auf nach Sehlendorf, wo eine neue Aufgabe auf uns wartete.

Und mit der Zeit rückte Veltheim in unserem Leben an den Platz, den es von Anfang an innegehabt hatte: eine Zwischenstation zwischen zwei Wirkungsstätten, meiner auf dem Thelenhof und Jörgs in Sehlendorf.

7. Sehlendorf

Als Jörg und ich im Frühjahr 1973 nach Sehlendorf kamen, fanden wir einen ausgestorbenen Gutshof vor. Die auf größeren Betrieben als fortschrittlich gepriesene Methode, alles Vieh abzuschaffen, die Weiden umzupflügen, den Ackerbau stark zu vereinfachen und bis auf einige wenige alle Landarbeiter zu entlassen, hatte in Sehlendorf schon voll gegriffen: Der Hof war tot!

Außer der Katze der ostpreußischen Haushälterin gab es nur Mäuse und Ratten in den leerstehenden Gebäuden. Die Kuhherde war verschwunden und so waren auch die Melker gegangen. Natürlich gab es auch hier keine Ackerpferde mehr. Die einzigen Menschen, die auf dem großen Hof wohnten, waren im Gutshaus meine Schwiegermutter mit ihrer Wirtschafterin und in der alten Meierei, die zu einer Wohnung ausgebaut war, eine einfache Familie. Beide lebten isoliert und ohne Kontakt miteinander.

Der Hofplatz war verwahrlost. Entlang der Reetdachscheunen türmte sich das Moos, das im Laufe der Jahre vom Dach gefallen war, und überall um das Gutshaus wuchsen Brennnesseln. Der ehemalige Park war völlig verwildert, ebenso der Rasen vor dem Haus zwischen den Scheunen. Der Gemüsegarten aber, der geschützt hinter der alten Scheune lag, war gut versorgt; in ihm blühte und gedieh es. Dies war das Verdienst der alten ostpreußischen Haushälterin, die Gartenarbeit liebte. Die Felder waren vom Verwalter gut bewirtschaftet worden; zehn Jahre hatte er mit meiner Schwiegermutter die Fahne hoch gehalten – sie bei allen Büroarbeiten, er in der Außenwirtschaft. Es gab direkt oberhalb der Ostseesteilküste einen großen Zeltplatz, der ein Jahr zuvor an dieser Stelle neu entstanden und noch im Rohzustand war. Noch fehlten Pflanzungen, Spielplätze usw.

Für Jörg und mich gab es also reichlich zu tun und wir waren voller Tatendrang.

Während Jörg sich auf die Landwirtschaft, den Zeltplatz und den stark nachbesserungsbedürftigen Maschinenpark stürzte, widmete ich mich hauptsächlich dem Hof, dem Garten und den Ställen. Im Haus wirtschaftete ja immer noch die gute Borchert, die alte Ostpreußin, die nach dem Krieg nach Sehlendorf gekommen war und zum „Inventar" gehörte. Mit Freuden ließ ich sie die Hausarbeit tun; so hatte ich mehr Zeit für alle meine Vorhaben draußen. Sie übertrug mir aus Altersgründen lediglich den Garten und ich nahm es gerne an.

Also krempelten wir die Ärmel hoch! Wir verscheuchten das Unkraut, und die alte, karreeförmige Hofanlage bekam langsam eine gepflegte, aber romantische Atmosphäre. Auf einmal kam der Charme der alten Scheunen, die zur Rechten und zur Linken des Gutshauses lagen, voll zur Geltung! Die ältere der beiden wurde nicht mehr genutzt, da in ihrem Inneren das dicke Gebälk den großen Treckern und Maschinen im Wege war. Sie stand leer und so konnte man die hinreißende Balkenkonstruktion bewundern. Eine Kathedrale aus Eichenholz, dreischiffig, mit einem hohen Mittelschiff und niedrigeren Seitenschiffen, getragen von meterdicken Ständern und gekrönt von einem riesigen Reetdach! Sie bestand aus Fachwerk, das am hinteren Giebel wunderschön fischgrätartig ausgemauert war, und das sich an der langen Seite des Gemüsegartens etwas bedenklich nach außen neigte. Zwischen Gutshaus und Scheune rauschten alte Kastanien im Wind, in deren Ästen Kleiber und Spechte wohnten. Das Haus selbst war ein zweistöckiges, wohlproportioniertes Wohnhaus von idealer Größe, um 1820 erbaut, mit einem Walmdach und schönen wilden Weinstöcken am gelben Backsteingemäuer. Die Scheune zur Linken des Gutshauses war nicht minder schön. Zwar war ihr Balkenwerk im Inneren nicht so überwältigend dick, doch besaß auch sie ein Reetdach und sie war geschmückt von runden Torbögen, großen und kleinen, deren rundgemauerte Stürze meine tüchtige Haustochter Vera und ich weiß angemalt hatten, ebenso wie die gemauerten Eulenloch- und Fensterumrahmungen auf der Rückseite. Dort gab es auch einen wunderschönen, aus Eichenholz geschnitzten Querbalken unter dem Walmdach, Knaggen genannt, und reich verzierte Pilaster.

Der Rasen zwischen den Scheunen vor dem Gutshaus war umstanden von Linden, in denen die Eichhörnchen spielten, und der Hofplatz im Anschluss an die Scheunen wurde gesäumt vom reetgedeckten Pferdestall, dessen Fenster- und Torbögen wir ebenfalls weiß gemalt hatten. Dieser alte Ackerstall, bis unter die Decke vollgestopft mit Gerümpel, wurde leer geräumt und von innen abgebrochen. Jörg ließ mir in diesen Stallraum hinein einen völlig neuen Pferdestall mit zehn Boxen zimmern! Vera und ich malten den Stall frisch weißgrün an und siehe da, auf einmal erstrahlte der alte, in Vergessenheit geratene Ackerstall in neuem Glanz!

Gegenüber dem Pferdestall lag die alte Meierei mit ihren Wohnungen und hinter dieser entstand anstelle eines abgerissenen Schweinestalls ein neuer Pferdeauslauf und Reitplatz, gleich neben dem großen Hofteich.

Quer davor, gegenüber dem Wohnhaus also, lag als Abschluss der alte Treckerschuppen, die frühere Wagenremise, unter den zu der Zeit noch die Traktoren passten und dem Hof einen hübschen, lebendigen

Anblick verliehen. Moderne Maschinen, die nach und nach angeschafft wurden, vermittelten einen Eindruck von der Aufbruchstimmung, in der wir uns befanden.

Der schönste, ruhigste und wärmste Platz auf dem Sehlendorfer Hof aber war der Gemüsegarten, der sich an die Südwand zur Rechten der alten Scheune schmiegte. An der Fachwerkwand staute sich die Sonne, hier gediehen sogar Tomaten. Wie gerne arbeitete ich hier in völliger Abgeschiedenheit und Stille, wenn man dieses Wort denn gebrauchen kann bei der Vielzahl der Vogelstimmen aus dem nahegelegenen Wäldchen. Hier gab es alles, was ein Gutshaushalt braucht: Beeren, Gemüse, Kräuter und natürlich Unmengen von Schnittblumen. Alles gedieh prächtig auf dem geschützten, von der Sonne verwöhnten kleinen Eiland, hier war mein liebster Aufenthaltsort.

Am Tage des 28. Geburtstages von Jörg, dem 1. Juni 1973, erlosch das Nießbrauchrecht seiner Mutter und er wurde der junge Chef von Sehlendorf, wie es sein Vater im Testament bestimmt hatte. Jörg hatte sich durch gezielte Ausbildung gut auf seine Aufgabe vorbereitet und trat sie voller Freude und Tatendrang an. Er war jung, eine ganze Welt, wenn auch nur einige hundert Hektar groß, lag vor ihm!

Erst einmal feierten wir ein zünftiges Einstandsfest im neu errichteten Pferdestall, der über und über mit Blumen geschmückt war. Alle Nachbarn und Freunde tanzten wie die Wilden, es war das erste (und gelungene) Stallfest in Schleswig-Holstein, dem noch weitere in Sehlendorf folgen sollten.

Es wurde nun Zeit, die Pferde nach Sehlendorf zu holen. Ich fuhr mit Vera zum Thelenhof, und wieder und immer deutlicher sprang uns der fortschreitende Verfall des so schönen kleinen Anwesens ins Auge! Meine Eltern waren alt; sie taten, was sie noch konnten, aber sie resignierten langsam. Das Unkraut, das Vorder- und Hinterhof bedeckte und das aus den Mauerritzen der Wirtschaftsgebäude wuchs, machte mich unendlich traurig. Und was das Deprimierendste war: Der Pächter ließ die Felder verkommen! Mein Vater hatte diese Familie wegen ihrer Tüchtigkeit ausgewählt, und tüchtig war sie ohne Zweifel, doch leider in einer uns wenig zuträglichen Form. Die Böden wurden nicht mehr gepflügt, es fand keinerlei Unkrautbekämpfung statt, nur geerntet wurde und verkauft! Bereits nach zwei Jahren waren die Felder verdreckt, der Boden verdichtet; alles sah heruntergekommen aus.

Vera und ich blieben einige Wochen, denn ich hatte beschlossen, in einem Kraftakt wenigstens einiges in Ordnung zu bringen. Die alten windschiefen und auseinanderfallenden dunkelgrünen Fensterläden, hier am Niederrhein Blenden genannt, wurden abgenommen und verbrannt. Während neue angefertigt wurden, strichen wir schon mal alle Fenstersimse und Rahmen schön weiß an und auch die Scheunentore neu. Wir brachten den großen Staudengarten in Ordnung, der ja jedes Jahr von neuem in einer Flut von Holunder-, Birken-, Ilex- und Ahornsämlingen zu ersticken drohte. Wir vernichteten das Unkraut auf den Hofplätzen und verteilten schönen weißen Kies auf Hof und Gartenwegen. Jetzt konnte ich mir ja wieder Zeit nehmen. Adelheid war bei mir, sie erfreute die Herzen der drei Altchen auf dem Thelenhof und Jörg wurde von Borchert gut versorgt.

Schließlich wurden die neuen Fensterläden, die Vera und ich nach flämisch-niederländischer Sitte in rot-weißen Rhomben gestrichen hatten, angebracht. Wie strahlte das alte Haus in neuem Glanz, wie wunderschön passten die frischen Farben zu den vielen Grüntönen des Gartens, zu den roten Rosen und leuchtenden Geranien! Meine Eltern, Pita und wir waren restlos begeistert und für einen Moment verflog die Traurigkeit, die so schwer auf dem Hof lastete. Wir saßen im über und über blühenden Garten und freuten uns an dem schönen neuen Anblick.

Dann feierten wir ausgiebig Uedemerbrucher Kirmes und machten einen Abschiedsritt mit unseren Pferden Richtung Xantener Forst, den wir allerdings nicht mehr erreichten, da wir schon vorher an den verschiedenen Satteltrunkstationen restlos „versackt" waren.

Es kam die Stutenschau, die letzte für uns am Niederrhein. Zwei Fohlen sollten wir zum Brennen und eine dreijährige Stute zum Eintragen bringen. Die alljährlichen Stutenschauen wurden immer sehr schön und stimmungsvoll auf dem großen Platz vor unserer Reithalle abgehalten. Hunderte von Mutterstuten, Fohlen, zwei- und dreijährige Stuten wurden dort im Kreise geführt, präsentiert und prämiiert und eine große Zahl von Zuschauern nahm an dem Ereignis teil. Es war unser letzter Auftritt als Züchter im Rheinischen Stammbuch, mein Vater hatte bereits die Mitgliedschaft gekündigt. Und als ob man uns noch einmal eine Freude machen wollte, wurden wir zum Abschied reichlich mit Preisen bedacht. „Brabant", ein Hengstfohlen aus Amsel, wurde nicht nur Sieger in seiner Altersgruppe, sondern bekam noch einen Extrapreis als bestes Fohlen auf dem Platz! Das Fohlen aus unserer Schimmelstute siegte ebenfalls in seiner Gruppe und so zogen wir selig und stolz mit drei Goldmedaillen und silbernen Ehrenpreisen wieder heim.

Tags drauf stand der große, von meinem Vater gemietete Pferde-LKW auf dem Thelenhof bereit. Bis auf zwei Pferde, die wir im PKW-Anhänger mitnahmen, verluden wir alle in dieses bequeme Fahrzeug. Meine Mutter, Pita, der alte Pole und mein armer Vater standen traurig da und winkten abermals zum Abschied, diesmal zum Abschied des endgültig letzten Lebens auf dem Hof. Fortan würden nun auch die Pferdeställe verwaisen! Ich kann nicht beschreiben, was ich für meine Eltern empfand, als ich mit Vera, Adelheid und den letzten beiden Pferden den Hof verließ! Später erfuhr ich, dass mein Vater dem Pferde-LKW bis Bocholt gefolgt war, zum letzten Geleit! Dann war er umgekehrt und zum Hof zurückgefahren.

Zum zweiten Mal musste mein Vater seine Träume begraben! Die Betriebe im Osten, denen er seine jugendliche Tatkraft gewidmet hatte und die seine Heimat waren, hatte er verlassen müssen. Der Thelenhof, dem er seine zweite Lebenshälfte geschenkt hatte und der ihm liebgewordene zweite Heimat war, lag nun ebenfalls verlassen vor ihm. Er hatte keine Hoffnung mehr.

Die Ankunft der 15 Pferde in Sehlendorf hingegen war ein großes und freudiges Ereignis. Auf einmal herrschte wieder Leben! Ihr Anblick auf den Weiden, im Auslauf und im Stall gab dem Hof die Wärme zurück, die hier so sehr gefehlt hatte. Alle freuten sich über das neue schöne Bild. Die Stuten wurden ins Holsteiner Stutbuch aufgenommen und würden nun also für die holsteinische Zucht eingesetzt werden.

Meine Eltern besuchten uns natürlich in Sehlendorf, sie freuten sich an der Landschaft Ostholsteins, die meinen Vater so lebhaft an Zichow erinnerte, und sie freuten sich, dass die Pferde es so gut bei uns hatten. Aber vor allem freuten sie sich, dass ich fortan auf diesem schönen Hof meine Passionen ausleben würde, dass ich ein Leben als Gutsfrau vor mir hatte. Diese Freude tröstete sie über ihren Kummer hinweg. Sie sagten sich immer wieder, dass es so das Beste sei.

Der erste Besuch vom Niederrhein meldete sich an. Marianne und Jupp Roeloffs, Marias Eltern, waren die ersten, die uns im Norden besuchten. Sie bewunderten die romantische alte Hofanlage und die schöne Landschaft sehr. Auch Pita kam, um sich bei uns umzuschauen. Die Rückreise trat sie in dem alten 2 CV („Ente") von Friedel Lyon an, meinem Landwirtschaftschulfreund, der mit Günter Derksen und Hubert Boßmann für einige Tage gekommen war. „Eigentlich sind das so nette Jungens, aber müssen die immer mit nacktem Oberkörper am Mittagstisch sitzen?", empörte sich unsere Borchert über die drei. Sie hatten bedenkenlos unsere niederrheinischen bäuerlichen Bräuche auch bei Holsteiner Sommerhitze angewandt. Erst im Laufe des Jahres begriff ich, dass man hier im Norden sommers wie winters die gleichen Sachen trägt und auch an heißesten Sommertagen lange Unterhosen an den Wäscheleinen der Arbeiterhäuser hängen. Kein Gedanke an Feldarbeit in Badehosen!

Pita wurde also von den drei Jungens wieder mit nach Hause genommen. Friedel berichtete später, während der ganzen Rückfahrt hätten die drei von Pita die Geschichte gehört: „1 000 km zu Fuß bei Eis und Schnee aus Ostpreußen!"

Natürlich fuhr ich regelmäßig zum Niederrhein, um meine Eltern aufzumuntern. Ich stieß damit auf absolutesUnverständnis bei Jörg und meiner Schwiegermutter. Jörg hatte sich nun vollkommen auf Sehlendorf konzentriert. Der Thelenhof interessierte ihn nicht mehr. „Du gehörst jetzt hierher!", befanden beide immerfort, doch was half es? Meinem Vater ging es schlecht. Er war sehr krank und nur mit Mühe und eiserner Disziplin stand er sein Programm, die Organisation der Thyssen-Jagden, durch. Kam er dann abends spät nach Hause, wartete die alte Pita immer noch mit frisch gepresstem Orangensaft auf ihn. Er hupte schon, wenn er noch 200 Meter vom Hof entfernt war, und Pita rannte dann nach draußen, öffnete das große Tennentor und hielt die Decken bereit, mit denen das Auto jeden Abend im Stall gegen Staub und Spatzendreck zugedeckt wurde. Dann kippte er zu Tode erschöpft ins Bett und blieb oft einige Tage liegen. Die Kräfte verließen ihn zusehends. Pita und meine Mutter umsorgten ihn, so gut sie es vermochten.

Auf den Feldern sah es jedesmal katastrophaler aus. Hof und Garten hatten wir ja in einem Kraftakt in Ordnung gebracht. Auch gossen Titti und ich den Hof regelmäßig mit „Vorox" ab, sonst wären wir des Unkrauts nicht Herr geworden. Doch das war ja nur ein Tropfen auf den heißen Stein. Die Felder waren restlos verwildert. Klette, Quecke, Hederich und Ackerwinde vermehrten sich rapide – es war trostlos!

Die Landwirtschaft auf meinem geliebten Hof war auf ihrem absoluten Tiefpunkt angelangt. So konnte es nicht weitergehen!

Dass ich hier daheim hilflos und ohne Jörgs Anteilnahme dem Verfall zusehen musste, während ich nun meine ganze Kraft dem Aufbau und Neubeginn unseres Lebens in Sehlendorf widmete, erfüllte mich mit grenzenloser Trauer. Ich fühlte mich hin- und hergerissen; was sollte ich nur tun? Oft fuhr ich die 500 km nach Sehlendorf wie durch eine Wand von Tränen. Doch dort hatte niemand ein offenes Ohr für meinen Kummer. Also hieß es: Kurz vor der Ankunft auf dem Feldweg, der zum Hof hinaufführte, Tränen trocknen, heitere Miene aufsetzen und weiterhin frohgemut der Arbeit nachgehen.

Wie ich in meinem späteren Leben noch oft erfahren sollte, kamen jedoch die richtigen Menschen zur richtigen Zeit! Helmut Derksen aus Kirsel, einer Bauernschaft jenseits von Uedem, erschien bei uns; er war der Vater meines Schulfreundes Günter. Er bat darum, die Flächen pachten zu dürfen, denn schon bald sei es zu spät, dann wären sie nicht mehr sauber zu bekommen. Und so trat mein Vater ein weiteres Mal die Flucht nach vorn an: Er löste den alten Pachtvertrag, der gottlob nur von Jahr zu Jahr galt, und schloss einen neuen mit der Familie Derksen. Auch die Stallungen und die Scheune wollten sie wieder in Betrieb nehmen, was wir dankbar begrüßten. So würde wieder Wärme und Leben in diese Mauern einziehen und der Verfall würde gestoppt!

Ab dem folgenden September nach der Ernte nahmen Derksens den Hof unter ihre Obhut. Alles änderte sich rasch. Im Kuhstall stand wieder Vieh, die Schweineställe wurden wieder belegt. Durch das Befahren des Hofplatzes mit Treckern und den dadurch entstehenden Reifendruck verschwand auch das Unkraut. Die Felder wurden kreuz und quer gegrubbert, die Unkrautwurzeln zusammengeharkt und abgefahren. Dann wurde gepflügt, endlich wieder! Vater Derksen fegte und kratzte unermüdlich mit Besen und Harke, um Stallungen und Hofplätze wieder so gut in Ordnung zu bringen, wie es sich gehörte. Doch mein Vater war zu schwach, um sich wirklich noch darüber zu freuen.

Ständig hatte ich mir in den letzten Jahren Gedanken gemacht, wie es bloß ohne die Eltern auf dem Hof weitergehen solle. Wenn ich im Garten saß und das langgezogene tiefe Satteldach betrachtete, unter dem nutzlos der leere Getreidespeicher lag, so entwickelte ich in meiner Phantasie schöne Gaubenfenster ähnlich denen des umgebauten Schafstalls in Veltheim. Welch riesige Flächen gab es dort oben unterm

Dach, ungenutzt, welch eine wunderschöne helle Wohnung konnte daraus entstehen! Ich begann, die einzelnen Fächer zwischen den Dachbalken zu vermessen und einen Plan zu zeichnen. Die Eingangstür sollte auf dem Vorderhof sein, gleich neben dem Tennentor. Vom ersten Raum der drei kleinen Zimmer konnte eine Treppe nach oben führen in eine große, helle und freundliche Wohnung. Denn alle Räume plante ich nur in der Hälfte des Dachbodens, die dem Garten nach Südwesten zugewandt war. Die durchgezogene Dachgaube mit den vielen Fenstern würde viel Sonne hereinlassen. Ich zeigte meinem Vater, der erschöpft in seinem Bett lag, den Plan, entwickelte meine Gedanken vor ihm: Menschen sollten hier leben, die ganz einfach nur da sein und meinen alten Eltern eine Beruhigung sein würden.

Vor allem auch später …! Wie hätte es anders sein können: Mein Vater, der sein Leben lang offen gewesen war für Neuerungen, für Umwälzungen gar, verschloss sich auch diesmal nicht, sondern stimmte meinem Plan zu, ja er begrüßte ihn sogar freudig!

In jenem Herbst wurde uns ein zweites Töchterchen geboren, Elisabeth. Unsere Pita war überglücklich, dass die Kleine nach ihr benannt wurde. Sie kam im Oldenburger Krankenhaus zur Welt, wo ich, verglichen mit dem Kindbett in Uedem, einsam meine Tage verbrachte. In Holsteins ländlichen Kreisen ist die Geburt einer zweiten Tochter bereits Grund genug, sein Bedauern auszusprechen und von einem Besuch Abstand zu nehmen. Der Ausdruck Töchterchen war bei Elisabeth allerdings ein wenig irreführend, denn das Persönchen, das uns da geschenkt worden war, platzte vor Energie und Entschlossenheit, denen sie nicht nur in ihren ersten Lebensmonaten durch kraftvolles Gebrüll Ausdruck verlieh! Welch ein Gegensatz zur zarten, immer sanften und leisen Adelheid!

Im folgenden Winter sollte ich zum ersten Mal die Gewalt der Holsteiner Stürme zu spüren bekommen. Meine Mutter war gerade zu Besuch bei Gabriele in der Haseldorfer Marsch. Ein Sturmtief zog heran und einmal mehr gab es Sturmflutwarnung für die Nordseeküste. Meine Schwester fuhr mit Mutter zum Elbdeich, um die Naturgewalten und die Wassermassen zu bestaunen. Doch wie erschraken sie, als sie auf die Deichkrone geklettert waren und feststellten, dass die Flut bis genau an diese Höhe aufgelaufen war! Schnell liefen sie zurück zum Auto und wollten wieder nach Hause fahren. Da wurden sie auf halbem Wege von der Polizei gestoppt. „Halt! Hier können sie nicht weiter, der Deich ist gebrochen! Ja, haben Sie denn nicht die Radiowarnung gehört? Die ganze Marsch wird evakuiert!" Mit weitem Umweg über die Geest erreichten die beiden schließlich völlig verängstigt das Hakesche Haus, schnappten sich ihre Zahnbürsten und begaben sich auf schnellstem Wege zurück in die Geest in Sicherheit, zu Freunden, die ihnen Unterkunft gewährten. Mein Schwager Christoph hingegen wollte in dem Haus ausharren; er hatte berechtigte Angst vor Plünderungen. Er schleppte alles, was er nur tragen konnte, auf den Dachboden und berichtete später, wie die gewaltige Flutwelle frontal auf sein Haus zugerollt gekommen war. Gottlob stehen die alten Bauernhäuser in der Gegend ja auf Warften; es ist den Hakes also nichts passiert. Doch war die Überflutung der Haseldorfer Marsch eine Katastrophe! Bei allen, die sich im Schutz des Deiches ein neues Haus gebaut hatten, stand die Flut meterhoch in den Wohnräumen. Ertrunkene Schweine und Kälber hingen in den Baumkronen der Apfelplantagen, als nach Tagen die Flut endlich ablief.

Bei uns in Sehlendorf tobte der Sturm so gewaltig, dass einige Linden auf das Reetdach der schönen alten Scheune kippten. In den folgenden Tagen kam ein Nachbar mit seiner Seilwinde, um vorsichtig die Bäume wieder vom Dach abzuheben, denn wir wollten größeren Schaden am Reet vermeiden. Mittlerweile hatte nämlich nur noch diese Scheune ein Reetdach – die anderen hatte Jörg gegen meinen Willen in Eternit umdecken lassen, was den Augen wehtat!

Einen Tag später – Jörg war auf eine Jagd eingeladen – erschien um die Mittagszeit der alte Mann, der den Pferdestall besorgte. „Frau Gräfin, kommen Sie mal, es qualmt in der Scheune!" Schon zweimal vorher hatte ich mit Vera und vielen Eimern Wasser kleinere mysteriöse Brandherde in den zwei Scheunen gelöscht, also ging ich nicht allzu beunruhigt mit hinaus. Doch diesmal kam der Qualm durch alle Mauerritzen und Spalten im großen Scheunentor! Ich alarmierte die Feuerwehr, ließ Jörg eine Nachricht zukommen und raste zum Stall, um die Pferde in den Auslauf zu bringen. Währenddessen schossen die Flammen schon aus dem Reetdach empor, es knallte und krachte fürchterlich. Der Wind kam von Westen und stand genau auf dem reetgedeckten Pferdestall, auf den ein gewaltiger Funkenregen niederging. Ich rannte atemlos und mit hämmerndem Herzen, immer zwei

Pferde am Kopf führend, bis alle Tiere in Sicherheit waren. Die Feuerwehr traf ein und versuchte eine Ewigkeit vergeblich, die Pumpe anzuwerfen, mit der das Wasser aus dem großen Löschteich abgepumpt werden sollte. Doch beim tagelangen Einsatz in der Haseldorfer Marsch, wohin alle Feuerwehren gerufen worden waren, hatte sie ihren Geist aufgegeben! Eine andere Pumpe musste herangeschafft werden, und als nach langer Zeit das Wasser endlich kam, hielten es die Feuerwehrleute in die längst lichterloh brennende Scheune. „Zuerst den Pferdestall schützen!“, schrie ich. Wenn das Dach nicht nassgespritzt worden wäre, hätte auch er in kurzer Zeit Feuer gefangen! Als Jörg kam, schossen die Flammen meterhoch aus dem hohen Dach der schönen alten Scheune. Kurz darauf kippte der Fachwerkgiebel langsam nach außen und schlug krachend auf den Hofplatz auf. Da lag er nun, die Backsteine waren genau so fein im Fischgrätmuster zwischen den Balken angeordnet wie immer! Zuletzt blieb ein Haufen qualmenden Heus und Strohs und große Haufen Lehm, in die sich die ungebrannten, vom Wasser aufgeweichten Ziegel verwandelt hatten.

Die Feuerwehrleute saßen noch die ganze Nacht in der Küche, um Wache zu halten, tranken und ließen es sich schmecken. Jörg saß bei ihnen. Ich jedoch hockte still und von Trauer überwältigt vorn im Wohnzimmer am Fenster und starrte auf den rauchenden Schutthaufen. Adieu, du wunderschöne Scheune, wie sehr hattest du dem Hof Zauber verliehen! Adieu, romantische Hofanlage, adieu geschützter, sonnenverwöhnter Garten! In welchem Glanz hätte unsere Scheune noch erstrahlen können, mit blankgefegter Lehmdiele und einigen Lichtstrahlern in den herrlichen dicken Balken! Kulturveranstaltungen aller Art, oder auch rauschende Feste, so vieles noch hätte sie in ihren Mauern gesehen. Vorbei! Wir bewohnten nun einen Hof, dessen Gesamtbild zerstört, auf dem Eternit das vorherrschende Material war. Es galt, das Beste daraus zu machen.

Wir schufteten sehr, um aufzuräumen, Ordnung zu machen und die leere, wüste Fläche zu kultivieren. So allmählich, wie die verkohlten alten Kastanien sich wieder erholten und neu austrieben, so verwandelte sich langsam der Platz der Scheune in einen blühenden Garten. Im Laufe der Jahre sah es für Außenstehende so aus, als sei es nie anders gewesen. Diesen ersten schlimmen Dämpfer also hatten wir einigermaßen überwunden. Jörg tröstete sich, indem er mit dem Versicherungsgeld eine Getreidetrocknung baute, ich tröstete mich mit meinem neuen Garten. Jedoch erfuhr meine Begeisterung für Sehlendorf andere, letztlich schlimmere Dämpfer. Es war unendlich schwer, neue Pläne gegen meine Schwiegermutter durchzusetzen. „Immer willst du mit dem Kopf durch die Wand, du bist wie dein Vater!“, warf sie mir entgegen, wenn ich neue Ideen für die Hofanlage entwickelte, durch die sie sich immer sofort kritisiert fühlte. Jörg wusste oft nicht, mit wem er sich solidarisch erklären sollte, und so spielte sie uns gnadenlos gegeneinander aus. Sie krittelte ständig an mir und meiner Herkunft herum. Ich tat es anfangs ab als etwas, das ich nun zu bestehen hatte, da man schließlich in der Lage sein muss, wieder klein und neu anzufangen und sich die Achtung der Menschen neu zu verdienen. Ich hatte noch nicht gemerkt, dass die Demontage meines Selbstbewusstseins bereits in vollem Gange war.

In diesem Frühjahr verstarb mein Vater. Nur einmal kurz hatte er Elisabeth gesehen. Er hatte mit allerletzter Kraft die Jagdsaison abgeschlossen, nach jedem Jagdtag war er restlos am Ende gewesen. Nach der letzten Jagd machte er noch den Jahresabschluss mit seinem Arbeitgeber, der Thyssen-Hütte. Dann setzte er sich in seinen Mercedes und fuhr zum Klever Krankenhaus, um zu sterben. Ordensschwestern umsorgten ihn liebevoll und energisch, doch auch meine Mutter und ich waren Tag und Nacht bei ihm. Auch meine Schwester kam für einige Tage aus Haseldorf. Uns waren Behelfsbetten in das Krankenzimmer gestellt worden, wir bekamen auch zu essen und die Schwestern waren froh, dass wir ihnen einen Teil der Pflege bei diesem schwierigen Mann abnahmen. Es war wunderschön für uns drei Frauen, in diesen schweren Tagen zusammen zu sein! Vaters Tod traf uns nicht unvorbereitet; wir hatten genügend Zeit gehabt, uns seelisch und praktisch darauf einzustellen. Ein merkwürdiges Gefühl, mitten in der Nacht, nachdem Vater die Augen für immer geschlossen hatte, mit seinem Auto wieder heimzufahren! Im Familienkreis wurde das Testament eröffnet. Welch liebevolle, dankerfüllte Worte hatte er für seine Frau und Pita gefunden!

Vom Tag der Einäscherung mag ich gar nicht sprechen, zu unpersönlich war das Ganze. Im Krematorium ist eine Trauergesellschaft eine Nummer, wir mussten uns beeilen. Dann irgendwo ein Hotelsaal, in dem der Empfang stattfand. Ich möchte diesen schrecklichen Tag am liebsten verdrängen, denn trotz aller Freunde und Verwandten, die von weither gekommen waren, trotz der Trauerrede von H. G. Sohl passte der Tag so wenig zu der Persönlichkeit meines Vaters, dass es mich fröstelte.

Bis zur Urnenbeisetzung waren drei Wochen Zeit, drei Wochen, in denen ich mich kopfüber in die Akten stürzte. Nun war ich die Alleinverantwortliche für den Thelenhof! Der Niesbrauch war mit Vaters Tod erloschen. Es gab so viel, so unendlich viel zu studieren, was zuvor immer mein Vater erledigt hatte: Steuerfragen, Versicherungen, Bankangelegenheiten, Wasser- und Bodenverband und so weiter und so fort. Mit großem Eifer arbeitete ich mich in alles ein und bewunderte die Akkuratesse, mit der Vater stets über alles Buch geführt hatte. Ich war ihm sehr nah in dieser Zeit! Meine Schwester und ich saßen an den Abenden über einem Haufen Fasanenfederchen, aus denen wir hübsche Blumen zauberten, große und kleinere. Diese schmückten dann unseren ganz persönlichen Kranz, der aus verschiedenem Grün aus Vaters Jagd gebunden worden war.

Dann wurde an einem strahlenden Frühlingstag seine Urne beigesetzt. Er hatte es so gewollt, weil er hoffte, dass seine Asche eines Tages in seine Heimaterde nach Netzow gebracht werden könne. Die kleine evangelische Kirche in Uedem quoll über von Menschen und laut sangen wir alle: „Lobe den Herrn!“ Auf dem Friedhof zwitscherten die Vögel und die Sonne wärmte schon, als die Menschen aus unserer niederrheinischen Heimat, die Bauern aus der Jagd und alle, die ihn gekannt und verehrt hatten, am Urnengrab vorbeischritten. Die Offiziere der hier stationierten Bundeswehr salutierten, die Bläsercorps' beider Hegeringe, des Uedemer und des Winternamer, bliesen das Halali. Heinz Kießler vergoss bittere Tränen, Familie Derksen war tief betroffen. Später sagten sie uns, wie traurig sie seien, dass sie keine Zeit mehr gehabt hätten, das Vertrauen meines Vaters zu entlohnen! Ich stand allein zwischen Mutter und Schwester (Jörg war nicht gekommen) und die Trauer der Niederrheiner um meinen Vater und die Ehre, die sie ihm erwiesen, bewegte mich tief.

Doch konnte ich selbst keine Trauer empfinden. Zu lange hatte mein Vater mich unter der Knute gehabt, sogar dann noch, als ich schon von zu Hause fort war. Ich hatte ein Gefühl, als breitete ich erst jetzt meine Flügel aus. Und endlich würde ich mehr Zeit für mein Mütterchen haben! Vater würde mich nie mehr für sich beanspruchen! Und doch: War ich nicht plötzlich ganz allein? Niemand mehr, mit dem ich meine

Freude an Pferden und Reitsport teilen konnte, niemand, der mir wie er in tausend Gesten seine übergroße Liebe bezeugte. Plötzlich, nach vielen Wochen, brach die Trauer über mich herein und ich schluchzte bitterlich. Meine Mutter war froh darüber. Weit mehr, als ich es damals ahnte, würde mir mein Vater in Zukunft fehlen – ich war viel stärker an ihn gebunden und von ihm geprägt, als mir bewusst gewesen war.

8. „Titti“

Nun lebten nur noch meine Mutter und die alte Pita auf dem Thelenhof. Pitachen, schon etwas verwirrt, war immer da in ihrer weißen Schwesternschürze, die sie ihr Leben lang trug, doch war es ihr nicht mehr möglich, in irgendeiner Form zu helfen. Meine Mutter sorgte für sie, besorgte Haushalt und Garten, so gut sie es vermochte, und immer wenn ich zum Thelenhof kam, half ich nach Kräften. Nachbarinnen kümmerten sich rührend, statteten regelmäßig Besuche ab. Frau Mai von der Katstelle an der Ley, selbst schon eine alte Frau, kam einmal wöchentlich, um Pita beim Putzen zu helfen. Sie tat dies aus Nachbarschaftshilfe, unentgeltlich, es war für sie Ehrensache!

Wir forcierten die Ausbaupläne. Ein Architekt wurde engagiert, ein Bauantrag eingereicht, und als uns das Warten zu lange dauerte, fuhr ich mit meiner Mutter einfach zum Bauamt. Dort schilderte sie ihre Situation und siehe da, nach eine Stunde durften wir mit der Baugenehmigung in der Hand wieder heimkehren! Leider war der Architekt, dem wir auch die Bauleitung übertragen hatten, ein unzuverlässiger Mann, der ständig Termine machte und sie niemals einhielt. Die Sommerferien kamen, in denen alle Firmen Urlaub machen, und es war immer noch nichts passiert! Wir drängten und drängten und endlich, im September, begann der Ausbau des Dachbodens, des alten Kornspeichers. Ein Zimmermann schuf die große langgestreckte Dachgaube, die dem Haus ein völlig neues Aussehen verlieh. Die Wohnung wurde mit einfachsten Materialien ausgebaut, denn ich hatte nur wenig Geld zur Verfügung. Alle vier Wochen fuhr ich zum Niederrhein, um vor Ort zu sein, den Bau zu überwachen und, wenn nötig, Druck zu machen. Auch meine Mutter wurde sehr aktiv. Sie lebte auf durch die neue, schöne und positive Aufgabe, dem Ausbau vorzustehen, wenn ich meinen Pflichten in Sehlendorf nachging. Sie war glücklich über das geschäftige Treiben am Haus, über das fröhliche Hämmern der Zimmerleute. Schließlich, gottlob noch vor dem Winter, war eine geräumige, helle und schöne Wohnung entstanden mit einem herrlichen Blick auf den Garten und weit über die Felder!

Unsere ersten Mieter, die uns meine geliebte Tante Pine aus Düsseldorf vermittelt hatte, hatten schon einige Wochen in unserem Gästezimmer logiert, um meiner Mutter in der dunklen Jahreszeit Gesellschaft zu leisten. Jetzt zogen sie in ihre neue Wohnung um. Mit Herbert und Dorette Kanther begann auf dem Thelenhof eine neue Ära.

Es war für mich eine große Beruhigung zu wissen: Da leben zwei freundliche, fröhliche Menschen auf dem Hof, die stets ein Auge auf meine Mutter und Pita haben und ihnen zu Hilfe eilen werden, falls nötig! Dorette nahm meine Mutter mit zum Einkaufen, half ihr bei der Gartenarbeit, und ihre Heiterkeit wirkte tröstlich und belebend. Es gab wieder Ansprache für meine Mutter, ein wichtiger Punkt im täglichen Leben! Als ich sie besuchte, zeigte sie mir am Abend glücklich den Lichtschein, der aus den neuen Fenstern in den Garten fiel und sagte: „Sieh mal: So weiß ich, ich bin nicht mehr allein!“

Ihr erstes Weihnachtsfest als Witwe wollte und sollte meine Mutter bei uns in Sehlendorf verbringen. Auch Kanthers waren über Weihnachten verreist. Pita wollte in ihren vier Wänden bleiben. Ihre Verwandten und auch die Uedemerfelder Nachbarn versprachen, sie zu besuchen, sodass sie an keinem Tag allein sei. Mir war nicht recht wohl bei dem Gedanken, die alte Frau so ganz auf sich gestellt zurückzulassen, als ich mit Titti nach Holstein fuhr. Günter Derksen kam täglich zweimal, um das Vieh zu versorgen, und schaute auch jedes Mal nach ihr. Morgens riegelte Pita für ihn stets das Tennentor auf, damit er in die Ställe konnte, denn über Nacht, wenn sie der einzige Mensch auf dem Hof war, sperrte sie alles ab. Doch am ersten Weihnachtstag kam Günter morgens nicht hinein, es war noch verriegelt. Er zwängte sich durch eines der kleinen halbrunden Schweinestallfenster und lief gleich los, um nach ihr zu schauen. Da lag die arme Frau in der Küche auf dem Fußboden; sie hatte sich den Oberschenkelhals gebrochen! Schon Stunden musste sie dort gelegen haben, denn sie zitterte vor Unterkühlung. Sofort wurde sie ins Krankenhaus gebracht und ihr Bein kam in einen Streckverband. Zweimal besuchte ich sie noch von Holstein aus an ihrem Krankenbett, das sie nicht verlassen konnte und das ihr, die ihr Leben lang nur schwere Arbeit gekannt hatte, zum Verhängnis wurde. Kaum war ich nach dem zweiten Besuch wieder in Sehlendorf, kam die Todesnachricht, und ich kehrte sofort wieder um.

Meine Mutter hatte bald nach Vaters Tod eine Kur beantragt, die einzige in ihrem Leben. Sie brauchte sie bitter nötig. Gleich nach Neujahr hatte sie sie angetreten, und als Pitachen starb, befand sie sich im Südschwarzwald, unfähig, ihre Kur zu unterbrechen. Also organisierten Gabriele und ich alles Notwendige. Zu allem Überfluss erwischte mich eine Virusgrippe und ich hatte tagelang hohes Fieber. So musste ich unserem Hausarzt versprechen, nicht an der Beerdigung teilzunehmen. Eine absolute Unmöglichkeit! Mit 40 Grad Fieber begab ich mich in die Kirche, die brechend voll war von Menschen aus Pitas nächster Umgebung, den Nachbarn, den Uedemern. Es war beschämend genug, dass Gabriele und ich die einzigen aus unserer Familie waren, die ihr das letzte Geleit gaben, ihr, die ihr Leben für uns gelebt, die ihre ganze Liebe, Fürsorge und Kraft unserer Familie geschenkt hatte! Welches Ansehen genoss diese bescheidene Frau, die von allen stets „Schwester Elisabeth" genannt worden war, in der Gemeinde! Die vielen Menschen, die sie geliebt hatten, schenkten ihr einen schönen und würdigen Abschiedstag. Und siehe da, als ich nach dem Gang zum Friedhof und nach dem Beerdigungskaffee wieder in meinem Bett lag, war das Fieber gesunken! War ich froh, an der Beerdigung teilgenommen zu haben! Noch viele Jahre lang standen an Pitas Grab stets frische Blumen, die ihr Frauen aus Uedem dorthin stellten, allen voran Frau Böker.

Kanthers, die Großstadtmenschen, lebten sich schnell auf dem Thelenhof ein, jeder auf seine Weise. Während Dorette, mit Strickjacke und Gummistiefeln bekleidet, lebhaft an allem Geschehen auf dem Hof Anteil nahm, meiner Mutter im Staudengarten half und sich im Gemüsegarten wacker durch die Wildnis kämpfte, um allerlei Gemüse und Tomaten zu ziehen, versteckte sich Herbert vor den Menschen. Dorette war eine überaus kluge, vielseitig begabte und fröhliche Frau, deren ständige gute Laune wohltuend und ansteckend war. Herbert dagegen war ein Intellektueller, der immerzu irgendwelche komplizierten Theorien entwickelte und ausdiskutieren wollte, im praktischen Leben aber auf Dorette angewiesen war. „Ein Spinner!", befanden die Nachbarn und mühten sich redlich, ihn in ihre Uedemerfelder

Gemeinschaft zu integrieren. Meine Mutter und ich jedoch fanden Gespräche mit ihm äußerst anregend und genossen sie.

Trotz Herberts Abneigung gegen Menschen und Gesellschaft gaben die beiden einen Nachbarschaftseinstand, wie es am Niederrhein so üblich ist. Die Nachbarn erschienen mit einer schönen selbstgewundenen Girlande und einem „Herzlich Willkommen!"-Schild und brachten beides um Kanthers Eingangstür an. Jedoch wurden sie nicht in die neue Wohnung gelassen, zu groß war Herberts Argwohn gegenüber den unbekannten Barbaren vom Lande. Gefeiert wurde in den zwei kleinen Zimmern unten auf der Tenne, deren eines jetzt den Treppenaufgang nach oben bildete. Die vielen Menschen fanden in den engen Räumen nur Platz, indem sie in drei Reihen übereinander saßen: auf der Erde, auf Apfelsinenkisten und jeweils auf dem Schoß des anderen. Herbert stand den ganzen Abend mit weit aufgerissenen Augen und entgeistertem Blick auf der Tenne und starrte ungläubig auf den fröhlichen, lärmenden Haufen, den er sich da ins Haus geladen hatte. Denn gerade diese Enge, dieses unkomplizierte Zusammensein animiert Niederrheiner immer besonders zum Feiern, zum „Rüseln", wie sie sagen. Jupp Roeloffs hielt die nachbarliche Begrüßungsrede. Er erklärte Dorette und Herbert die Sitten und den Sinn der Nachbarschaft, die seit altersher einen wichtigen Teil des ländlichen Gemeinwesens ausmacht. „In Geburt und Tod, im Alltag und bei Festen, immer stehen sich die Nachbarn zur Seite und sind für einander da, übernehmen wichtige Aufgaben, helfen einander, besuchen die Alten und Kranken und natürlich feiern sie auch zusammen!", führte er aus und schloss seine Rede mit dem Ausruf: „Dorette, und wenn du ein Kind kriegst, ich komme mit heißem Wasser!" Es wurde gesungen, getrunken, geflirtet – halt gerüselt! Die alte Frau Mai, „Mariechen", saß selig auf Jupps Schoß, der alte Müller Ernst Becker war ebenso selig, eine junge Frau aus der Nachbarschaft auf seinem Schoß zu haben, sehr zum Unwillen seiner eigenen. Ein wirklich gelungener Abend, fanden alle, und Herbert und Dorette waren von da an in die Nachbarschaft aufgenommen und voll integriert.

Im folgenden Sommer, und nicht nur in diesem, hatte Familie Derksen alle Hände voll zu tun, die Thelenhofer Felder wieder sauber zu bekommen. Vater, Mutter, Günter, beide Schwestern und einige Hilfskräfte gingen Reihe für Reihe durch die Zuckerrüben und Kartoffeln, um mit der Hand Klette und Hederich zu ziehen, sofern sie von der Hackmaschine nicht erfasst worden waren. Denn Spritzmittel konnten hier nichts bewirken! „Noch ein Jahr, und wir hätten es nicht mehr schaffen können!“, betonten sie immer wieder. So aber verwandelten sich die Felder langsam wieder in gut bestellte, ertragreiche Ackerflächen, es war eine Freude und wir von Herzen dankbar! Derksens gaben sich große Mühe, den Hof gepflegt und in Ordnung zu halten. Jedesmal, wenn ich aus Holstein nahte, wurde geharkt, gefegt, die Hecke geschnitten oder im Garten der Rasen abgestochen, um mir bei der Ankunft eine Freude zu machen. Das Tief auf dem Hof war überwunden, fröhlich winkten die drei weißen Giebel zum Willkommensgruß von weitem, wenn ich oben am Berg von der Landstraße auf den Uedemerfelder Weg abbog. Es war wieder schön, nach Hause zu kommen, auf einen Hof voller Vieh, mit wohlbestellten Feldern, frisch gemähten Rasenflächen und stets frischem weißem Kies auf den Plätzen! Die Freude an allem überwog bei weitem den tristen Anblick des leeren Pferdestalls, der natürlich prompt Abstellraum für alles Mögliche geworden war. Dafür gab es ja Rinder und Schweine, Traktorengeräusche und menschliche Stimmen auf dem Hof – es gab wieder Leben!

Meine Mutter war zufrieden auf dem Thelenhof, umgeben von Kanthers und treusorgenden Nachbarn und geborgen in ihrem geliebten schönen Haus und dem wundervollen Garten, der ihre ganze Freude war. Sie hatte sich eine alte Nachbarin, die sich einsam fühlte, zur Aufgabe gemacht, besuchte sie regelmäßig oder lud sie zu sich ein. Auch sie selbst wurde viel in der Nachbarschaft zu Festen eingeladen. Sogar an einer Karnevalssitzung hat sie teilgenommen zusammen mit ihrer Freundin aus Uedem! Als der alte Pole Quapik, der jahrelang unsere Pferde versorgt hatte, Goldhochzeit feierte, war meine Mutter auch eingeladen. Sie war hingerissen über die Art, wie die Uedemer solch einen Tag begingen: Die Nachbarn geben sich bei goldenen Hochzeiten immer besonders viel Mühe. Sie stellen dicke Girlanden her, machen hunderte von Röschen aus goldenem Krepppapier und schmücken damit den Eingang des Hauses. Zusätzlich wird immer auch ein ebenso geschmücktes Ehrentor aufgebaut und dann der gesamte Weg bis zur Kirche mit Maien (Birkenästen) und goldenen Fähnchen dekoriert. Das Jubelpaar bekommt ein wunderschönes Ständchen dargebracht vom örtlichen Spielmannszug, vom Männergesangverein, vom Frauenchor und vom Kinderchor – und dann wird gefeiert!

Ich telefonierte oft mit meiner Mutter, schrieb ihr regelmäßig und besuchte sie, so oft ich konnte. Bei diesen Gelegenheiten gab es immer reichlich Arbeit für mich, die ich voller Freude verrichtete, und die des Abends oft mit herrlichen Feiern belohnt wurde, z. B. auf der Uedemerbrucher Kirmes:

Während ich Mitte Juli still in den Gartenbeeten jätete, konnte ich die Kapelle aus Bruch hören, wenn sie gerade dem Schützenkönigspaar ein Ständchen brachte. Also abends nichts wie hin! Wunderschön war immer das Fahnenschwenken anzusehen, das zu Ehren des Königspaares im Festzelt veranstaltet wurde. Im Walzertakt wirbelten sechs bis acht Männer in ihren hübschen Schützenuniformen schwere große Fahnen herum, ließen sie über ihren Köpfen, dicht über dem Boden und um ihre Hüften kreisen. Alle klatschten dazu im Takt. Das Festzelt war immer brechend voll! Alle, aber auch alle netten Leute aus Uedem, Uedemerfeld und Uedemerbruch waren da und es wurde wahnsinnig gerüselt. Dann, zu später Stunde, luden befreundete Bauern aus Bruch eine große Gesellschaft an ihren Swimmingpool ein. Lachend und singend zogen wir durchs Dorf dorthin. Der riesige Pool – vormals ein Fahrsilo – bot die willkommene Abkühlung nach der durchtanzten Nacht. Wir sprangen alle nur im Unterhöschen im Schutz der Dunkelheit hinein, was für ein Gejuchze! Zwischendurch schaltete der Bauer aus Spaß den großen Strahler an und die Frauen mit ihren teilweise gewaltigen Busen kreischten und schrien!

Herrlich, diese Erlebnisse am Niederrhein, so fröhlich, so schwerelos! Sie gaben mir immer wieder so viel Schwung für meine Aufgaben in Sehlendorf. Den brauchte ich auch, denn meine Flügel wurden dort immer wieder aufs Neue gestutzt. Wir waren ja schließlich mit der Neugestaltung von Hof, Garten und Park noch lange nicht fertig, und so hatte ich mir noch so einiges vorgenommen und biss damit bei meiner Schwiegermutter auf Granit. Mir schwebte eine großzügige Parkanlage vor, wie sie einem Gutshaus wie dem Sehlendorfer wohl anstehen würde. Doch wie schwer hatte ich es mit meinen Plänen! Zu viel liebgewordene Umgebung meiner Schwiegermutter sollte hier geopfert werden und sie fasste die Erneuerungspläne wie immer als Kritik auf.

Wir trotzten ihr dennoch eine Maßnahme nach der anderen ab. Und schon bald zeigte sich, was für ein enormer Gewinn sie für den Hof

Sehlendorf waren: Vor dem Haus ein großes Rosenbeet, dahinter der freigeschlagene, gesäuberte Park mit großer Rasenfläche, Rhododendren und einer Reihe alter Linden am Feldsaum. Die Süd- und Westsonne flutete jetzt in den Garten, der Blick war frei auf wogende Weizenfelder oder neongelben, duftenden Raps und im Winter auf den blutroten Sonnenuntergang. Um die Rhododendren herum blühte es unaufhörlich von Schneeglöckchen und Winterlingen über Anemonen, Schlüsselblümchen und Veilchen bis hin zu den Aronstäben. Wir stellten eine Sitzgruppe an die Feldkante unter die Linden; denn von dort aus konnte man sogar die Ostsee, die Hohwachter Bucht sehen. Wie gerne saßen wir im Sommer abends hier draußen, mit dem Blick auf das Haus und in die Weite! Freilich musste der gesamte Garten mit einem zwei Meter hohen Knotengitterzaun gegen Damwild geschützt werden, sonst wäre viele Mühe vergeblich gewesen. Wie oft standen diese Tiere friedlich wiederkäuend des Morgens in dem neuen runden Rosenbeet vor dem Haus und ließen sich nur widerwillig vertreiben!

Meine Mutter und ihre Schwester Pine verband eine innige Liebe. Seit jeher hatte Pine mit ihrem gesegneten Humor, den sie von Opa Fink geerbt hatte, die Herzen ihrer Mitmenschen erhellt. Oft war meine Mutter, wenn ihr der Alltag zu schwer wurde, zu ihr nach Düsseldorf gefahren, um wieder einmal herzlich zu lachen, und befreit und mit leichter Seele kehrte sie jedesmal heim. Die beiden Schwestern hegten Pläne, zusammenzuziehen, da auch Pine Witwe war. Na ja, nicht ganz zusammen, dafür war Pine zu sehr Stadtfrau. Trotz ihrer Gartenpassion, die sie zweifelsohne hatte, wagte sie nicht den Sprung zum Thelenhof. Statt dessen plante sie, eine Wohnung in dem hübschen großbürgerlichen Haus einer befreundeten Familie in Uedem zu mieten. Die beiden Frauen freuten sich auf ihren gemeinsamen Lebensabend.

Zur folgenden Weihnacht luden Jörg und ich sie beide nach Sehlendorf ein. Es wurden schöne Festtage, die getragen waren von der guten Laune, dem Lachen, der ansteckenden Heiterkeit Pines, und alle schlossen sie fest in ihr Herz. Da plötzlich, einige Tage nach Weihnachten, setzten schwere Koliken bei ihr ein. Sie wurde ins Krankenhaus transportiert, untersucht und – an Darmkrebs operiert! Um ein Haar wäre sie gleich bei der schweren Operation gestorben, doch sie erholte sich noch einmal und beglückte über Wochen ihre Zimmerkolleginnen und die Schwestern mit ihrem gottgesegneten Humor. Sie starb ein halbes Jahr später unter großen Qualen. Für uns alle, besonders aber für meine Mutter war es ein Schock!

Pinchens einziger Sohn Sven organisierte die Beerdigung im kleinsten Kreis aus engster Verwandtschaft und guten Freunden. Wir trugen sie in Düsseldorf zu Grabe; anschließend hatte Sven uns alle ins „Schiffchen" nach Kaiserswerth eingeladen. – „Koste es, was es wolle!" Diese Großzügigkeit, wie Opa Fink! Es gab ein mehrgängiges Schlemmermenü mit herrlichen Weinen und Champagner und Sven ließ reichlich auftragen und einschenken: „Das hätte Pine Freude gemacht!" Schließlich waren wir alle zwischen Lachen und Weinen, herrlich komischen Geschichten von Pine und der Trauer um sie völlig betrunken. Ich sehe noch heute die vornehme Hilde Eulenburg, Pines beste Freundin, zu Svens kleinem alten Fiat schwanken. Sven fand das Schlüsselloch nicht gleich, sie zwängte sich hinein und er brachte sie wohlbehalten nach Hause.

Pines Tod raubte meiner Mutter den letzten Schwung und die Lebensbejahung, die ihr nach Vaters Tod noch verblieben waren – sie resignierte. Sie machte keine Reisen mehr, folgte kaum noch Einladungen und zog sich immer mehr in sich selber zurück. Nie mehr hat sie den viel zu frühen Tod ihrer geliebten Schwester überwinden können. In ihrer Zurückgezogenheit lebte sie fortan nur noch auf ihren eigenen Tod hin, den sie sich in nicht allzu fernen Jahren herbeiwünschte. Für mich war dies eine große Sorge, mein Herz war schwer in Gedanken um mein einsames, trauriges Mütterchen.

Noch einmal rafften wir uns gemeinsam zu größeren Taten auf: Wir beschlossen auf Kanthers Drängen hin, den Dachboden über dem Wohnteil des Hauses auch noch auszubauen! Herbert und Dorette hatten oft mit mir dort oben gestanden und das schöne Balkenwerk bewundert. Wir hatten uns vorgestellt, wie traumhaft hier am Südgiebel und der Westseite eine Wohnung wäre mit großen Fenstern zum Garten nach beiden Seiten und Dachfenstern zum Hinterhof. Kanthers wollten dann in diese Wohnung umziehen. Warum also nicht?

Ein Plan wurde gezeichnet und los ging's! Freilich war eine Menge Vorarbeit zu leisten, denn es galt erst einmal, die Arbeiterkammern, die Apfel-, Zwiebel- und Räucherkammern und den Taubenschlag abzureißen. Welche Unmengen von Schutt! Dazu wurde diesmal noch das gesamte riesige Dach neu gedeckt, denn unter den alten Hohlziegeln mit ihren – meist fehlenden – Strohdoggen wäre die neue Wohnung nicht trocken geblieben. Das Dach war so alt, dass ich schon als Mädchen auf dem Hausboden immer Schnee schaufeln musste, weil er durch alle Ritzen geweht war. Dasselbe war regelmäßig auf dem Getreidespeicher notwendig gewesen, denn schmolz der Schnee erst einmal, wurde das lagernde Getreide nass und verfaulte.

Also wurde das gesamte Dach abgedeckt, es gab schier Unmengen von Schutt und Dreck, den Günter und Vater Derksen in ihrer Hilfsbereitschaft Wagen um Wagen abfuhren. So viele dicke Dachbalken waren bis auf einen kleinen Rest zusammengefault. Noch ein starker Weststurm, und das Dach wäre womöglich zusammengekracht. Die Balken wurden erneuert, das Dach mit Folie eingedeckt, und dann kamen die schönen roten Ziegel. Welch ein Gefühl! Nie mehr mussten wir uns in Zukunft Sorgen machen, wo es wohl wieder durchregnen würde.

Die Dachgaube wurde verlängert und auch im Giebel zur Gartenseite entstanden neue große Fenster. Wieder bauten wir eine Wohnung mit einfachsten Mitteln, doch sie wurde geräumig und hell und sie war gut geschnitten. Meine Mutter meisterte die Überwachung des Baus und das Dirigieren der Handwerker mit Bravour; sie war dankbar für diese Aufgabe und das baute sie auf. Als die neue Wohnung fertig war, zogen Kanthers glückstrahlend in diese um. Bald wohnten noch mehr nette Menschen auf dem Thelenhof: Der lebhafte, immer lustige Günter, seine Frau und zwei Kinder hatten die erste Wohnung bezogen. Ein schönes Gefühl! Doch mein Mütterchen litt weiter unter ihrer Einsamkeit.

Auch Dorette hatte inzwischen zwei Kinder und ein Pferd, „Brabant" aus Sehlendorf. Er stand nun wieder in dem Stall, in dem er geboren war und schenkte allen viel Freude. Es war eigentlich so schön! Die Kinder spielten, man hörte viele Stimmen und viel Lachen. Dennoch litt meine Mutter. Nach außen hin tapfer, war sie im Inneren todtraurig.

Sie zog sich total zurück, sie verschloss sich, sie kochte sich nichts mehr zu essen. „Ich bin dem Leben abhanden gekommen", war nun ihre Maxime und ich verging vor Sorge um sie. Oft holte ich sie nach Sehlendorf und sie genoss die Zeit jedes Mal, doch dann wollte sie wieder in ihre vertraute Umgebung zurück. Nicht Briefe, nicht Telefongespräche, gar nichts konnte ihre Traurigkeit verscheuchen.

Eines Tages rief Herbert an: „Ich habe deine Frau Mutter soeben ins Krankenhaus gebracht, ich glaube, sie hat einen Herzinfarkt!“ Nein, nicht auch noch Titti! – Ich erschrak zu Tode, ich wollte sie nicht verlieren, wir hatten noch viel zu wenig voneinander gehabt. Schnell fuhr ich an den Niederrhein, und da lag sie nun auf der Intensivstation des Gocher Krankenhauses! Gottlob, es war noch einmal gut gegangen.

So konnte es jedoch nicht weitergehen. Sie musste ab jetzt bei uns in Sehlendorf leben, das war klar. Ich sprach mit Jörg, und er erklärte sich lieberweise einverstanden. Meine Mutter habe ich mit diesem Entschluss etwas übergangen. Allzu schwer wurde ihr der Abschied von ihrem geliebten Thelenhof, von ihren schönen Dingen, die sie dort umgaben und von allen lieben Menschen. Doch es musste sein. Tapfer fuhr sie mit mir, als sie wieder genügend zu Kräften gekommen war. Ihre Einwände, doch lieber in ein Altersheim zu gehen, um uns nicht zur Last zu fallen, überhörte ich. Ich wollte nun endlich für sie sorgen und ihr so zurückgeben, was ich von ihr empfangen hatte. Und schließlich, ob wir mit einer oder zwei Müttern in unserem Haus lebten, machte nicht viel Unterschied.

Meine Mutter bekam im Sehlendorfer Haus ein großes Zimmer mit alten Möbeln meiner Schwiegermutter, neben das wir ihr ein Badezimmer einbauen ließen. Die Mädels wohnten gleich nebenan, sodass Titti, wie sie auch in Sehlendorf bald alle nannten, sie in ihrer Nähe hatte. So konnte sie sie bei Krankheit hüten oder sie zu sich ins Bett holen und ihnen vorlesen. Sie lebte sichtbar auf in der Gegenwart ihrer Enkelkinder, um die sie sich ebenso fürsorglich kümmerte wie Opa Fink mich gehütet hatte. Doch einen alten Baum zu verpflanzen, bringt bekanntlich Probleme: Sie hatte entsetzliches Heimweh! – Damit stand Titti nun nicht allein. Seit ich in Holstein lebte, litt ich an derselben Krankheit, gegen die offenbar kein Kraut gewachsen ist.

9. Die Rückkehr

Unsere regelmäßigen Fahrten an den Niederrhein unternahmen Titti und ich ab jetzt stets gemeinsam. Sie freute sich jedesmal genauso sehr wie ich, den Thelenhof wiederzusehen. Adelheid und Elisabeth kamen auch immer mit, und wenn wir nach 500 Kilometern – „Mami, wann sind wir endlich daha?“ – wohlbehalten von der Landstraße aus die drei weißen Giebel erblickten, schlugen unsere Herzen höher! „Ich hab' ihn zuerst gesehen!", rief Elisabeth. „Nein, ich!", kam es von Adelheid. Selbst der Dackel, der immer mit uns fuhr, quietschte vor Freude. Der Hof begrüßte uns wie stets von Derksens gepflegt und wohlgehalten. Wir öffneten die Fenster und ließen Licht und Luft in unsere schöne Wohnung. Bald darauf hatte ich alle Vasen voll Blumen gestellt und schon waren wir wieder daheim! Welch eine Glückseligkeit jedes Mal!

Es gab immer viel zu tun. Das Haus war jetzt nicht mehr so gut gelüftet (obwohl Dorette es hin und wieder tat) und wurde im Sommer feucht. Schimmel setzte sich an Möbel, Wände, Teppiche, Gardinen und Betten. Gabi, Hans-Peters Frau, war Tittis Putzhilfe, und mit ihr gemeinsam brachten wir alles wieder in Ordnung. Die Mäuse liefen durch's ganze Haus, da sie durch die morschen Fußbodendielen krabbelten. Regelmäßig hatten sie im Küchenschrank ihre Spuren hinterlassen, sich mit Mehl, Zucker, Nudeln und Reis vollgefuttert. Im ganzen Haus stank es nach ihnen. Andauernd mussten Fallen gestellt werden und immerzu gab es Mäusedreck zu beseitigen. Es war nicht zu leugnen: Unsere hübsche Wohnung war in einem recht verfallenen Zustand.

Nach und nach erneuerten wir nun Raum um Raum. Zuerst bekam die Eingangsdiele einen neuen Fußboden, schöne Terracottafliesen. Hier hatten die Mäuse nun keine Chance mehr. Der Anfang von umfangreichen Renovierungsarbeiten, die ich im Laufe der kommenden Jahre an unserer Wohnung vornehmen ließ, war gemacht.

Es war wunderschön, meine Mutter bei mir zu haben. Ein schwerer Stein war mir vom Herzen gefallen! Endlich, zum ersten Mal in meinem Leben, konnte ich ihre Anwesenheit ungestört genießen, konnte, so oft ich wollte, mit ihr zusammen sein. Sie war eine stille Hausbewohnerin, die nur in Erscheinung trat, wenn man sie rief. Und wie seit jeher verstanden wir uns ohne Worte, sie war meine beste Freundin. Wir versuchten, einander unser Heimweh zu verscheuchen, indem wir gemeinsam alles Schöne um uns genossen. Ein großer Trost war die phantastische Landschaft in Sehlendorf:

Da war der herrlich breite feinsandige Strand, der sich in einem weiten Bogen vom Hohwachter Steilufer zum Weißenhäuser Steilufer erstreckte. Teilweise herrschte dort im Sommer Badebetrieb, doch größtenteils war er menschenleer und unser Sommer-Badeparadies!

Im Winter liebten wir den Strand besonders, denn das Licht der tiefstehenden Sonne tauchte die Landschaft in bezaubernde Pastelltöne. Und die Felder! Sie fielen sanft zur Ostsee hin ab, so weit das Auge reichte, um dann am Steilufer abrupt zu enden. Nur der Badeort Hohwacht mit seiner eichenbestandenen Steilküste war am westlichen Horizont zu sehen. Sonst störte nichts die Harmonie aus Feldern, Knicks[8], Eichen, Wiesen und der See, die ständig, je nach Wetter, ihr Farbspiel wechselte: Mal war sie pastellblau bis grün, mal dunkelblau und voller weißer Schaumkronen, mal dunkelgrau-drohend und hin und wieder sogar braun von all dem Lehm, den sie bei Oststurm aus den Steilufern gewaschen hatte. Wie alle Menschen hier liebten wir den Blick vom Sehlendorfer Weg auf die See und die davor liegenden Felder. Besonders wenn das Getreide aufging und die zarten Grüntöne so schön mit dem Blau harmonierten. Oder wenn das reife Korn sich wogend vor blauer See mit hunderten von weißen Segeltupfern breitete. Vor allem aber die Rapsblüte zog jedermann in seinen Bann. Das blendende, phosphoreszierende Gelb vor dem Meer und dazu die frischen grün-gelben Triebe der alten Eichen versetzten jeden, der diese Farbharmonie auf sich wirken ließ, in ehrfürchtiges Staunen.

Unsere Pferde grasten auf großen Weiden mit Blick auf die Ostsee. Ein munterer Bach schlängelte sich durch die Wiesen, er war von Erlen gesäumt. Beide Mütter machten täglich den kleinen Fußmarsch bis dort, wo man den schönen Blick auf das Meer hatte und zurück. Um den Hof herum lag ein Wäldchen, durch das derselbe Bach plätscherte, über dicke Steine und in Dutzenden Mäandern. An seinen Ufern blühten Sumpfdotterblumen, und Unmengen von Himmelschlüsselchen färbten im Mai den Waldboden gelb. Auch lila und weiße Kuckucksblumen blühten hier zuhauf, blaue Veilchen und vor allem Buschwindröschen! Sie verwandelten den Waldboden, kurz bevor die Buchen ihr hellgrünes Laub darüber breiteten, in einen Sternenteppich! Später im Jahr erschienen Maiglöckchen, rosa Lichtnelken, dunkelblauer Kriechender Günzel, sogar Orchideen wuchsen hier. Die Mädchen pflückten zur Hauptblütezeit viele Schlüsselblumensträußchen, luden sie auf einen Handkarren und verkauften sie im Dorf an den Haustüren, um sich etwas zu verdienen.

Direkt am Hof hinter dem Pferdeauslauf befand sich der große Löschteich, der von demselben Bach gespeist wurde. Auch hier blühten Iris und Sumpfdotterblumen, und Enten, Teichhühner und vor allem

Eisvögel brüteten an seinen Ufern. Wie oft habe ich diese buntschillernden Edelsteine für einen Sekundenbruchteil sehen können, wenn sie über den Teich huschten!

Wie es auf dem Lande so ist, war unser Leben eng verbunden mit den Menschen, die mit uns auf dem Hof Sehlendorf wohnten und arbeiteten. Da war zunächst Borchert, die alte Ostpreußin, die nach dem Krieg zur Familie Platen gekommen war. Mit ihr teilte ich meine Passion für Pferde und den Garten; sie war eine wunderbare Bezugsperson für die Kinder, immer mit einer Handarbeit beschäftigt, immer da. Sie blieb bis zu ihrem Tod im Gutshaus.

Vater Hardt, ein Rentner vom Hof, früher Gespannführer und nun unser täglicher, zuverlässiger Helfer beim Versorgen der Pferde und auf dem Hofplatz, war für die Kinder wie ein Großvater mit seinen immer lachenden Augen und seiner gütigen Art. Sie liebten ihn sehr, und als er starb, hinterließ er eine nicht mehr zu schließende Lücke.

Unsere drei Treckerfahrer waren noch Landarbeiter vom alten Schlage: Gemächlich und korrekt arbeiteten sie mit großer Stetigkeit. Doch der rasend schnelle Wandel und die fortschreitende Technisierung wuchsen ihnen über den Kopf. Sie waren es gewohnt gewesen, mit ihren Muskeln und mit Pferdegespannen zu arbeiten und hatten sich immerhin an Traktoren gewöhnt. Doch wenn diese nach ein paar Jahren gegen technisch höher entwickelte und mit mehr PS ausgestattete Maschinen ausgetauscht wurden, murrten sie. Der komplizierte Mechanismus einer 24m-Spritze etwa, eines Luftdruck-Düngerstreuers oder eines High-Tech-Mähdreschers blieb ihnen verschlossen. Sie sprachen alle drei Holsteiner Platt und auch Jörg sprach Platt mit ihnen, wenn wir nach Feierabend regelmäßig ein Bier miteinander tranken. So hörte ich mich schnell in diesen liebenswerten Dialekt ein.

Jörg investierte viel Zeit und Arbeit in den Zeltplatz, der zu Hof Sehlendorf gehörte. Die Menschen, die dort in den Sommerhalbjahren wohnten, bereicherten unser ländlich-stilles Leben auf vielfältige Weise. Es gab Kinderfeste, Fußballspiele, Open-Air-Discos, Gartenwettbewerbe und Kostümfeste. Wir freuten uns immer, wenn der Campingbetrieb im Frühjahr losging. Im Herbst aber, wenn alle wieder gen Hamburg heimfuhren, atmeten wir auf und freuten uns auf den ruhigeren Winter. „Dass ihr euch mit diesen Leuten abgebt!", höhnten verächtliche Nachbarn immer wieder. Sie hatten größere

Betriebe als wir und meinten deshalb, sie hätten das Geschäft mit „diesen Menschen" nicht nötig. Noch nicht. Einige Jahre später sollte sich ihre Meinung nachhaltig ändern!

Unser Leben in Sehlendorf verlief im Rhythmus der Jahreszeiten. So lebhaft die Sommer, so ruhig waren die Winter. Noch konnte ich alle Jahreszeiten gut ausfüllen mit meinen Aufgaben in Küche und Garten, vor allem aber mit den Kindern. Jörg und ich gingen ein jeder seinen Tätigkeiten nach, jedoch ohne dass ihn die meinen interessiert hätten. Um Küche und Garten kümmerte er sich nicht – das fand ich normal. Aber ich konnte mich einfach nie daran gewöhnen, dass er sich ebenso wenig mit den Kindern beschäftigte. Die gesamte Erziehung unterstand allein mir, was mich, solange die Kinder klein waren, noch nicht sehr störte. Problematisch allerdings war von Anfang an, dass ich nichts in seinen betrieblichen Angelegenheiten und der Landwirtschaft zu suchen hatte. Jörg besprach und regelte alles mit seiner Mutter, die ja auch das Büro führte. Mit meinem Engagement für den Thelenhof aber ließ Jörg mich total allein, was mich immer schmerzte, und so lebten wir uns schon früh auseinander. Im siebten Jahr unserer Ehe kriselte es zum ersten Mal heftig. Nie hatten wir über unsere Probleme gesprochen, doch nun gab es eine große Aussprache zwischen uns. Wir gingen einen großen Schritt aufeinander zu und in der Folge erlebten wir die wohl glücklichste Zeit unserer Ehe.

Dann, am Ende eines wunderschönen Holsteiner Sommers, der uns herrliche Strandnachmittage beschert hatte, wurde Georg-Dietlof geboren, unser Sohn! War das eine überschwengliche Freude! Mein Zimmer im Krankenhaus war voller schönster Blumen und die Besucher gaben sich die Klinke in die Hand, um den Hoferben zu bestaunen und mir zu gratulieren, denn ich hatte meine Pflicht und Schuldigkeit nun getan. Im Zimmer neben mir lag die Gräfin H. von einem großen Nachbargut; sie hatte ihre dritte Tochter bekommen und sie tat mir leid. Nicht nur, weil sie ihr Baby wieder los war, da es in einen Brutkasten musste, sondern vor allem, weil die Nachbarn so merkwürdig reagierten. Ihr Mann freute sich herzlich über das Kind; von ihm stammte auch der einzige, riesige Blumenstrauß in ihrem Zimmer. Sonst aber verbrachte die Ärmste einsam ihre Tage. Niemand besuchte sie oder freute sich mit ihr.

„Wann kommt das Baby?“, hatten Adelheid und Elisabeth dauernd gefragt. „Wenn der Sommer vorbei ist!“, hatte ich stets zur Antwort gegeben. Und er war in der Tat vorbei! Ein paar Mal noch lag Georg im Kinderwagen in der milden Herbstsonne und das Laub der Linden und Kastanien fiel leise auf sein Kissen. Dann folgten ein unangenehmer Spätherbst und ein knallharter Winter. Ich war von Herzen dankbar, meine Mutter bei uns in Obhut zu wissen. Auf dem Thelenhof lebten genug Menschen, das Haus war behütet und geheizt. Wir konnten uns also beruhigt dem Holsteiner Winter hingeben.

Bereits um Weihnachten hatten die ersten Schneestürme den Hof in hohe Schneewehen gehüllt, sodass es durch kein Fenster mehr zog, und wir erstaunt ahnten, wie warm und angenehm es doch in einem Iglu sein müsse. Vor Sylvester setzte dann die erste „Schneekatastrophe“ ein, wie sie allgemein in der Presse genannt wurde. Tagelang fegte der Schnee bei Windstärke elf bis zwölf über Land, das Thermometer sank auf minus 18 Grad Celsius. Als am Sylvestertag der Sturm nachließ, waren fast alle Dörfer und Höfe des Landes von der Außenwelt abgeschnitten, auch wir. Die Ostsee toste immer noch, sodass wir ihr Donnern vom Haus aus hören konnten. Sie war blau-schwarz und das Land im Schnee versunken. Alle Landstraßen und Feldwege waren meterhoch zugeweht, nur mit Mühe hielt man die Bundesstraßen offen. Nichts ging mehr. Viele Ortschaften und Bauern im ganzen Land mussten tagelang ohne Strom auskommen und auf diese Weise bitter erfahren, wie weit es mit unserer Zivilisation gekommen war: Längst waren die alten Feueröfen aus den Bauernküchen verschwunden. Die Ölheizung lief aber ohne Strom ebenso wenig wie der Elektroherd. Wenigstens konnte alles Tiefgefrorene in den Schnee gestellt werden! Am schlimmsten traf es die Betriebe mit vielen Kühen: Die Tiere mussten mit der Hand gemolken werden! Während früher Melker etwa 20 Kühe pro Kopf und Tag molken, wurde es durch die elektrischen Maschinen möglich, dass ein Bauer allein täglich 100 Kühe molk. Doch nun waren Muskulatur und Sehnen an den Unterarmen plötzlich wieder gefordert, versagten jedoch bei der ungewohnten Arbeit. Die Bauern bekamen Sehnenscheidenentzündungen und zu allem Überfluss musste die Milch wieder an das Vieh verfüttert werden, da kein Tankwagen durchkam, um sie abzuholen.

Um viele Menschen war es also schlimm bestellt in dieser Zeit und ein allgemeines Nachdenken setzte ein. Auf einmal bekamen Ofensetzer wieder Hochkonjunktur, ein bis zu diesem Winter beinahe schon ausgestorbener Beruf. Auch Diesel-Stromaggregate waren bald ausverkauft.

Uns selbst erging es besser. Wir besaßen unseren Kamin, einige Kachelöfen und den Gasherd. Nur hatten wir nachlässigerweise nicht genügend Heizöl in den Tanks gehabt, sie waren leer! Natürlich konnte kein Tankwagen durchkommen, und so pumpte Jörg – in Skianzug und mit Schneebrille – bei Windstärke zwölf Kanister um Kanister Diesel von der Treckertankstelle an der Feldscheune und schleppte sie zum Haus, tagtäglich! Unsere Truhe aber war mit Vorräten gefüllt, und nur Brot und einige Kleinigkeiten fehlten, um einen gemütlichen Sylvesterabend daheim zu verbringen. Ich machte mich mit meiner Freundin Ina Blöcker auf unserem größten Trecker, dem 180 PS Schlüter, auf den Weg nach Lütjenburg zum Einkaufen, immer querfeldein, denn die Straßen waren noch nicht geräumt. Viele Frauen trafen sich in unserem Landstädtchen, alle waren sie per Traktor gekommen! Es wurde ein wunderschönes Sylvester- und Neujahrsfest mit unseren drei Kindern, zwei Großmüttern und einer guten Freundin. Ein starkes Gefühl der Geborgenheit und Dankbarkeit erfüllte uns alle, während draußen der Wind um das Haus heulte, der Frost klirrte und der Hof unter meterhohen Schneewehen versunken war. Ina und ich versuchten es mit einem Ausritt. Dick vermummt wie für einen Sibirienausflug, mit Schneebrillen und Gesichtsmasken, unsere Pferde doppelt eingedeckt, ritten wir los, quer über die Felder. Doch sobald wir uns einer Senke oder einem Knick näherten, verschwanden die Pferde in metertiefen Schneewehen und konnten sich nur mit Mühe wieder herausarbeiten. Wir mussten umkehren. Nach einigen Wochen Pause brach die zweite „Schneekatastrophe" über uns herein, kaum, dass alle Straßen wieder vom Schnee freigeräumt worden waren. Wir hatten gerade noch Zeit, große Hamsterkäufe zu tätigen und uns mit allem Notwendigen einzudecken, da ging es wieder los! Noch heftiger, noch langanhaltender stürmte und schneite es diesmal, doch nun reagierten Land, Kreis und Gemeinden entschlossen und richtig. Man hatte aus der Erfahrung gelernt. Ein absolutes Fahrverbot für ganz Schleswig-Holstein wurde verhängt. So konnten die Leute nicht mehr in ihren steckengebliebenen Autos erfrieren oder auf dem Fußweg zum nächsten Gehöft im Schneesturm die Orientierung verlieren. Alle blieben einfach zu Hause, es wurde

Der Gutshof Veltheim in der Nähe von Braunschweig, 1972

Gemüsegarten und Mittelscheune in Sehlendorf (Holstein), 1973

Adelheid auf „Seppl", „Amsel" mit Fohlen

Georg ist geboren, Adelheid (links) und Elisabeth, 1978

Annemarie Arnim mit Elisabeth, Georg und Adelheid

Georg auf „Seppl"

Die Hofgemeinschaft in Sehlendorf, 1986.
Oben: Georg (im Mähdrescher), Adelheid, Elisabeth.
Unten: Jörg, Annabel und Mitarbeiter

Jörg Graf von Platen und sein Jagdgehilfe Josel

Annabel und Xenia von Preußen am Strand von Sehlendorf

Annemarie
1987

Jörg

Hubert de Beauregard und Annabel 1990 am Netzowsee

Huberts Sohn Olivier mit „Ballerina", „Calif" und „Brabant"

Olivier, Adelheid, Elisabeth, Hubert und Georg, 1990

Freundin Maria Roeloffs

„Ballerina“ mit Fohlen, 1993

Der Thelenhof im Winter

Hubert und sein Vater

Annabel mit Sohn Georg, 1995

Der Garten des Thelenhofs in voller Blüte

Annabel und Hubert 1995

nicht gearbeitet, wochenlang fiel die Schule aus. Hubschrauber warfen über Dörfern, die von der Außenwelt abgeschnitten waren, Säcke mit Brot ab und an den Milchviehbetrieben Plastiktüten für die Milch. Hierin konnte sie tiefgefroren werden und auf den Abtransport warten. Alles klappte also prima, niemand hatte Probleme und man konnte sich gelassen den Winterfreuden hingeben.

In den folgenden Jahren gab es zwar nicht annähernd so viel Schnee, dafür aber um so mehr Eis! Winter um Winter fror die Ostsee zu, nur Eisbrecher konnten den Fähren von Kiel, Puttgarden oder Travemünde nach Skandinavien einen Weg bahnen. Auf den Binnenseen liefen wir selig Schlittschuh, zusammen mit Freunden und haufenweise Kindern. Das ging oft bis tief in den März hinein, manchmal verschwand das Eis auf der Ostsee erst zu Ostern, meist über Nacht! Plötzlich, nach Monaten, sah man wieder das blaue Meer, noch mit einzelnen großen und kleinen Eisschollen, weißen Tupfern auf dunkelblauem Grund!

Die Eis- und Schneewinter in Holstein gehören zu meinen schönsten Erinnerungen an meine Zeit in diesem Land! Leider traten solche Winter nur periodisch auf! Dazwischen gab es viele „Durstjahre", Winter mit grauem Himmel, Sturm und Regen. Wie sehnt man dann den Frühling herbei, der sich gerade in diesen Jahren aber meist erst Ende Mai, Anfang Juni zeigte!

Alljährlich fuhren in den Osterferien meine Mutter, die Kinder und ich zum Thelenhof, den wir unbesorgt sechs Monate lang Derksens und Kanthers anvertraut hatten. Wie herrlich frühlingshaft war am Niederrhein zu Ostern schon die Natur! Junges Grün zierte Büsche und Sträucher, Forsythien leuchteten in flammendem Gelb, Osterglocken und Tulpen setzten Farbtupfer in den grünenden Rabatten. Die Luft war schon mild, die Vögel sangen und wir genossen dankbar die ersten wärmenden Sonnenstrahlen. Die Kinder spielten selig im Garten und auf dem Hof, ich machte „Frühjahrsputz" im Staudengarten und Titti besorgte das Haus und schmückte es mit frischen Blumen. Wunderbare Tage verlebten wir immer um Ostern, den Frühling mit allen Sinnen in uns aufnehmend. Wenn wir wieder nach Holstein zurückkehrten, weil die Schule begann, empfing uns das Land Jahr für Jahr mit trostlosem Grau in Grau und Eiseskälte. Nichts grünte, nichts blühte, die Natur schlief noch fest. Der Frühling setzt nun mal dort oben im Norden drei bis vier Wochen später ein, doch niemals konnten wir uns so richtig daran gewöhnen.

Bekanntlich prägt ja das Klima den Menschenschlag und sein Gemüt, so auch in Holstein. Die verschlossenen, misstrauischen und fast schwermütigen Menschen dieses Landes sind zweifelsohne Jahrtausende lang von Wind, Wetter und harter Arbeit geformt worden und nur der Genuss von viel Alkohol lässt sie auftauen. Es ist deshalb empfehlenswert, trinkfest zu sein, wenn man mit den Einheimischen näher in Kontakt kommen möchte. Ich war es ja zum Glück und erlebte sie deshalb auch oft ausgelassen, laut und übermütig. Dazu gehört jedoch immer jede Menge Schnaps. Die selbstverständliche, von Herzen kommende Leichtigkeit und Heiterkeit der Rheinländer allerdings vermisste ich hier völlig.

Wenn man nicht mehr in der Heimat lebt, werden einem viele Dinge bewusst, die einem vorher selbstverständlich erschienen waren, ja die man nicht einmal bemerkt hatte. Für mich war der niederrheinische Menschenschlag in seiner Fröhlichkeit und Aufgeschlossenheit der Normalfall, ich hatte ja auch nichts anderes kennengelernt. Nun, in Holstein lebend, empfanden meine Mutter und ich zum Beispiel den Anruf eines Postbeamten aus Uedem als außerordentlich erfrischend: „Hallo, Frau Gräfin, wie gehdet? Wir haben hier ein großes Packet für Sie, Weinflaschen, glaube ich. Was soll ich damit machen?" – „Ach, legen Sie es doch bitte auf unseren Küchentisch!" – „Wird gemacht! Lassen sie sich's gutgehen! Tschüskes, wa!" In jenem heiteren, etwas singenden Tonfall vorgetragen, wirkte solch ein Anruf wie eine erfrischende Brise aus der Heimat. Oder der Anruf einer Finanzbeamtin oder einer Bankangestellten, die irgendetwas klären mussten, trockene, langweilige Telefonate eigentlich. Solche Gespräche jedoch wurden durch die heitere Freundlichkeit und Herzlichkeit der Anrufer jedesmal zu einer Freude.

Die vielen Abendeinladungen, denen mein Mann und ich folgten, liefen immer nach demselben Schema ab: Natürlich erst einmal schick anziehen, möglichst neue Sachen, die ich nicht besaß (weil ich keinen Wert darauf legte), dann Begrüßung, Cocktail, Essen, Mocca, Cognac, Trennung der Interessengruppen in männlich und weiblich. Die Männer unterhielten sich jedes Mal und immer wieder von neuem über Landwirtschaft und Jagd, selten über Politik. Reiseerzählungen erschöpften sich in Berichten von Jagdreisen nach Skandinavien oder in den Ostblock. Die Frauen hingegen begannen schon beim Cocktail, gegenseitig ihre Garderobe zu bewundern und über ihre faulen Hausmädchen zu klagen. Diese Gespräche setzten sich nach dem Essen meist in einem anderen Raum als dem der Männer fort. Es gab viele passionierte, gut reitende junge Gutsfrauen in Ostholstein, und da blieb es nicht aus, dass kräftig und ausgiebig „gewiehert" wurde, d. h. die Pferde waren das einzige Thema. Ich langweilte mich zu Tode auf diesen Gesellschaften, denn sie waren nicht fröhlich. Die Männer klagten immer über's Wetter, die schlecht stehende Ernte, den kaputten Trecker usw., die Frauen über ihre Hausangestellten, die zu knappe Haushaltskasse etc. Ich wusste nicht, wie ich mich an diesen Unterhaltungen beteiligen sollte. Denn meine Garderobe war alt, ich kannte die Boutiquen in Hamburg nicht, mein Hausmädchen war fleißig und freundlich und wir lebten alle zusammen harmonisch in Sehlendorf. Also ging ich hin und wieder zu den Männern hinüber, was mir von früheren Zeiten her als selbstverständlich erschien. Doch es gab nichts, über das ich mit ihnen hätte reden können. „Na, Jörg, jetzt musst Du aber aufpassen, dass deine Frau nicht das Ruder übernimmt als Landwirtschaftsmeisterin! Also, ich fände es schrecklich, mit einer Frau verheiratet zu sein, die eventuell mehr von meinem Beruf versteht als ich!", bekam mein Mann wiederholt zu hören. Das war sicher einer der Gründe dafür, dass Jörg mich vollkommen von sämtlichem Geschehen und allen Entscheidungen auf dem Betrieb fernhielt, obwohl es mich doch glühend interessierte. Und an mich gewandt, erklärten die Nachbarn: „Wie kann man dort unten – wo ist das noch gleich, Niederrhein? – eigentlich noch leben von so wenig Hektar?" Und: „Wenn man alle Hektar zusammenzählen würde, von denen die Flüchtlinge behaupten, sie hätten sie im Osten besessen, so wäre das mehr als die Fläche des Erdballs!" – „Soso!", dachte ich und hielt meinen Mund. Ich war anders, das spürte ich, und ich konnte mich diesen Menschen nicht anschließen. Lediglich auf Tanzfesten amüsierte ich mich herrlich. Dann tauten die Holsteiner auf, nahmen reichlich Alkohol zu sich und tanzten wie die Brummkreisel bis in den frühen Morgen. Sie waren dann nicht mehr zu bremsen.

So habe ich in der Fremde, die doch eigentlich meine zweite Heimat sein sollte, viel über den Niederrhein gelernt und einen klareren Blick für seine Menschen, Sitten und Gebräuche gewonnen, wie es eben nur aus der Ferne möglich ist.

Einmal zum Beispiel herrschte gleich zu Beginn des Sommers eine große Trockenheit. Die Gerste reifte viel zu früh ab, die kleinen

Zuckerrübenpflänzchen schrieen nach Wasser, die Wiesen gaben nichts mehr her. Natürlich wurde in Holstein nur gejammert und geklagt, es herrschte gedrückte Stimmung allenthalben. Wie immer fuhren die Kinder, Titti und ich gleich Anfang der Sommerferien zum Thelenhof. Auch hier war die Dürre katastrophal, viel schlimmer als auf den gut wasserspeichernden Lehmböden Ostholsteins. Die Landschaft war komplett braun, die Gerste drei Wochen zu früh notreif geerntet und die Rinder waren in die Ställe geholt und mit dem letzten Winterfutter versorgt worden. Hier hatten die Menschen Grund zum Klagen! Doch ist es eine angeborene und anerzogene Tugend des Niederrheiners, in Gesellschaft stets fröhlich zu sein und gute Stimmung zu schaffen. Sorgen und Nöte des Alltags sind, wenn man gesellig beisammen ist, tabu. Man erzählt sich witzige Geschichten, behandelt die allgemeinen Probleme höchstens mit feinem Humor und einer gehörigen Portion Ironie, so wie es dann in der Karnevalszeit im großen Stil kultiviert wird. In Gesellschaft wird gelacht und gesungen und auf diese Weise wieder Kraft gesammelt für den Alltag.

Ich ging wie immer um diese Zeit zur Uedemerbrucher Kirmes ins Zelt. Alle Bauern waren da. Doch kein einziger jammerte oder klagte, ja die Dürre wurde nicht einmal erwähnt! Von mir darauf angesprochen, antworteten sie: „Können wir es ändern?“ Alle waren fröhlich und gelöst, lachten miteinander und tanzten! Mir ist dieses Erlebnis tief unter die Haut gegangen.

Auch betrinkt der Niederrheiner sich nicht, na ja, in der Regel nicht. Schnaps gibt es so gut wie nie, stattdessen fließt das Bier in Strömen und macht die Leute munter, unterhaltsam und gesellig. Wenn es dann schön war auf einem Fest, so war es immer ein riesiger „Rüsel“ gewesen: Jeder unterhält sich und lacht mit jedem, sich wie bei einer Quadrille um sich selbst drehend und immer wieder neuen Leuten zuwendend. An der Sektbar wird geflirtet, am Biertresen gedrängelt. Je enger, desto besser!

Ich versuchte, so gut ich konnte, die rheinische Fröhlichkeit, die ich bei meinen Aufenthalten auf dem Thelenhof jedes Mal so reichlich tankte, an meine Mitmenschen weiterzugeben, vor allem an diejenigen meiner engsten Umgebung. „Wie machst du das nur?“, fragte mich einmal ein guter Freund. „Ein Krug muss doch auch gefüllt werden, er kann sich nicht immer nur ausgießen! Immer verströmst du Heiterkeit, Zuversicht und Optimismus, du steckst die Menschen förmlich an!“

Ich war mir dessen nicht bewusst, wohl aber der Tatsache, dass ich meine Kräfte jedes Mal am Niederrhein erneuerte.

Natürlich findet man überall auf der Welt einige wenige Menschen, mit denen man sich versteht. Eine Hand voll Freunde genügt ja, auch schon eine halbe Hand voll.

Auch ich fand einige wenige in Holstein, mit denen ich mich im Einklang fühlte. Dazu gehörte eine Nachbarin, Lexi v. Buchwaldt. Viele Jahre hindurch waren wir allerbeste Freundinnen und enge Vertraute. Wir ritten gemeinsam und gemeinsam widmeten wir uns unserer vornehmsten Aufgabe: unsere Kinder großzuziehen und ihnen eine möglichst unvergeßliche schöne Kindheit zu bescheren. Sie war es, die mich dazu brachte, täglich mit den Kindern an den Strand zu gehen, der damals unterhalb der Felder noch so menschenleer war. Mich plagte anfangs mein Gewissen, so müßig die Sommernachmittage zu verbringen. So etwas hatte ich nie gemacht. Doch wie recht hatte Lexi! Unwiederbringliche Stunden erlebten wir dort: die Stille, nur das Schwappen der kleinen Wellen an den Strand, das flache Wasser, in dem die Kinder selig plantschten, zitternd, bibbernd und oft mit blauen Lippen, doch kerngesund und quietschfidel!

Viele schöne Erinnerungen habe ich an meine Freundschaft mit Lexi. Voller Energie und Tatendrang, wie sie war, hatte sie immer neue Ideen, plante neue Unternehmungen. Sie riss mich mit, befreite mich aus dem stumpfen Trott, dem man in Sehlendorf so leicht verfiel. Sie war hochintelligent und intellektuell, sehr anregend und vielseitig interessiert, für mich, die ich immer ein einfaches Bauernmädchen geblieben bin, ein guter Gegenpol und ein wahres Labsal. Sie musste ihre Familie mit entsetzlich wenig Geld durch's Leben bringen, was aber nur um so mehr ihre Phantasie beflügelte. Aus Gardinen nähte sie Kleider, aus den einfachsten Dingen zauberte sie herrliche Essen. Ihr Haus war gespickt mit Büchern und Kunst und viele interessante Menschen waren ständig bei ihr zu Gast.

Aus meinem Mann war längst wieder der Holsteiner geworden, der er von Geburt an gewesen war, und den er nur in den Jahren in der Fremde etwas abgelegt hatte: still, unzugänglich und von schwerem Gemüt. Er beteiligte sich nie an Gesprächen mit den Kindern, geschweige denn an all den schönen Unternehmungen, die Lexi und ich oder auch ich allein mit den Kindern starteten. Er widmete sich ausschließlich seinem Sehlendorfer Betrieb und der Jagd. So war es oft sehr still im Haus und niemand war da, mit dem man lachen und reden konnte. Aus diesem Grund war ich immer dankbar für Besuch, der sich im Sommerhalbjahr stets zahlreich einfand. Freunde mit Kindern, oder auch nur die Kinder zur Gesellschaft für unsere, die dann gemeinsam herrliche Sommerferien verlebten. Oder auch all die lieben Menschen vom Niederrhein, die uns im Laufe der Jahre aufsuchten: Freunde, Reiterkameraden, sogar einige unserer Uedemer Handwerker! Über jeden von ihnen freute ich mich herzlich, waren doch die Winter noch lang und eintönig genug. Meine Mutter lebte so still und zurückgezogen, dass ich froh war, sie wenigstens einmal am Tag gemütlich zur Teestunde da zu haben. Auf dem Hof gab es keine Menschen, mit denen wir uns hätten austauschen können.

Doch plötzlich änderte sich das! Die Wohnung am vorderen, dem Südteil der alten Meierei wurde frei und es meldete sich Xenia Prinzessin v. Preußen an mit zwei Söhnen, die im Alter zu Elisabeth passten. Sie mietete die Wohnung und bereicherte fortan Tittis und mein Leben ungemein. Sie war geschieden und hatte alle Hände voll zu tun, ihre wilden Jungens groß zu ziehen. Eine Krankheit machte ihr das Leben schwer. Ihre Haltung und die Disziplin, mit der sie ihr Leben meisterte, waren bewunderungswürdig. Sie war von ungeheuer vornehmer Gestalt, freundlich und fröhlich, mit einem warmen, offenen Herzen für jedermann. So auch ihr Vater, Prinz Louis Ferdinand, der sie ab und zu in Sehlendorf besuchte. Die Güte, die kaiserliche Würde, vor allem aber die große Bescheidenheit, die dieser vornehme Mann ausstrahlte, werde ich niemals vergessen. Zu ihren Geburtstagen lud Xenia selbstverständlich auch unsere alte Borchert ein. Prinz Louis Ferdinand küsste selbstverständlich auch ihr die Hand! Xenia redete niemals von sich oder über ihre Kümmernisse, immer aber interessierte sie sich lebhaft für ihre Mitmenschen. Titti hatte in ihr eine Freundin gefunden, die ihr Alleinsein ein wenig linderte. Alltäglich ging sie zu einem Schwätzchen zu Xenia hinüber und dann saßen die beiden in der gemütlichen Küche bei Kerzenschein beieinander und lachten. Elisabeth und Sebastian waren auf den Tag gleich alt. Sie gingen zusammen zum Kindergarten, trugen gemeinsam ihre Schultüten zum ersten Schultag und besuchten später zusammen die Tanzstunde. Doch erst einmal erlebten sie eine herrlich unbeschwerte Kindheit mit vielen wilden Jungenspielen im Wald.

Noch ein anderer Mensch fiel für uns vom Himmel. Eines Tages – mein Mann suchte einen neuen Landarbeiter – stand Hans-Werner vor der Tür und bat um die Stellung. Bauernsohn einer Flüchtlingsfamilie aus Pommern, war er zu Hause auf dem Siedlungsbetrieb noch überflüssig, da sein Vater die Arbeit vorerst allein schaffte. Er begann bei uns, und plötzlich wehte ein ganz anderer Wind. Mit Fleiß, Enthusiasmus und Sachkenntnis, auch detaillierter Kenntnis der modernen Maschinen, war er der erste auf Sehlendorf, der einer neuen Generation von qualifizierten Landfachkräften angehörte. Er war jung, sah gut aus, war gut erzogen und sehr sensibel, und ich empfand es als eine Wohltat, einen solchen Menschen in unserer Hofgemeinschaft zu haben. Auf einmal waren da Freundschaft und Vertrauen, nicht Untertänigkeit wie bisher! Das Klima auf dem Hof wurde für mich dadurch unendlich viel angenehmer. Hierzu trug auch Josel bei, ein Jungjäger, der sich um die gleiche Zeit bei meinem Mann meldete. Jörg engagierte ihn als Jagdgehilfen und fortan war er in jeder freien Minute in seiner grünen Tracht mit Jägerhut im Revier zu finden. Er baute künstliche Fuchsröhren und Hochsitze und stellte Fallen, vor allem aber fütterte er das Wild. Josel war unermüdlich und seine Jagdpassion machte uns Freude. Wir hatten ihn gern. Er besaß auch mehrere Bienenvölker, die er auf Sehlendorf unterbrachte und dadurch das Leben auf dem Hof bereicherte.

Xenia war mit einer Journalistin aus Hamburg befreundet, die ebenfalls in der Meierei Zimmer mietete. An den Wochenenden, wenn sie kam, erzählte sie immer so interessant aus einer anderen Welt. Ich konnte mich also nicht mehr beklagen, was Ansprache auf dem Hof betraf. Unser geselliges Beisammensein, das wir nun oft genossen, schenkte uns viel Freude und Geborgenheit in der Gemeinschaft. Sonst aber lebte jeder von uns sein eigenes Leben und hatte seine ganz persönlichen Probleme zu meistern.

Beim Versuch, mein Heimweh zu verscheuchen, halfen mir natürlich auch die Pferde. Die Züchterei war in Holstein zwar wenig von Erfolg gekrönt, ganz einfach weil meine Stuten keinen alten holsteinischen Stutenstämmen angehörten. Mir wurde ständig empfohlen, sie doch zu verkaufen und mir stattdessen lieber ein paar gute Holsteiner zuzulegen. Aber jeder echte Züchter hängt doch an seinen Stutenstämmen! Ich kreuzte fleißig mit Holsteiner Hengsten ein und die Fohlen waren meiner Meinung nach gut.

In meinem ganzen Leben und von allen meinen Pferden war jedoch „Brillant“ mein engster Freund. Er war ein pechschwarzer Hengst, noch am Niederrhein geboren aus der Amsel von einem Trakehner Vater. Er hatte zwar eine freundliche schmale Blesse, sonst aber schimmerte er tiefschwarz, mit wunderbar gelocktem, dichtem Schweif und dicker Mähne, die nach beiden Seiten fiel, und aus der am Ende des herrlichen Hengsthalses zwei zierliche, nach innen gebogene Öhrchen hervorlugten. Er war groß und sehr elegant; ihn zu reiten war ein einziger Traum! Im Trab, vor allem aber im Galopp glaubte man sich in den Himmel gehoben. Er reagierte fein und sensibel und er ging mit mir durch dick und dünn. Durch ihn gewann ich den Mut zur Springreiterei zurück, den ich nach zehnjähriger Kinderpause verloren hatte, denn mein Vertrauen zu ihm war grenzenlos. Er sprang alles und todsicher, nie hat er je eine Stange berührt! Wir beide sprangen im Wald mutterseelenallein Militarystrecken ab und mir wäre nie in den Sinn gekommen, dass etwas hätte passieren können. Viele Turniere und Geländeritte bestritt ich mit ihm, immer von einer Horde Kinder begleitet. Im Winter ritt ich ihn täglich in der Mittagsstunde am Strand entlang, wenn das milde Sonnenlicht der See und den Farben dort den schönsten Zauber verlieh. Oder aber ich ritt bei tosender Sturmflut so tief durch die Brecher, dass manche über den Pferderücken hinwegschlugen. Er liebte das! Die tägliche Stunde auf dem Rücken meines geliebten Tieres war für mich ein kostbares Erlebnis der völligen Verschmelzung zweier Wesen.

Brillants Leistungsbereitschaft war unglaublich. Er sprang höher und höher, und schon bald übergab ich ihn für die M-Springen einem Jungreiter, da ich in dieser Disziplin keine Erfahrung hatte. Er machte Furore und die holsteinische Elite der Springreiter blickte erstaunt auf dieses Pferd, das ihnen bis dahin unbekannt gewesen war.

Jedes Glück hat auch seinen Schatten und das Unglück folgt stets auf dem Fuße. Mein Himmelspferd hatte schon mehrmals wie kein anderes Schmerzen erdulden müssen bei wahnsinnigen Koliken, die seinen Körper schüttelten und die es fast umbrachten. Doch erholte der Hengst sich gottlob immer wieder. Dann aber, drei Tage nach einem glorreichen Turnier in Bad Schwartau, bekam er abermals heftige Koliken, und dieses Mal erholte er sich nicht. Er starb qualvoll an Darmverschluss, obwohl wir ihn noch in die Klinik gefahren hatten.

Für mich war es ein furchtbarer Schlag. Ich trauerte wie nie zuvor in meinem Leben um mein geliebtes und angebetetes Pferd, das viel zu früh, sechsjährig, dorthin zurückgegangen war, wo es meiner festen Überzeugung nach auch herkam: in den Himmel. Von dort war er mir gesandt worden, um mir über Jahre ein enger Freund zu sein. Meine Brust war schwer, als ob mir ein dicker Stein auf dem Herzen läge, und auch die Beileidsbezeugungen einiger lieber Menschen halfen mir nicht. Ich wollte nie mehr reiten. Lexi war es, die mich kurzerhand abholte, mit mir einen stundenlangen Ausritt durch den Helmstorfer Wald machte und mich auf diese Weise sanft, aber nachdrücklich wieder an die Reiterei heranführte. Doch erlöst von meiner Trauer um mein Himmelspferd wurde ich erst durch einen an Brillant gerichteten Abschiedsbrief, den ich mir von der Seele schrieb, und über dem die Worte des Korans standen:

Allah schuf das Pferd und sprach zu dem herrlichen Tier:
Dich habe ich gemacht ohnegleichen!
Alle Schätze der Welt liegen zwischen deinen Augen.
Dein Rücken soll der Sitz sein, von dem Gebete zu mir aufsteigen.
Du sollst glücklich sein und vorgezogen werden allen übrigen Geschöpfen.
Du sollst fliegen ohne Flügel und siegen ohne Schwert!

Nun widmete ich mich „Ballerina", einer zauberhaften edlen Schimmelstute. Ich hatte Freude an ihr, auch wenn niemals ein Pferd wieder so sein würde wie mein Hengst.

In den 1970er Jahren lief es gut in der Landwirtschaft. In diesen Jahren fühlten sich die Gutsherren Schleswig-Holsteins noch voll bestätigt in ihrem Entschluss, die Betriebe vereinfacht zu haben. Sie merkten noch nichts von der Sackgasse, in der sie steckten. Durch Rationalisierung und Verfeinerung der Anbaumethoden wurden immer höhere Erträge erzielt und vor allem: Die Preise stimmten! Jörg übte in diesen Jahren seinen Beruf noch voller Passion und Freude aus, sah er doch den Erfolg seiner Arbeit in den Zahlen der Jahresabschlüsse! Unsere drei Männer wurden auch viel auf dem Zeltplatz eingesetzt und waren dadurch ausgelastet, während auf anderen Betrieben die Arbeiter im Winter zum „Stempeln" geschickt wurden. Es gab ja nur wenige Spitzenzeiten in der Landwirtschaft: die Herbstbestellung und die Ernte. In der übrigen Zeit war es oft totenstill auf dem Hof. Ich fand die holsteinische Fruchtfolge (Raps, Weizen, Gerste) furchtbar langweilig. Zum Glück gab es in Sehlendorf wenigstens noch Zuckerrüben!

Wie anders war es doch am Niederrhein! Längst hatten sich die Bauern dieser Gegend von der Wegrationalisierung der Arbeitskräfte abgewandt und begonnen, ihre Betriebe wieder intensiver zu führen. Die fehlenden Hektare führen zwangsläufig zu mehr Wendigkeit, Anpassungsfähigkeit an den Markt, Innovationsfreude und Risikobereitschaft, kurz, zu mehr Unternehmertum. Günter Derksen, der Pächter des Thelenhofes, war hierfür ein Paradebeispiel. Immer, wenn ich mich in Uedemerfeld aufhielt, war dort der Teufel los. Niemals standen die Räder still, nie gab es Zeiten, die nicht durch Arbeit ausgefüllt waren, die dem Aufbau der Zukunft galt: So hatte Günter längst den alten Schweinestall renoviert, den Kuhstall mit einem Güllekeller versehen und über dem Spaltenboden Mastbullen stehen. In der Scheune gab es große Boxen für Mastschweine mit automatischer Fütterung und auf dem Hinterhof waren große Siloplattformen entstanden. Auf den Feldern baute er damals noch Getreide an wegen der guten Preise, vor allem aber Kartoffeln und Zuckerrüben, die am Niederrhein gewaltige Erträge bringen. Er versuchte es auch mit Essiggurken – das war sehr arbeitsintensiv! Eine große Menge Menschen ging täglich vorsichtig und gebückt, um nichts zu zertreten, durch die Reihen, um die kleinen Gürkchen zu pflücken. Seither weiß ich, weshalb sie so teuer sind.

Es war das ganze Jahr hindurch lebendig auf dem Hof. Günter arbeitete zusammen mit seinem fleißigen Vater, zwei Lehrlingen und Jochen, einem geistig etwas Behinderten, der bei Familie Derksen in Kirsel lebte und von ihr versorgt wurde. Er war ein gutmütiger Kerl und gehörte fest zu unserer Thelenhofer Gemeinschaft. Es musste viel Futter für die Milchviehherde auf dem Hof in Kirsel bereitet werden. Also rollten im Mai die Kolonnen der Treckerfahrer mit dem gehäckselten Gras zu den Silomieten. Immer unterstützten sich mehrere Bauern gegenseitig und bildeten „Siloketten“ mit ihren Fahrzeugen. Dann donnerte ein Trecker nach dem anderen auf dem Weg vor der Hecke vorbei, vom Häcksler zum Silo und zurück. Ich liebte das, denn es geschah etwas! Dasselbe spielte sich während der Rübenernte ab, deren Blatt auch für das Vieh einsiliert wurde. Später ging es ebenso bei der Maisernte. Oft wurde noch bis tief in die Nacht gefahren. Die Silomiete wurde mit großen Strahlern angeleuchtet, und ein schwerer Trecker fuhr ständig auf ihr hin und her. Ich bewunderte die immerwährende Aktivität Günters und die gute Laune, die er trotz aller Arbeit ständig verbreitete. Spät nachts, wenn endlich der letzte Wagen mit Mais auf den Silo gefahren war, stand er seinen Lehrlingen noch geduldig Rede und Antwort, denn sie bombardierten ihn, oben auf der Silomiete mit ihm Bier trinkend, schonungslos mit kritischen Fragen.

Für mich war der landwirtschaftliche Jahreslauf auf dem Thelenhof, der immerwährende Hochbetrieb, der dort herrschte, herrlich. Ich war stolz und glücklich darüber.

Zur Herbstbestellung ging ich aufs Feld und nahm die wunderbar krümelige, fruchtbare Erde in meine Hände und ließ sie durch meine Finger rieseln. Wie eh und je hatte der Acker, nachdem die Saat eingebracht worden war, jenen Heiligenschein, jenen unvergleichlichen braunen Schimmer! – „Die Heimat, das sind immer die Menschen!", sagt man, und es ist wahr. Für den Landwirt kommt jedoch noch etwas Wichtiges hinzu – die Farbe der Erde! Die Farbe der Erde, die er in Kindheit und Jugend bearbeitet hat, und auf die sein Schweiß getropft ist; diese Farbe senkt sich tief und unauslöschlich in sein Herz!

Wenn ich vom Thelenhof nach Sehlendorf zurückkam, steckte ich immer voller Geschichten und Erlebnisse, die ich so gern erzählt hätte. Doch blieben mir jedes Mal die Worte im Halse stecken, denn keiner wollte etwas hören. Jörg hatte zwar irgendwie geschluckt, dass ich nicht nur für Sehlendorf, sondern auch für den Thelenhof lebte, aber er fand es absolut unnötig, dass das mit so viel Enthusiasmus geschah. Es fiel ihm schwer zu akzeptieren, dass der Thelenhof weiterhin meine Heimat war, an der ich mit Leib und Seele hing. Zugegeben, es war schwierig! So war dies nach wie vor ein großes Problem in unserer Ehe. „Jetzt kannst du den Kotten ja verkaufen!", hatte mir meine Schwägerin bereits kurz nach der Hochzeit empfohlen und damit die allgemeine Einstellung offenbart. Wenn ich begeistert von der dynamischen Landwirtschaft und den vielen aufregenden Geschichten der Menschen dort erzählen wollte, stieß ich immer auf Ablehnung, ja Unverständnis, bis ich schwieg. So war es mir auch schon beim Ausbau der beiden Wohnungen ergangen. Ich war stolz gewesen auf diese beiden Maßnahmen, die ich über 500 Kilometer hinweg initiiert und durchgeführt hatte. Natürlich war es damals erforderlich gewesen, noch regelmäßiger als sonst nach dem Rechten zu sehen. Wie gern hätte ich den Sehlendorfern einmal die Baupläne gezeigt und vom Fortschreiten der Arbeiten erzählt, doch niemand wollte etwas davon wissen.

Allmählich begriff ich, dass ich in Sehlendorf zu funktionieren hatte, darüber hinaus war ich als Mensch mit eigenen Interessen und eigenem Engagement nicht gefragt. Ich fühlte mich allein. So funktionierte ich eben, stand dem ländlichen Haushalt vor, pflegte den Garten, beschäftigte mich mit den Pferden und vor allem: Ich zog die Kinder groß und widmete mich ihnen, so viel ich konnte. Ich sorgte, so gut es ging, für Spielkameraden, die möglichst auf dem Hof wohnen, aber auch in allen Ferien zu uns kommen sollten. Oft war ich nach den Ferien erschöpft vom vielen Kindertrubel, doch glücklich und zufrieden, weil es die Kinder so schön hatten. Sie durften immer Freundinnen mit zum Thelenhof nehmen, um auch dort eine lustige, gesellige Zeit zu haben.

Georg war damals noch klein; er nervte Adelheids und Elisabeths Freundinnen, die er ständig abknutschen wollte. Vor allem aber interessierte er sich für Autos und Traktoren. Kaum war er auf dem Thelenhof, saß er schon auf Günters Schoß und fuhr mit ihm Trecker auf dem Feld. Er konnte schon als kleiner Kerl jedes Auto sicher fahren, auf dem Hofplatz natürlich nur. Einmal gaben wir ein Stallfest in Sehlendorf, und Georg, damals achtjährig, parkte die Autos aller Gäste sauber in Reih und Glied rückwärts ein, wodurch er zum Gespräch des Abends wurde. Später bekam er seine ersten „Crossmaschinen", alte abgewrackte Autos, mit denen er so viel über den Hofplatz und die Stoppelfelder „heizen" konnte, wie er nur wollte. Das beherrschte er bald bis zur Perfektion – in jeder Kurve stand sein Auto auf zwei Rädern!

Adelheid war sehr früh ein junges Mädchen geworden, das gern ihren runden Po in engen Jeans zur Geltung brachte. Entsprechend stellten sich die Verehrer ein. Durch Fahrradtouren, Tanzstunden usw. war eine große, fröhliche Freundesclique entstanden, und einige der Eltern – auch ich – unternahmen alles Mögliche, um die Freizeit der Kinder zu füllen. Für mich war es eine unvergessliche Zeit! Gemeinsame Konzertbesuche, Ausritte, Nachmittage und Lagerfeuer am Strand, Fahradtouren, Picknicks, sonnige Schlittschuhnachmittage auf den holsteinischen Seen, Skiurlaube mit großer Kinderclique zu Ostern, vor allem aber: viele Tanzfeste! Einmal nahm ich in den Herbstferien die engsten Freunde und Freundinnen von Adelheid und Elisabeth mit zum Thelenhof. Auch hier machten wir Fahrradtouren, eine Paddeltour auf der Niers und Wanderungen, wir brieten Kastanien überm Lagerfeuer, knackten frische Walnüsse, und wir tanzten! Herrliche, unwiederbringliche Erlebnisse, an denen Jörg jedoch niemals teilnahm. Die Kinder haben meinem Leben in Sehlendorf einen Sinn gegeben und mich ausgefüllt.

Ebenso erging es Titti, die in der Betreuung der Enkelkinder die letzte große und schöne Aufgabe ihres Lebens sah. Sie las ihnen vor und hütete sie bei Krankheit, als sie noch klein waren. Sie saß auf der weißen Bank vor dem Haus in der Sonne mit spielenden Kindern um sich herum, als sie heranwuchsen, und sie fragte Vokabeln ab, als sie Schulkinder waren. Vor allem umgab sie sie mit ihrer Liebe und manchmal übergroßen Fürsorge.

Trotzdem erging es meiner Mutter und mir gleichermaßen: Wir konnten einfach nicht unsere Wurzeln lösen vom Niederrhein, vom Thelenhof. Jedes Mal fuhren wir gemeinsam dorthin, hatten schon Tage vorher Herzklopfen vor Freude – und Trauer im Herzen bei der Rückfahrt.

Wie sehr haben uns in all den Jahren die Uedemer Menschen herzlich begrüßt! Ich liebte es, wieder geborgen zu sein in der großen menschlichen Gemeinschaft, in der ich aufgewachsen war. Und dann die vielen Feste! Von einem herausragenden Ereignis muss ich berichten, der Hochzeit meiner Nachbarin Maria Roeloffs.

Wie es am Niederrhein so üblich ist, werden aus solch einem Termin gleich fünf gemacht. Zunächst trifft sich die Nachbarschaft zur Besprechung in der Gaststätte. Hier wird der nächste Termin festgelegt, an dem die Männer schon mal vorher in den Wald fahren, um Grün zu holen, und dann in einer Scheune alle gemeinsam den Kranz binden: Die Frauen drehen hunderte von Röschen aus Kreppapier, während die Männer und auch einige Frauen das Grün kurz schneiden und die Girlanden winden, an lange Stöcke Sträuße binden etc. Währenddessen wird erzählt, gelacht und viel gesungen, ein Schifferklavier ist immer dabei und die Brauteltern schenken reichlich ein. Der nächste Termin ist dann das Kränzen selbst am Abend vor der Hochzeit. Alle helfen mit, die zentnerschwere Girlande um das Scheunentor zu hängen oder um die Haustür, je nachdem, wo gefeiert wird. All die vielen Krepppapierröschen müssen verteilt und befestigt werden, weiße und farbige Schleifen ebenso. Schließlich sieht alles wunderschön aus und alle sind stolz. Natürlich gibt es auch hier wieder reichlich zu trinken. Dann kommt der große Tag, die Hochzeit! Selbstverständlich sind alle Nachbarn zu dem großen Ereignis eingeladen, während die Jugend kellnert und serviert.

Zu Marias Hochzeit waren 180 Personen zum Essen in der mit Grün geschmückten Scheune eingeladen! Zuvor war das Brautpaar in einer Kutsche zur Kirche gefahren worden, begleitet von einer Reitereskorte, zu der auch ich gehörte. Nun nahm die Hochzeitsgesellschaft in der Scheune an hübsch gedeckten Tischen Platz und wartete auf das Essen. Es dauerte eine Stunde, es dauerte zwei Stunden, bis sich schließlich herausstellte, was der völlig aufgelösten Brautmutter Marianne in der Küche passiert war: Natürlich reichte der Stromanschluss an das Haus nicht aus, um die vielen zusätzlichen Herde zu versorgen, die zur Zubereitung des Hochzeitsmahles aufgestellt worden waren. Die Sicherungen flogen immer wieder heraus. Erst musste von einer Elektrofirma ein dickes Kabel vom Transformator herübergelegt werden.

Schließlich wurde die Niederrheiner Hochzeitssuppe aufgetragen. Brautvater Jupp erhob sich und hielt eine Brautrede, die ich mein Lebtag nicht vergessen werde. Gerade und ehrlich, wie er war, sprach er folgende Worte: „Mein lieber Schwiegersohn, geliebte Maria! Alle hier im Saal wissen, dass ich von Anfang an gegen eure Verbindung war und es bis heute bin. Ich war nicht bereit, die Zustimmung zu dieser Hochzeit zu geben, da ich von dir, mein Schwiegersohn, nichts halte! Doch folgender Brief, den mir meine Tochter schrieb, hat mich umgestimmt, und so sitzen wir nun heute alle hier.“ Es folgte der Brief von Maria an ihren Vater, in dem sie ihn mit beschwörenden Worten bat, doch diese eine Entscheidung in ihrem Leben selbst fällen zu dürfen. Jupp brachte einen Toast auf das Brautpaar aus, doch allen Anwesenden lief der kalte Schweiß den Rücken herab. Wie schnell, nach wenigen Jahren schon, sollte sich Jupps unheilvolle Ahnung bestätigen! Doch zurück zu den niederrheinischen Nachbarbräuchen, denn wir sind noch nicht am Ende: Es folgt ja noch das Abkränzen. Viele sagen, dies sei immer das schönste Fest. Für die Brauteltern, die den Druck der Hochzeitsvorbereitungen hinter sich haben wie auch für die Nachbarn, die jetzt nicht mehr viel zu arbeiten brauchen, nur noch den Kranz abnehmen, abwickeln und Röschen entfernen. Dann wird gegrillt und gefeiert! Alle sind gelöst und erleichtert darüber, dass das Fest gut gelaufen ist, und so wird dieser Abend stets ein besonders fröhliches Beisammensein.

Auf keiner Hochzeit fehlt es an herrlich witzigen und phantasievollen Darbietungen, die aufgeführt werden zur Freude des Brautpaares. Die Niederrheiner, geschult durch Karnevalssitzungen, sind in dieser Hinsicht besonders begabt. Kostümiert tragen sie in Versen oder in Liedform immer neue Ideen vor, voller Freude und Eifer.

Welch ein Gegensatz zu den elegant-steifen, stets nach dem gleichen Schema ablaufenden Hochzeiten im Norden Deutschlands! Selbst Jörg hat das einmal zugegeben, als er – ausnahmsweise – eine niederrheinische bunt-fröhliche Reiterhochzeit miterlebte. Er war restlos begeistert und sagte tatsächlich: „Jetzt verstehe ich, warum du so gerne am Niederrhein feierst!"

Zu Feiern gab es in der Tat immer etwas. – „Und überall ist Kirmes!", stellt Hanns-Dieter Hüsch sehr richtig fest!

Früher, in meiner Kindheit, war die Kirmes das größte Fest des Jahres. Alle Häuser, alle Gärten wurden herausgeputzt, neue Kleider wurden genäht und jede Menge Kuchen gebacken. Dann, zum Kirmessonntag, kam die Verwandtschaft von nah und fern zu Besuch. Man ging gemeinsam in die Messe und danach wurde die Kirmes eröffnet. Alle Uedemer spazierten mit Onkeln und Tanten sonntäglich gekleidet über den Rummelplatz, kauften Lebkuchenherzen und schossen ein paar Stoffblumen, während die hübsch angezogene Kinderschar sich selig auf der Schiffschaukel, dem Karussell mit den schönen weißen Pferden oder den Selbstfahrern vergnügte. Montags war und ist bis heute der große Tag, an dem die meisten Vereine ihren Frühschoppen abhalten. Am Dienstag gab es dann einen feierlichen Schützenumzug durch die Stadt. Der Reiterverein feierte traditionell am letzten Tag der Kirmes, dem Mittwoch.

Es war der große Tag für die Bauern, die Herren in dieser Gegend. Morgens ab elf Uhr saß man an weißgedeckten Tischen im großen Kirmeszelt, es herrschte „Weinzwang" und man tanzte zur Musik einer großen Kapelle. Um sechzehn Uhr mussten alle Bauern in den Stall zum Füttern und Melken. Währenddessen gab es in den Bauernhäusern die niederrheinische Kaffetafel: Kuchen, belegte Schnittchen und Kaffe für die Verwandtschaft und für Freunde, die ebenfalls eingeladen waren. Es gab auch noch Abendessen, Eier und Bees, einen selbstaufgesetzten schwarzen Johannisbeerlikör. Die Runde wurde lauter und fröhlicher und so zog man dann zum Höhepunkt, dem Reiterball, wieder ins Kirmeszelt. Nicht nur die Uedemer, sondern auch alle Reiter aus der Umgebung waren da.

Die Kirmesbräuche passten sich im Laufe der Jahre der Zeit an. Heute geht es Freitags los und endet Montagnachts. Es gibt Jugenddiscos, Oldietheken, und am Montag ist aus dem traditionellen Früh-, ein Dämmerschoppen geworden.

Vom Frühjahr bis zum Herbst feiert der Niederrheiner hintereinander weg. Brunnenfeste, Stadtfeste, Lampionfeste, Königsschießen, Kirmes überall! Im Winter startet die Karnevalssaison im November und steigert sich fortlaufend bis zum Höhepunkt im Februar. Und immer drängen sich die Menschen, nie versiegt die Fröhlichkeit, die Bereitschaft, die vielen Feste und Veranstaltungen zu organisieren, zu gestalten und mitzufeiern.

War ich am Niederrhein, so feierte ich natürlich auch mit. Manchmal kam es vor, dass ich dem einen oder anderen Reiterkameraden von früher wiederbegegnete, herrlich! Einmal kam es noch wunderbarer: Auf dem Frühschoppen der Uedemer Kirmes begegnete ich „Züppi“, einem Kameraden aus der „Jungshorde“! Ich staunte nicht schlecht, was aus ihm geworden war: groß, gutaussehend, gute Manieren. Aber das war noch nicht alles. Günter stellte mich einem seiner Sportfreunde vor, zusammen waren sie „Alte Herren“ des örtlichen Fußballvereins. Ein netter, sympathischer Mann mittleren Alters. Wir unterhielten uns einige Zeit, bis er sich zu erkennen gab: Es war der „Müde Schrat“, einer meiner rotznäsigen Satelliten, dessen richtigen Namen ich nie gekannt hatte. War ich erstaunt über diese Wandlung! „Du warst immer unser Mittelpunkt“, sagte er zu mir. „Wir haben dich alle verehrt, doch niemand von uns wäre je eingefallen, dich zu berühren. Du warst immer unnahbar und kameradschaftlich zugleich!“

Erfüllt von solchen Begegnungen fuhr ich wie stets nach Holstein zurück, um meinen Pflichten nachzugehen. Ich versuchte, etwas von den niederrheinischen Sitten und Gebräuchen und der heiteren Geselligkeit in unsere Hofgemeinschaft hinüberzuretten. So brachte ich den Menschen auf dem Hof und im Dorf das Kränzen bei. Nun wurden bei jedem Einzug, bei jeder Hochzeit von uns selbst die

Girlanden gewunden, die Röschen gemacht und nicht wie bisher teuer beim Gärtner bestellt. Wieviel Spaß, wieviel schöne Stunden erlebten wir hierdurch! Ich sorgte auch dafür, dass bei der Beerdigung eines Menschen, der dem Hof ein Leben lang in Treue gedient hatte, der Sarg von unseren Männern getragen wurde. Eine Selbstverständlichkeit in meinen Augen! Des Abends holte ich Bier unter den Treckerschuppen oder während der Ernte unter die Feldscheune an die Trocknung zur gemütlichen Feierabendrunde. Ich organisierte Betriebsausflüge, das Erntefest und die Rübenernteabschlussfeier, die gleichzeitig Abschluss des Jahres war, und zu der immer Grog in Strömen floss. Unsere Hofgemeinschaft nahm es dankbar an, und auch wenn Jörg sich immer etwas unwohl dabei fühlte – er war stets auf Distanz bedacht – setzten sich diese unsere neuen Sitten durch.

Zweimal ging ein mehrtägiger Betriebsausflug mit allen Leuten vom Hof zu uns an den Niederrhein. Ich zeigte ihnen voller Stolz meinen Thelenhof, die Sehenswürdigkeiten rundum und auch die Tulpenblüte Hollands. Bevor unser Team das erste Mal zum Thelenhof reiste, spuckten sich Günter und Vater Derksen natürlich gewaltig in die Hände, um alles geputzt, gefegt und gepflegt zu präsentieren. Auch ich wollte schon einige Tage vorher da sein, um noch den Garten in Schuss zu bringen. Denn jedes Mal, wenn wir nach einigen Wochen kamen, war das Unkraut geschossen, gab es Büsche zu beschneiden etc. Ich rief Günter am Abend vor meiner Abreise an und fragte, wie es stand. „Wenn du in deinem Garten Reis pflanzen willst, dann komm mal her!“ „Wieso das?“ „Ein gewaltiger Gewitterguss, 60 mm, kam runter und hat deinen Garten in eine Schlammwüste verwandelt, knietief!“ Früh am nächsten Morgen brach ich auf, um mir die Bescherung anzusehen. Leider hatte Günter nicht übertrieben! Tatsächlich war der gesamte Garten, waren Rasen, Kieswege und Staudenbeete von einer zwanzig Zentimeter dicken Schlammschicht überzogen, die die sprießenden Stauden unter sich begraben hatte. Die Wassermassen waren den Hohlweg hinuntergeströmt, Sand, Lehm, Geröll, Äste und Wurzeln (und wie sich später herausstellen sollte, auch enorm viele Unkrautsamen) mit sich führend. Nachdem der Weg außen an der Hecke knietief vollgelaufen war, hatte sich das Wasser einen neuen Weg gebahnt: durch die Hecke in unseren Garten und hinten am Gemüsegarten wieder hinaus – da hatten wir nun die Bescherung! Auch der gesamte Hofplatz war voll Schlamm gelaufen, der weiße Kies nicht mehr zu sehen. Der

Modder stand knöcheltief in unserer Tenne, ja sogar in Diele und Küche. Selbst der Speisekammerfußboden war bedeckt von feinem Schluff, der sich durch die Backsteinmauer gewaschen hatte.

Also hieß es: Ärmel aufkrempeln! Zwei Tage hindurch schaufelten wir zu fünf Mann hoch den Schlamm von den Rasenflächen, den Kieswegen und dem Hofplatz und karrten ihn weg. Die Stauden versuchte ich von dem Erdreich zu befreien, das sie zu ersticken drohte. Sodann wurde neuer weißer Kies bestellt und ausgebreitet, auch neuer Rasen angesät. Und als nach drei Tagen unsere Sehlendorfer Mannschaft kam, sah es fast so schön aus wie immer.

Wir waren ja noch gut bei dieser Geschichte weggekommen. Anderen Bauern, die so in der Senke liegen wie wir, war ihr Wohnhaus komplett voll Wesser und Schlamm gelaufen. Am schlimmsten traf es einen Bauern, der gerade vorher Gülle gefahren hatte. Die gesamte Gülle landete bei ihm in der Küche, im Wohn- und im Schlafzimmer!

Jahr für Jahr ließ ich etwas am Thelenhofer Haus erneuern. Am wichtigsten waren neue Fenster, mit denen das Haus problemlos gelüftet werden konnte, wenn wir nicht da waren, neue Wasserleitungen und Stromkabel, denn alles, was meine Eltern nach dem Krieg hatten verlegen lassen, war mittlerweile verrottet. Es machte so viel Freude, etwas zu tun für meinen geliebten Thelenhof! Allerdings war ein ständig wachsames Auge notwendig und die Bereitschaft, den letzten Pfennig herzugeben. Wie rasend schnell verfällt anderenfalls solch ein altes Gemäuer. Hätte Günter nicht jeden Rohrbruch sofort bemerkt, weil er hier wohnte, und wäre ich nicht regelmäßig zur Stelle gewesen, das Haus stände gewiss nicht mehr und der Garten wäre im Nu ein Urwald aus Eichen, Birken, Ahorn, Ilex und Holunder geworden.

Ich war eigentlich recht stolz auf die Tatsache, dass über so viele Jahre hinweg und über so große Entfernung der Thelenhof wohlbehütet und wohlgehalten blieb. Doch Äußerungen in dieser Hinsicht stießen in Holstein auf völliges Unverständnis. „Der Hof ist doch verpachtet, was willst du da noch?“, hörte ich tausendmal. Keiner wollte begreifen, wieviel Arbeit in Erhalt und Pflege eines solchen Anwesens steckte, zumal in Sehlendorf noch einmal die gleiche Arbeit zu leisten war. Und immer, wenn das Haus frisch geputzt, die Beete gejätet, die Sträucher schön beschnitten waren, und Titti und ich uns noch kurze Zeit an der schönen Umgebung erfreut hatten, hieß es: zurück nach Holstein!

So gingen die Jahre ins Land, endlos lange Jahre! Günter zog seine Kinder allein groß. Seine Frau hatte ihn vor langer Zeit verlassen; sie war der Beanspruchung durch einen lebhaften ländlichen Haushalt nicht gewachsen gewesen. Mittlerweile waren die Kinder herangewachsen. Gabi Rupkalvis, geb. Ringelmann besorgte jetzt seinen Haushalt. Mit der gleichen Warmherzigkeit und Güte, aber auch unnachgiebigen Strenge, die ich schon von Oma Kießler kannte, und unendlichem Fleiß sowie großer Geduld dirigierte sie Günters Kinder durch die Flegeljahre. Wenn sie sich vor den Schularbeiten drücken wollten, wenn sie versuchten, durchs Fenster zu entkommen, obwohl sie eigentlich ins Bett gehörten, immer war Gabi zur Stelle und sorgte für Ordnung. Auch unser Haus putzte sie. Bevor wir kamen, brachte sie alles auf Hochglanz, stellte Blümchen hin, putzte Fenster. Sie besaß den gleichen Humor wie Oma Kießler und lachte ebenso gern. Wir liebten sie sehr.

Auch meine Kinder waren herangewachsen. Die Zeiten, in denen Dorette, Günter und ich auf der Uedemer Kirmes nur am Bierpilz zu stehen und unseren Kindern ab und zu „ne Maak“ in die Hand zu drücken brauchten, waren vorbei. Kein Karussellfahren mehr, keine Autoscooter oder Flugzeuge. Stattdessen bettelten sie um ein paar Stunden Disco. Wenn ihre Freunde uns versprachen, sie pünktlich zu Hause abzuliefern, willigten wir ein.

Mit der Zeit änderte sich so manches; eine Gewohnheit hat sich jedoch über die vielen Jahre bewährt: Wir alle vom Thelenhof verbrachten nach wie vor herrliche Abende auf der weißen Bank vor dem Tennentor. Im Sommer sahen wir die Sonne am Horizont versinken, später saßen wir in Wolldecken gehüllt und stets im milden Kerzenlicht von Opa Finks Kapitänsleuchter da. Wir tranken Bier oder Sekt, lachten furchtbar viel und führten anregende, auch tiefe Gespräche, die immer gewürzt waren mit einer großen Portion Selbstironie. Besonders Dorette hatte hier ihre Stärke. So manches Missgeschick, das uns widerfahren war und das andernorts laut beklagt worden wäre, haben wir auf diese Weise aufgearbeitet, heulend vor Lachen. Mittlerweile gehörte Maria Roeloffs auch zu unserer Uedemerfelder Runde. Ihre Ehe war zerbrochen und sie unsere Nachbarin und beste Freundin geworden.

Schon lange fiel es mir furchtbar schwer, die Karnevalstage in Holstein zu verbringen, weil sie dort völlig ignoriert wurden und die

Menschen einfach stur durcharbeiteten. Nach vielen Jahren hatte ich genug Mut gesammelt und fuhr einfach in der Winterzeit, während der ich bisher sechs Monate lang in Sehlendorf geblieben war, an den Niederrhein, um mich dem dortigen Karnevalstreiben hinzugeben. Ab Donnerstagabend (Altweiberfastnacht, Möhneball) steht hier regelmäßig die Welt Kopf. Kein Mensch arbeitet dann mehr, außer für das Nötigste. Die Möhnen, als Hexen verkleidete Mädchen und Frauen, haben das Regiment für einen Tag inne und an den folgenden Tagen gibt es Kostümbälle und Karnevalssitzungen allerorten. Ein jedes Dorf hat einen eigenen Karnevalsverein und veranstaltet eigene Sitzungen. Mit viel Engagement werden Büttenreden und andere lustige Darbietungen ausgearbeitet und vorgetragen. Die örtliche Politik wird genau so geistreich und witzig auf die Schippe genommen wie die des Bundes, aber auch das Geschehen im Dorf wird persifliert. Viele bekommen gehörig ihr Fett ab, immer aber auf eine feine und humorvolle Weise, die nicht wehtut. Je mehr dann über die Aufführungen gelacht wird, desto mehr ist dies als Lob zu verstehen. Ich selbst nahm hin und wieder an den Karnevalssitzungen in Uedem teil, die vom Dorfgeistlichen geleitet wurden, oder in Keppeln, wo sie besonders brillant waren, oder aber an denen in Labbeck, die, nur von Frauen bestritten, zum Brüllen komisch waren. Auch Gabi Rupkalvis wirkte hier mit und wir lachten uns halbtot über sie.

Am Sonntag nahm ich hingerissen an der Karnevalsmesse in der Stiftskirche zu Kleve teil, an der der Bruder von Jupp Roeloffs Probst war. Zu dieser Messe marschierten sämtliche Karnevalsvereine von Kleve und den dazugehörigen Gemeinden in vollem Ornat ein, das heißt mit Schellenkappen, Karnevalsuniformen, Funkenmariechenkostümen. Dazu spielte die Orgel die traditionellen Karnevalsmärsche, allen voran: „Es war einmal ein treuer Husar …“ Die ganze Messe wurde in niederrheinischer Mundart gelesen, auch die Predigt. Sie war abgefasst wie eine Bütt, nach jeder Pointe spielte die Orgel: „Tätää, tätää!“ wie bei einer Karnevalssitzung, und die Gemeinde lachte. Während die Gläubigen zur Kommunion schritten, ließ die Orgel leise alte Karnevalsmelodien erklingen wie: „Mein Hut, der hat drei Ecken“, oder „Wer kann das bezahlen, wer hat so viel Geld?“ Und beim Abschluss und Ausmarsch der Vereine spielte gar die örtliche Feuerwehrkapelle lautstark Karnevalsmärsche! Alsdann begab man sich zu den diversen Umzügen.

Ich besuchte den unsrigen in Keppeln – wie früher – wo mir fast alle Leute bekannt waren und ich am meisten Spaß haben würde. Das kleine Dorf platzte wie immer aus allen Nähten, wenn sich der lange Zug die Dorfstraße hinauf und wieder hinunter bewegte, begleitet von dem Helau-Geschrei von Tausenden von Menschen. Wie immer hatten sich die verschiedenen Vereine und Gruppen enorm viel Mühe gegeben, phantasievolle Karnevalswagen gebaut mit frechen und witzigen Sprüchen darauf und für farbenfrohe Kostüme gesorgt. Alle verbreiteten, unterstützt durch Apfelkorn, Sauren, Kümmerling und „Bees", der fleißig an alle Zuschauer ausgeschenkt wurde, eine wahnsinnige Stimmung, die man wirklich miterlebt haben muss! Auf mich wirkte der erste Umzug, den ich nach so vielen Jahren wieder miterleben konnte, fast unwirklich. So viel ausgelassene Heiterkeit mitten im Winter war in Holstein völlig undenkbar!

Voller Freude sah ich auch Originale aus meiner Kindheit und Jugend im Zug wieder: Da war der alte holländische Pater, der seinerzeit immer beim Stillen von Adelheid zugeschaut hatte. Er ging „Helau!" rufend und winkend, mit einem schrägen Papphütchen auf seiner Glatze, im Umzug mit.

Da war Gerda Intveen, der Knüller in der Uedemer Bütt, Besitzerin des Zigarettenladens (bei ihrem Vater hatte schon Opa Fink immer in Ruhe eine Zigarre geraucht; „Spitzken dabej?", hatte der alte Intveen dann stets gefragt). Sie und ihr Mann brachten alle zum Lachen durch das Bild, das sie boten: er, den Betrunkenen mimend, der spät nachts nach Hause kommt, sie in Nachthemd und Nachtmütze mit der Nudelrolle ständig auf ihn einschlagend.

Da war auch der alte Voss. Seit den Jagden meines Vaters hatte ich ihn nicht mehr gesehen! Wie hatte er immer mit meinem Vater lautstark um die Strecke gefeilscht! Der alte Voss war in seiner Passion regelmäßig als Treiber mitgegangen. Immer in Romika-Pantoffeln laufend, kämpfte er sich durch die Dornenbüsche. Dann, nachdem die Strecke verblasen war, wiederholte sich immer dasselbe Spiel. Mein Vater fragte: „Wieviel gibst du?" – er duzte alle – der alte Voss: „Soundso viel pro Fasan, Hase, Ente etc." Mein Vater brüllte zurück: „Mach, dass du nach Hause kommst, das ist viel zu wenig!" Und der alte Voss bot ebenso laut brüllend noch eine Mark mehr pro Stück. Das Geschäft kam nicht zustande, Voss musste den Heimweg nach Uedem mit leeren Händen antreten. Dann, genauso regelmäßig, erschien er

Stunden später, wenn mein Vater in seinem Schlafzimmer erschöpft im Bett lag, mit Gänseeiern, die er meinen Eltern schenkte. Vom Bett aus wurde dann jedes Mal mit einem Gebrüll, dass es zum Fürchten war, das Geschäft mit der Wildstrecke perfekt gemacht. Der alte Voss konnte wieder nach Winternam fahren und das Wild holen, um es am nächsten Morgen auf dem Markt in Duisburg zu verkaufen. Hierzu hatte er ein großes Schild an seinem Stand angebracht: „Tauben (Karnickel, Fasanen etc.) vom Grafen". Er hat uns einmal voller Stolz ein Foto von sich und seinem so beschilderten Wildstand aus der Duisburger Lokalzeitung gezeigt. Dieser alte Voss also lief einfach so, wie er immer war, in Puschen und ohne Pappnase, „Helau!" brüllend und strahlend im Umzug mit.

Und da war auch das „Ideale Brautpaar"! Seit frühester Kinderzeit kannte ich sie, wie alle in Uedem. Die Flüchtlingswelle hatte sie wohl nach Uedem geschwappt: zwei kleine zigeunerartige Menschen mit entsprechender Kleidung und starkem Dialekt. Stets liefen sie im Sturmschritt Hand in Hand und sich lebhaft unterhaltend durch Uedem, sodass meine Mutter schon ganz gerührt war über die Liebe der beiden. „Ideales Brautpaar! Ideales Brautpaar!", riefen wir als Kinder hinter ihnen her, worauf der Mann wütend wurde und Steine nach uns warf. Sie bewohnten damals eine Flüchtlingsbaracke. Wir Kinder liebten es, sie dort zu belauschen, wenn sie sich anschrien und prügelten, aber man musste gut den Kopf einziehen, denn es flog schon mal ein Gegenstand durch die Fensterscheibe. Tags drauf rasten sie wie eh und je lachend und schwatzend Hand in Hand durch Uedem. Sie haben ihre stürmische Ehe bis ins hohe Alter geführt, und nach all den Jahren berührte es mich sehr, auch sie unverändert wiederzusehen.

Von einer Wiederbegegnung ganz anderer Art möchte ich noch berichten. Auch hier habe ich durch die vielen Jahre der Abwesenheit einen klareren, aber auch liebevolleren Blick bekommen: die Begegnung mit der ganz und gar unverklemmten Religiosität der Niederrheiner. Fast hatte ich schon vergessen, dass es Prozessionen in diesem Land gab. Dabei ist doch Kevelaer der größte Wallfahrtsort nördlich der Alpen, an der Anzahl der Pilger gemessen. In meiner Schulzeit erlebte ich noch mit, wie einmal im Jahr alle meine katholischen Mitschüler und -schülerinnen nach Kevelaer pilgern mussten. Der Geschichte, dass sich manche Menschen Erbsen in die Schuhe taten, um sich Buße aufzuerlegen, habe ich hingegen nie getraut. Man kam auch in jedem Jahr vor Fronleichnam in unseren Garten, um abfallende Rhododendronblüten körbeweise zu sammeln, damit sie für die Fronleichnamsprozession auf die Straßen in Uedem gestreut werden konnten.

Jetzt, nach vielen Jahren, lag ich mit meinen Kindern an einem hübschen kleinen Baggersee in der Sonne. Plötzlich näherte sich Marschmusik. Wir blickten auf, und da zog doch tatsächlich eine Prozession vorüber! Vorweg die Frauen, angeführt von Nonnen. Munter marschierten sie, jung und alt, und sangen dazu Wanderlieder wie: „Das Wandern ist des Müllers Lust!“ und „Heute wollen wir das Ränzlein schnüren!“ Dann folgten die Bagagewagen, zwei Planwagen, reich geschmückt und von je zwei Schimmeln gezogen, die ebenso mit Federbüschen und Zierrat geschmückt waren. Dann kamen die Männer, auch hier gingen einige Mönche vorweg, doch alle anderen trugen lockere Freizeitkleidung. Die Musikkapelle spielte und auch sie sangen laut. Ja, man hätte fast glauben können, einem Kegelklubwandertag begegnet zu sein, wäre nicht ein großes Kreuz dem Zug vorangetragen worden, und wäre nicht an einem der Planwagen ein großes Plakat angebracht gewesen mit der Aufschrift: „Maria, wir kommen!“

Das Gnadenbild in Kevelaer, winzig klein, zeigt eine in ein Brokatgewand gekleidete Mutter Gottes, und es zieht die unterschiedlichsten Menschen an: So ergießt sich einmal jährlich ein endloser Strom von Fahrrädern durch Uedem Richtung Kevelaer: etwa 1 000 Fietsen[9], die ausschließlich von schwatzenden und lachenden Frauen aus Bocholt geradelt werden. Auch der Papst ist längst da gewesen, „Jopi Popi“, wie ihn die Niederrheiner liebevoll respektlos nennen!

Und jedes Jahr treffen sich um die 5 000 Biker zur Motorradprozession in Kevelaer. Sie werden alle in einer großen Zeltstadt untergebracht. Am folgenden Tag rollt der Zug aus Hondas, BMWs und Harleys langsam durch die Innenstadt Richtung Kapellenplatz zum Gnadenbild. Die Herzen der unzähligen Motorradfans, die sich als Zuschauer einfinden, schlagen höher beim tiefdonnernden Klang tausender Motoren. Alle Biker nehmen Aufstellung in einem Kreis, zünden ein Kerzchen an und lassen für die Dauer einer feierlichen Messe ihre röhrenden, knatternden Maschinen verstummen.

Kevelaer hat nie ein Hehl daraus gemacht, dass es mit der Frömmigkeit der Leute auch Geld verdient. Die Stadt ist voller Herrgottschnitzerläden und das Kunsthandwerk steht hier in voller Blüte. Die Bürger vermieten allesamt Zimmer zu gesalzenen Preisen. Sogar Opa Fink hatte nach dem Krieg voller Freude in einem Gaststättenfenster ein Schild entdeckt mit der Aufschrift: „Heute frische Pilgersuppe!"

Die einfache Frömmigkeit der Bauern, die mir seit der Zeit meiner Turnierreiterei bekannt war, beeindruckte mich wieder tief. So bringen sie zum Beispiel zum Palmsonntag Buchsbaumzweige, sogenannte „Palmensträußchen", zum Altar, damit der Priester sie weiht. Anschließend werden sie auf die einzelnen Felder gesteckt und im Schlafzimmer über dem Bett befestigt, für die Fruchtbarkeit! Ich habe auch einmal solch ein geweihtes Sträußchen geschenkt bekommen und in unserem Schlafzimmer lange in Ehren gehalten.

Ich muss noch einmal auf die Gottesdienste in der Klever Stiftskirche unter Probst Roeloffs zurückkommen. Den alljährlichen Karnevalsgottesdienst habe ich ja schon geschildert. Wie beeindruckend war aber auch die St. Hubertusmesse in dieser Kirche, die durch ihr hohes Schiff eine herrliche Akustik hat. Die Bläser mit allen verschiedenen Hörnern, vom Fürst Pless über Parforce bis zum Konzerthorn, ließen die Deutsche Hubertusmesse so wunderbar weich erklingen, dass es einem Schauer über den Rücken jagte. Dazu der schön geschmückte Altar und vor allem die Falkner! Rechts und links des Altars standen sie mit ihren Lieblingen auf dem Arm: Falken, Weihen, Habichten und sogar einem Steinadler. Mucksmäuschenstill saßen die edlen Vögel auf den ledergeschützten Armen ihrer Herren.

Vor allem aber muss ich erzählen von dem alljährlichen Gottesdienst zum Tag des Heiligen Franz von Assisi, dem ich einmal mit allen Kindern beiwohnte. Maria hatte mir schon davon erzählt und mich neugierig gemacht. Denn alle dürfen zu dieser Messe ihre Haustiere mitbringen! Entsprechend füllte sich die große Kirche mit Hunden aller Rassen, Katzen, Vögeln und sogar Fischen, Goldhamstern und Meerschweinchen. Es war ein Familiengottesdienst, und Kinder haben nun einmal Goldhamster. Je voller die Kirche wurde, desto ohrenbetäubender wurde auch das Gekläff der Köter, die natürlich alle irgendeine Katze im Visier hatten. Die Orgel beendete diesen Lärm mit einem Tusch, und Probst Roeloffs sagte: „Wer heute keinen Humor mitbringt, der hätte gleich zu Hause bleiben sollen!" Es folgte ein wundervoller, fröhlicher Gottesdienst, getragen von der Güte und

Ausstrahlung des Probstes. Ich hatte die ganze Zeit einen Kloß im Hals: Wie die Kinder laut und eifrig den Sonnengesang des heiligen Franziskus vortrugen, untermalt von Hundegebell! Wie der Probst kurzerhand die Gemeinde in vier Gruppen teilte und einen Kanon singen ließ, der wunderschön klang. Und wie schließlich alle Tiere nach vorne zum Altar gebracht wurden und dort ihren Segen empfingen. Nach dem Gottesdienst ging es draußen weiter, wo auf dem Vorplatz Pferde, Rinder, Esel und Ponys warteten. Auch sie wurden mit Weihwasser nassgespritzt (dies waren die Worte des Probstes).

Oder auch die Pferdesegnung in Kessel, jenem kleinen Dorf am Reichswald, dessen Kirche so malerisch an der Niers liegt: Alljährlich zum Zweiten Weihnachtstag putzen viele Dutzend Reiter aus dem Kreis Kleve ihre Pferde, flechten ihnen die Mähnen ein, ziehen sich ihre schwarz-weißen Reitsachen an und begeben sich mit Pferden und Standarten, aber auch mit Kutschen nach Kessel. Um die 120 Pferde werden dort feierlich dreimal um die Kirche geritten und gefahren und empfangen anschließend auf dem Vorplatz ihren Segen. Danach werden sie warm eingedeckt, auf ihre Anhänger verladen und harren dann geduldig ihrer Reiter, die erst einmal in der Dorfkneipe Frühschoppen halten.

Vor Jahren musste der Rosenmontagszug in Keppeln wegen eines Schneesturms abgesagt werden. Alle hatten doch aber solch einen Einsatz gezeigt, Kostüme genäht, Wagen gebaut! Im folgenden Jahr wären ja auch die Themen nicht mehr aktuell gewesen! So wurde der Bischof in Münster gebeten, den Rosenmontagszug in die Fastenzeit verlegen zu dürfen.

Der Bischof gab seinen Segen dazu und so war unser kleines Keppeln wie immer zu diesem Anlass nicht mehr wiederzuerkennen: Zwei Wochen nach Karneval, ebenfalls an einem Montag, waren alle Zufahrtstraßen mit parkenden Autos verstopft und ein bunter, dröhnender, fröhlicher Umzug bewegte sich die Dorfstraße hinauf und hinunter. Tausende Menschen, die den Weg säumten, waren ausgelassen wie immer, schrieen: „Helau!“, tranken roten und grünen Schnaps, sammelten Kamelle auf. Tags drauf gab es, wie es sich gehört, eine Messe, bei der sich alle ihr Aschenkreuz abholten. Dann war wieder wie gewohnt Fastenzeit!

Anderenorts stoßen viele dieser Geschichten sicher auf Unverständnis, denn nirgends sind die katholischen Bräuche so wenig verklemmt wie hier zulande!

Hingerissen von solchen Erlebnissen trat ich wie stets meinen Rückzug nach Holstein, in meine innere Isolation an. Doch hatte ich das Gefühl, dass meine Wurzeln im geliebten Niederrhein immer tiefer und stärker wurden. Langsam aber stetig wuchs in mir die Gewissheit heran, dass ich irgendwann in unbestimmter Zeit zu meinen Wurzeln zurückkehren und wieder dort leben müsse, um nicht zu verkümmern.

Jedoch erhielt ich mein Doppelleben weiterhin aufrecht. Die Kinder wuchsen heran, und wie jede Mutter, deren Kinder langsam dem Nest entwachsen und die Angst davor hat, eines Tages allein und ohne Aufgaben zurückzubleiben, machte ich mir Gedanken über meine Zukunft in Sehlendorf. Meine Schwiegermutter führte wie eh und je das Büro und war deshalb schon zwangsläufig Jörgs Partnerin in der Führung des Betriebes. Mir blieben Planung, Organisation und Zahlen des Betriebes verschlossen und mein Aufgabenbereich beschränkte sich nach wie vor auf Kinder, Küche und Garten. Die Kinder würden in absehbarer Zeit aus dem Haus gehen, Küche und Haushalt füllten nun wirklich nicht mein Leben, obwohl ich gern kochte. Der Garten, ja, der Garten machte mir Freude! Noch bestellte ich ihn gut, noch blühte, wuchs und gedieh dort alles. Ich plante viel und pflanzte ständig Neues hinzu.

Wenn ich still und stundenlang in meinen Beeten hockte, um zu jäten, hatte ich Zeit, in mich hineinzuhorchen und zu träumen. Diese stille meditative Arbeit war mir wichtig, seit ich als Kind stunden- oder tagelang hinter einem Pferd und einem Ackergerät hergelaufen war. Ich fand diese innere Ruhe auch beim Ordnen von Blumen in einer Vase, eine meiner liebsten, unentbehrlichsten Beschäftigungen. Durch das Komponieren von Sträußen konnte ich der ganzen Fülle der Natur meine Liebe und Ehrerbietung erweisen, ich konnte ein wenig von der Schönheit der Jahreszeiten einfangen und Freude schenken. Ja, die Gartenarbeit und die Beschäftigung mit Blumen hätten meine Tage vielleicht noch mehr als bisher ausfüllen können!

Einige Male durfte ich tatsächlich bei der Herbstbestellung bzw. bei der Rübenernte helfen. Einer der Männer war krank oder aber Jörg fehlte, da er auf Jagdreise war. Seit langem arbeitete ich also zum ersten Mal wieder mit einem Trecker, dazu jetzt mit einem riesig starken! Ich zog meine Spur auf den herrlichen Feldern an der Ostsee, bearbeitete die Sehlendorfer Erde mit Kultivator und Krümler. Während der Rübenernte durfte ich tagelang „zwischenfahren". Der Vollernter kippte die Rüben während der Fahrt direkt auf meinen Hänger. Dann fuhr ich zur Miete am Hof, wo die Rüben abgekippt wurden und auf ihren Abtransport zur Zuckerfabrik warteten. Diese Arbeit erforderte schon einige Genauigkeit und Können im Umgang mit den Maschinen und die Männer staunten nicht schlecht, in mir eine gleichwertige Arbeitskollegin gefunden zu haben. Wie gut mir ihr Lob tat! Diese Aufgaben gefielen mir. Ich konnte wieder das sein, was ich vor langer Zeit als junges Mädchen gewesen war: eine Landarbeiterin.

Ja, das hätte gewiss eine Aufgabe für mich sein können, um mir später die leeren Tage in Sehlendorf ohne meine Kinder auszufüllen, und Jörg und ich hätten endlich gemeinsam an einer Sache gearbeitet. Ich begeisterte mich für diese Idee und sprach ihn darauf an. Ich sagte ihm, dass ich mir wünsche, er möge mich anstelle eines Praktikanten, den er für die Spitzenzeit im Sommer und Herbst immer einstellte, nehmen. Ich wäre froh, bei ihm im Betrieb mitarbeiten zu können und so eine tiefere, engere Bindung zu Sehlendorf zu bekommen. Er aber sagte schlicht und sehr entschieden: „Nein!"

Ab diesem Moment war etwas in mir zerbrochen. Mein Engagement für Sehlendorf, meine Bindung an diesen Hof und dieses Haus, die sich im Laufe der Jahre eingestellt hatte, schwand dahin. Auf einmal fühlte ich, dass meine Kräfte nachließen. Die Gartenarbeit machte mir keine Freude mehr, sie strengte mich nur noch an. Mehr und mehr nahm das Unkraut überhand in den Beeten, auf den Plätzen und Wegen. Ich sah es nicht.

Die Kinder, vor allem die Mädels, waren nur noch wenig zu Hause und mein Mütterchen war alt. Unsere gemeinsame Teestunde jedoch pflegten wir wie eh und je. Hier konnten wir ein wenig Gedanken austauschen. Sonst aber zog Titti sich vollständig zurück; sie ging auf in der Stille ihres langsam verlöschenden Lebens. Ihren täglichen Gang im Freien, warm angezogen und mit Krückstock, machte sie jetzt nur noch rund um den Rasen auf dem Hof, da der Sturm sie einmal oben auf dem Feldweg an der See gepackt und in den Pferdeweidezaun gedrückt hatte. Zum Glück kam jemand vorbei, aus eigener Kraft hätte sie nicht mehr zurückgekonnt. Hin und wieder hielt sie noch ihr Schwätzchen mit Xenia, die sich aber wegen ihrer schlimmen Krankheit mehr und mehr verkroch.

Unser Leben wurde dumpf. Nichts konnte wirklich mehr unser Dasein in Sehlendorf erhellen. Ich sagte die meisten Abendeinladungen ab, da sie mir nichts bedeuteten. Selbst unsere abendlichen Treffen unter dem Treckerschuppen, an denen stets fast alle Menschen aus unserer Hofgemeinschaft teilnahmen, bedeuteten mir nichts mehr, denn ich besaß nicht länger die Kraft, ihnen Heiterkeit zu verleihen. Ich fühlte immer stärker, wie ein schweres Gewicht mich tiefer und tiefer riss.

Die Reiterei war mir noch ein gutes Mittel, meine Schwermut zu bekämpfen. Hin und wieder lud ich alle reitenden Nachbarn, Nachbarinnen und Vereinskameraden zu einem Ausritt über die Stoppelfelder zum Meer und am Strand entlang ein, und diese Ritte erfreuten sich großer Beliebtheit. Mittlerweile war in unserem Stall ein großer brauner Wallach herangewachsen, ein Enkel der Amsel, den ich mir als zukünftiges Reitpferd auserkoren hatte. So schwer, so riesenhaft und schwungvoll er war, so sanft war er, sensibel und gutmütig. „Calif" entsprach genau dem damaligen Holsteiner Zuchtziel, weshalb er auch auf Turnieren immer positiv auffiel und Material und Eignungsprüfungen gewann, einmal sogar mit der Traumnote 9,0! Keine meiner reitenden Gutsnachbarinnen hat mir übrigens zu diesem Erfolg, auf den ich so stolz war, gratuliert. Alle wandten sich ab und sprachen nicht mehr mit mir. So war ich auch auf den Turnierplätzen immer allein. Aber ich hatte unendliche Freude an diesem Pferd und beschloss, dass es mich bis an die Schwelle meines Alters begleiten sollte.

Einmal unternahm ich im Spätsommer einen zwei Tage dauernden Wanderritt mit Elisabeth und allen ihren Freundinnen. Wir ritten die alten Holsteiner Knickwege entlang hinauf in die Holsteinische Schweiz, von wo aus man in der Ferne die blaue Ostsee liegen sieht. Wir ritten vorbei an Schlössern und Herrensitzen, wir picknickten an Seen, während unsere abgesattelten Pferde friedlich grasten. Und wir grillten abends gemeinsam am Lagerfeuer. Als ich von diesem Ritt wieder heimgekehrt war und begeistert davon erzählte, sagte Jörg: „Das war dein Abschiedsritt von Holstein!" Ich war erstaunt über diesen Satz, denn als solcher war der Ritt beileibe nicht geplant. Er fühlte also wie ich, dass unser gemeinsames Nebeneinander in Sehlendorf dem Ende zuging.

Für mich lag dieses Ende allerdings nach wie vor in unbestimmter Zukunft. Meine Mutter durfte im hohen Alter nicht noch einmal verpflanzt werden, das war klar. Vor allem aber meine Kinder hielten mich zurück. Georg war noch klein und brauchte mich. Überhaupt brachte er mit seiner Zärtlichkeit und seiner liebevollen Art viel Sonnenschein in unser Haus. Elisabeth hatte sich naturgemäß zu einem höchst selbstständigen Persönchen entwickelt und gab uns das Gefühl, nicht länger gebraucht zu werden. Sie langweilte sich nie und füllte ihr Leben mit immer neuen kreativen Beschäftigungen. Sie kommandierte eine kleine Jungenshorde – wie ich früher – und strolchte mit ihnen im Wald herum. Sie schoss mit Pfeil und Bogen und focht Ringkämpfe aus. Die Schule meisterte sie mit Bravour und es war für sie selbstverständlich, auch ihren Mitschülern, Freunden und Geschwistern bei den Schularbeiten zu helfen. Adelheid dagegen nabelte sich krampfhaft ab, so früh sie konnte, ohne jedoch wirklich selbständig zu sein. Ich litt darunter, dass sie sich nie zu ihrer Mutter, sondern immer mehr zu ihrem Freundskreis hingezogen fühlte. Sie fühlte sich von mir von Kindheit an zu streng behandelt, zu scharf an die Kandare genommen, denn sie war ein schüchternes, ängstliches Kind gewesen und ohne Selbstvertrauen. Ich hatte mich bemüht ihr den Weg in unsere rauhe Welt zu ebnen, indem ich ihr ihre Fähigkeiten und Talente bewusst machte. Die Kinder brauchten also noch meine Anwesenheit, auch wenn die Mädels das nicht zeigen wollten. Adelheids Konfirmation lag schon einige Jahre zurück. Elisabeths Konfirmation wurde ebenfalls als schönes Familienfest gefeiert, doch wie jedes Mal versank ich nach solchen Ereignissen wieder in meiner Lethargie.

Einzig der Thelenhof und die Aufgaben, die er stellte, ließen mich aufleben. Die Vorfreude auf unsere Aufenthalte dort war immer grenzenlos, und Titti und ich lebten unsere Tage in der geliebten Umgebung voller Hingabe und Glück, jeder auf seine Weise. Aber mein Mütterchen war sehr schwach geworden. Sie legte sich oft hin, wie in Sehlendorf, doch der Thelenhof gab ihr Geborgenheit. Alle ihre geliebten Dinge waren um sie – sie war zu Hause. Ich dagegen krempelte jedes Mal die Ärmel hoch: Der Garten wollte gepflegt sein und das Haus stellte laufend neue Aufgaben.

Endlich wagte ich es auch, das große Wohnzimmer, das Reich meines Vaters mit den Zichower Möbeln, in Angriff zu nehmen. Zehn Jahre nach seinem Tod wünschte ich mir nun doch eine Erneuerung. Das Bild des ersten Grafen Arnim von Anton Graff war nach Argentinien gegangen und die Harmonie des Raumes daher ohnehin gestört. Doch ohne Jagdtrophäen und mit neuem Kamin und Fußboden, neuen Farben und Stoffen wurde er wieder zu dem Mittelpunkt des Hauses, der er einst gewesen war. Und Vater war dennoch allgegenwärtig: Fotos von ihm, sein Jagdbuch, seine Möbel, seine Akten im Schrank ... er lebte nach wie vor in diesem Zimmer.

„Für wen machst du das eigentlich alles?“, wurde ich in Holstein oft gefragt. „Du lebst doch hier, weshalb engagierst du dich so sehr dort unten?“ Ich wusste keine richtige Antwort, ich wusste nach wie vor nicht, wie die Zukunft aussehen würde, und doch war mir klar: „Ich mache das für mich, für mich ganz allein!“

Die Kinder liebten es natürlich, mit mir auf den Thelenhof zu kommen, denn er war ihre zweite Heimat. Auch Titti freute sich über alle Verschönerungen und Verbesserungen am Haus. Doch letzten Endes tat ich es nur für mich. Jörg hatte kein Interesse an diesem „Zweitwohnsitz“, und wie es in der nächsten Generation weitergehen würde, war völlig ungewiss. Fest stand nur, dass mein Leben untrennbar mit dem Thelenhof verbunden war, und ich alles, was ich an Zeit, Arbeit, Geld – kurz: Liebe – in dieses Fleckchen Erde steckte, mir selbst schuldete, mir und ... meinem Vater.

Je länger ich ohne ihn lebte, desto liebevoller dachte ich an ihn zurück. Die Zeit besänftigt nun einmal allen Groll und deckt die Wunden zu, die geschlagen wurden; sie beleuchtet nur noch die guten, edlen Seiten der Menschen. Das Patriarchat, das mein Vater ausgeübt hatte, erschien mir nun als die einzig akzeptable Form des Familienlebens. An die wahnsinnige Liebe, mit der meine Mutter und ich überschüttet worden waren, dachte ich nun oft voller Wehmut zurück – dabei hatte er mich ja fast damit erstickt. Seine Strenge, ja Härte gegen mich stand nun – in der Erinnerung – in keiner Relation mehr zu seiner liebevollen Fürsorge, z.B. wenn er mir Reitsachen hatte maßschneidern lassen oder Kleider im Katalog bestellt hatte. In tausend Dingen und Gesten, nicht nur in der strengen Erziehung und übergroßen Zuwendung, war mir immerzu seine Liebe bezeugt worden.

Damals hatte ich geschworen, niemals einen Mann wie meinen Vater zu heiraten. Jetzt sehnte ich mich nach einem solchen. Einem Mann, der mich fest in den Armen hielt, der für mich lebte und für den ich leben konnte, der mit Güte, Entschiedenheit und Engagement seiner Familie vorstand.

Ich wusste: Einmal in meinem Leben war ich solch einem Mann begegnet, der alle diese Eigenschaften besaß – Hubert. Und ich hatte ihn abgewiesen! Merkwürdigerweise musste ich nun wieder mehr und mehr an ihn denken. Eines Nachts träumte ich so unglaublich lebendig von ihm, dass ich am nächsten Morgen nicht wusste, was nun Traum und was Wirklichkeit gewesen war. Spontan schrieb ich ihm, nach unendlich langer Zeit des Schweigens. Doch der Brief kam zurück: unbekannt verzogen! Die Verbindung schien endgültig abgerissen zu sein. „Später," so dachte ich, „wenn Adelheid mal im Ausland ihr Französisch aufpolieren muss, dann werde ich nach der Familie forschen."

Ein Jahr später war es so weit, dass ich mir für Adelheid einige Wochen in der Familie der Beauregards wünschte und so suchte und fand ich deren Adresse. Huberts Mutter rief mich aus Paris an, um meine Tochter einzuladen. Ihre Freundlichkeit und Warmherzigkeit schlug eine breite Brücke über die zwanzig Jahre, die seit meinem Aufenthalt in der Familie vergangen waren und ich freute mich darüber. Sie gab mir auch Huberts Adresse, der mit seiner Frau und zwei Söhnen in Lyon lebte. Ich schrieb ihm und bat ihn, Adelheid zu besuchen, während sie sich bei seinen Eltern aufhielt.

Zwei Monate später rief er mich an. Er hatte Adelheid bei seinen Eltern getroffen und sagte mir, dass er uns im kommenden Jahr seinen ältesten Sohn schicken würde, damit dieser hier Deutsch lernen könne. Wie mein Herz klopfte! Merkwürdig, diese Wechselbäder von Freude und Trauer, die das Leben manchmal bereithält. Kurz vor seinem Anruf war die Todesnachricht von Konrad Heydebreck gekommen, meinem ehemaligen Lehrchef, an dem ich in Freundschaft hing.

Er war seiner Frau – auch sie starb viel zu früh – gefolgt. Noch während ich um Fassung rang, kam Huberts Anruf. Seine Stimme und seine starke Persönlichkeit wirkten wieder wie vor zwanzig Jahren auf mich und ich fühlte im Innersten, dass mir nur noch dieses eine kommende Jahr als Frist gesetzt war.

In diesem Herbst geriet meine Mutter an den Rand des Todes. Sie war bei einem Aufenthalt auf dem Thelenhof gestürzt und hatte offenbar einen leichten Schlag erlitten. Ohnehin war ihr Körper unendlich geschwächt und sie hatte sich schon vorher kaum noch auf den Beinen halten können. Gabriele kam aus Haseldorf und wir beide hüteten sie Tag und Nacht, wenn sie verwirrt nach ihrer Schwester rief. Doch wir konnten nicht in Uedem bleiben; unsere Familien warteten. So fuhr ich im Krankenwagen mit meiner Mutter nach Sehlendorf.

Bald darauf wurde sie in die Psychogeriatrie eingeliefert, wo sie sehr gut und liebevoll umsorgt wurde. Mir blieb nur, sie auf dieser ihrer letzten Lebensstation so oft wie möglich zu besuchen. Täglich fuhr ich zu ihr, hin und wieder begleiteten mich die Kinder, ein- oder zweimal auch Jörg. Die letzten Monate des Lebens meiner Mutter habe ich in schöner Erinnerung. Noch einmal durfte ich mich ihr widmen, so gut es ging, und ihr zeigen, wie lieb ich sie hatte. Doch dann, Anfang 1989, starb sie.

„Sterne ziehen herauf,
des Mondes silberne Welle
fließt um dein silbernes Haupt.
Liebend umfängt dich die Nacht."

Diese Strophe aus Ricarda Huchs „Lebensalter" traf vollkommen auf Mutter zu. Langsam, allmählich war sie von uns gegangen, hinüber in jene andere Welt, nach der sie sich so gesehnt hatte.

Ihr Todestag fiel ausgerechnet auf Rosenmontag, einer Zeit also, in der am Niederrhein alle Kopf stehen. Ich sollte in Uedem die Formalitäten erledigen und die Beerdigung organisieren, doch daran war überhaupt nicht zu denken. Zum ersten Mal erlebte ich das Karnevelstreiben aus großer Distanz, sah staunend zu, wie alle feierten und johlten und schüttelte ein wenig den Kopf über diese meine geliebten Niederrheiner. Alles war so unwirklich! Am Aschermittwoch konnte ich auch noch niemanden erreichen, denn Ausschlafen war angesagt, und erst am Donnerstag erreichte ich den Pastor, den Drucker und das Beerdigungsinstitut. Bis Samstag blieb also wenig, sehr wenig Zeit.

Gabriele und ich luden alle Menschen auf den Thelenhof ein, die in den letzten Jahren zu Tittis Lebenskreis gehört hatten, eine kleine, buntgewürfelte Gesellschaft, in deren Mittelpunkt sich unsere Mutter so gern aufgehalten hatte. Titti selbst musste ja auch noch von der

Ostsee an den Niederrhein geholt werden! Und um ein Haar wäre sie gar nicht pünktlich angekommen. Auf halber Strecke gab nämlich der Motor des großen schwarzen Mercedes seinen Geist auf und das Auto saß bei Bremen fest. Wir malten uns aus, wie sich alle Gäste von nah und fern hier versammeln würden, um unsere Mutter zu beerdigen, während sie selbst noch in einer Autowerkstatt wartete!

Am Vorabend der Beerdigung waren alle angekommen: ihre Enkelkinder, ihr Lieblingspatenkind Fides Eulenburg (Hildes Tochter), einige Freunde und Nachbarn aus Uedem, die Hofgemeinschaft aus Sehlendorf, und wir nahmen Titti, wie wir sie alle nannten, an diesem Abend bei unseren Gesprächen in unsere Mitte. Sogar Jörg war gekommen, es war das erste und einzige Mal, dass er an einer Beerdigung in meiner Familie teilnahm. Ich danke es ihm, so wie ich ihm dankbar bin für die Jahre, die Titti mit in unserem Sehlendorfer Haus leben durfte.

Pünktlich eine Stunde vor der Kirche traf Titti doch noch aus Bremen ein. An ihrem offenen Grab überkam mich ein merkwürdiges Gefühl. Ich spürte eine plötzliche große Verantwortung für den Thelenhof, für das Erbe, das ich nun ganz allein zu verwalten hatte. Merkwürdig war es deshalb, weil Titti ja schon seit langem in Sehlendorf lebte und ich schon längst die Verantwortung trug. Und dennoch, ich verspürte einen starken Ruf. Auch Jörg fühlte das, wie er mir später sagte.

Nach Mutters Tod änderte sich alles rasch. Ihr großes Zimmer in Sehlendorf gestaltete ich für Elisabeth um; ohnehin hatte ihr Geist nie in diesem Zimmer gewohnt. Er war wie eh und je im „Gartenzimmer“ lebendig, jenem kleinen gemütlichen rosa Zimmer auf dem Thelenhof, das voll war von ihren hübschen Sachen und persönlichen Dingen. Auch dieses Zimmer musste nun dringend renoviert werden. Doch es wurde wieder im gleichen Rosa gestrichen, die neu aufgearbeiteten Polstermöbel wurden mit passenden Stoffen bezogen und alle Dinge, die meiner Mutter lieb geworden waren, an ihrem Platz belassen. Auch einige ihrer Fotos, die immer hier gewesen waren, blieben: Opa Fink in Kapitänsuniform, General Baade im Krieg. Das wunderschöne Bildnis meiner Mutter von Professor Michailov krönte das Zimmer, und so war sie nun stets um uns in der Blüte ihres Lebens. Ich stellte geliebte Fotos meiner Eltern in die Zimmer und zündete hin und wieder ein

Kerzchen vor ihnen an. Hier, so glaube ich ganz fest, wird ihr Geist weiterleben, hier in diesen Räumen, in denen sie gelebt und gearbeitet haben. Hier kann ich mit ihnen Zwiesprache halten – auf dem Friedhof hingegen ist nur ein Stein.

Die Zeit, die Huberts Sohn bei uns in Sehlendorf verbringen sollte, kam heran. Ich schrieb Hubert, um ihm den Vorschlag zu machen, dass wir uns doch auf dem Thelenhof treffen könnten, wenn er ihn brachte, denn von Südwestfrankreich bis nach Holstein sei es doch gar zu weit, und vielleicht mache es ihm ja Freude, den Thelenhof wiederzusehen. Er willigte ein und wir verabredeten uns für Anfang Juli.

Ich fühlte, ein neues Leben würde beginnen, und eine Euphorie ergriff mich, die von Tag zu Tag wuchs. Der Tag, an dem ich Hubert wiedersehen sollte, rückte immer näher.

Dann war es soweit! Mit klopfendem Herzen fuhr ich nach Uedem, machte das Haus hübsch, kochte ein Essen und wartete. Auf die Minute pünktlich erschien Hubert in der Wohnzimmertür. Und wir stürzten uns in die Arme!

Wie eine Welle sich weit weit draußen auf dem Meer langsam aufbaut und stetig wachsend dem Ufer zurollt, so geschah es auch in meinem Leben. Schließlich hatte die Woge fast das Ufer erreicht, sie türmte sich hoch und machtvoll und kleine Schaumkronen blitzten schon auf. Sie würde noch eine kurze Zeit weiterrollen, unaufhaltsam, um dann sich überschlagend und gischtumsprüht auf das Ufer zu krachen, dort zu verebben und zur Ruhe zu kommen.

Wir verbrachten eine Woche in grenzenloser Harmonie. Auf einmal war da ein Mensch, nach dem ich mich so gesehnt hatte, jahrzehntelang, ein Mann, der mich ganz verstand und akzeptierte, in den ich meine Seele senken konnte. Meine Sinne, mein Geist, mein Körper erlebten ein Erdbeben, und ich wusste: Das war der Wendepunkt meines Lebens. Wir kannten uns durch und durch. Es war ein Wiederfinden, Wiederentdecken. Seine grauen Haare, meine Falten, was machten die schon? Eigentlich hatte sich zwischen uns in einundzwanzig Jahren nichts verändert. Wir fühlten beide, dass wir zusammengehörten, dass wir immer zusammengehört hatten. Aber wir sprachen nicht darüber. Beim Abschied schenkte mir Hubert einen Blick, der mir das Herz zerriss. Voller Trauer, voller Flehen und Innigkeit, doch auch voller Fassung schien er auszudrücken: „Es hilft nichts, wir haben unsere Familien. Kehren wir zurück!“ Wir nahmen Abschied. Später schüttelte mich ein Weinkrampf, wie ich ihn im Leben noch nie gekannt hatte. Adelheid bemühte sich vergebens, mich zu beruhigen. Sie fuhr das Auto zurück nach Holstein, auch Yorick, Huberts Sohn, fuhr mit uns. Ich war während der ganzen Fahrt geistesabwesend, tief in mich versunken.

Und bei der Ankunft in Sehlendorf wusste ich es: Ich würde Hubert schreiben, ihm sagen, dass ich mich scheiden lassen würde, um ihn zu heiraten. Und ihn fragen, ob er dasselbe zu tun bereit sei. Ich sprach mit Adelheid. Sie reagierte gelassen, ja fast froh. Seit langem litt sie unter den bestehenden Verhältnissen zuhause. Ja, es war ganz sicher: Nur so konnte es noch eine Zukunft geben, konnten wir alle wieder glücklich werden. Auch Hubert litt ja unter seiner zerrütteten Ehe und drohte, daran zu zerbrechen. Ich sandte den Brief ab.

Es verging sehr viel Zeit, bis die Antwort kam, quälend viel. Doch eigentlich gab es für mich keinen Zweifel. Dann sein Anruf: „Ja, ich will es auch!“ Das Krachen, das Donnern der Welle aufs Ufer begann!

Ich war auf einmal von einer unbändigen Kraft erfüllt, von grenzenloser Energie und großer Entschlossenheit. An der Richtigkeit meines Handelns zweifelte ich keine Sekunde.

Nun musste ich mit Jörg, mit Elisabeth und Georg und mit einigen guten Freunden sprechen. Es war bei Gott nicht leicht, doch sie alle verhielten sich großartig. Ich schrieb auch an meine wenigen Verwandten und Paten und stieß sowohl auf uneingeschränktes Verständnis und Wohlwollen als auch auf strikte Ablehnung. Einige Freunde suchte ich auf, um ihnen meine Absicht mitzuteilen. Ihre Fassungslosigkeit war groß; nur wenige hatten das Ganze ja kommen sehen.

Es ging alles rasend schnell. Schon drei Monate später, so hatten Hubert und ich beschlossen, wollten wir uns auf dem Thelenhof treffen, um für immer zusammenzubleiben – die Ereignisse überstürzten sich.

Yorick erlebte in den vier Wochen, die er bei uns im Norden war, eine echte holsteinische Sturmflut, mitten im August! Die Ostsee, meine große Freundin und Trösterin in all den Holsteiner Jahren gab ein Abschiedsschauspiel, das seinesgleichen suchte. Eine Nacht und einen Tag lang tobte der Sturm, Bäume krachten reihenweise um, die See färbte sich dunkelbraun mit dem Lehm der Steilküsten. Sämtliche

Boote und Strandkörbe, die sich noch am Strand befunden hatten, wurden in tausend Stücke zerfetzt. Wir zogen unsere Neoprenanzüge an und setzten Skibrillen auf, um in der gischtdurchpeitschten Luft überhaupt sehen zu können. Dann gingen wir ans Steilufer und erlebten – fest aneinandergeklammert, um vom Sturm nicht fortgeschleudert zu werden – dieses grandiose Naturschauspiel. Am Tag darauf, bei abebbender Flut, bot sich am Strand ein Bild der Verwüstung. Die Camper klagten über ihre verlorenen Boote. Auch auf dem Hof sah es nicht viel anders aus: Adelheid hatte zu ihrem achtzehnten Geburtstag ein kleines Auto bekommen und freute sich auf den ersten Schultag, an dem sie es voller Stolz ihren Schulfreunden präsentieren wollte. Dieser erste Schultag fiel jedoch just auf den Morgen des Orkans. Als sie die Haustür öffnete, musste sie feststellen, dass eine dicke Kastanie auf ihr Auto gekracht war und auch auf zwei weitere: den Mercedes von Freunden, die gerade bei uns waren, und Georgs Crossauto. Adelheid weinte, doch wir trösteten sie lachend, zu grotesk war das Ganze. Eine nach der anderen fällte der Orkan die Linden und Kastanien auf dem Hofplatz, der Lärm und das Krachen waren ohrenbetäubend.

Auf dem Thelenhof wurden neue Pferdeboxen in der Tenne gebaut. Günter kümmerte sich darum; ich hatte keine Zeit. Zu sehr war ich noch damit beschäftigt, alles zu ordnen, zu sortieren. – „Was lasse ich hier, was nehme ich mit?“ – Nahezu alle Dinge aus dem Besitz meiner Familie, die ich mit nach Sehlendorf gebracht hatte, sollten dort bleiben, um den Kindern ihre gewohnte Umgebung nicht zu zerstören. Denn ich wusste sehr wohl um die Kraft, die vertraute Gegenstände uns geben. Sie haben ein Eigenleben; sie erzählen Geschichten, sie gehören zu unserem Leben und es tut weh, sich von ihnen zu lösen. Das wollte ich meinen Kindern nicht auch noch antun.

Denn selbstverständlich sollten und wollten sie in Sehlendorf bleiben. Hier war ihr Zuhause, hier waren sie aufgewachsen, hier gehörten sie hin. Mir erschien es gerecht, die Kinder bei Jörg zu lassen, um ihn nicht unglücklich zu machen. Unter keinen Umständen wollte ich Streit vor Gericht. Jörg und ich hatten uns vorgenommen, die Trennung in gutem Einvernehmen und nicht zum Schaden der Kinder zu vollziehen. In meiner Euphorie machte ich mir überhaupt nicht klar, wie sehr ich unter der Trennung von ihnen leiden würde – und die Kinder ebenso! Für mich, so glaubte ich, würde der Abschied so werden, als ob sie alle drei mit einem Mal in ein Internat gingen: Es blieben uns in Zukunft nur noch die Ferien und einige Wochenenden. Dass diese Zukunft anders aussehen könnte, wollte ich nicht wahrhaben.

Der große Sehlendorfer Garten musste noch winterfertig gemacht werden. Von vielen Stauden stach ich mir etwas ab für den Thelenhof und packte den Pferdehänger damit voll. Dann brachte ich schon mal ein Pferd und alle Pflanzen zum Niederrhein.

Jörg und ich gaben noch einige Abendessen für Holsteiner Nachbarn zum Abschied für mich. Doch diese zeigten sich der Situation nicht gewachsen. Wie gern haben immer alle unsere Stallfeste gefeiert und waren auch sonst Gast in unserem Haus. Sie kamen auch dieses Mal, doch sie waren verlegen, und in späteren Jahren haben sie alle mich nur noch geschnitten. Ich war im Begriff, Schleswig-Holstein zu verlassen, das war schließlich unverzeihlich!

Etwas sehr Wichtiges, ja Entscheidendes musste noch geschehen: Es musste eine gute Haushälterin gefunden werden, die den Kindern in Zukunft Bezugsperson sein und den Haushalt wie gewohnt weiterführen sollte. Ich war mir im Klaren darüber, dass ich es nicht fertigbringen würde, die Kinder ohne die nötige Fürsorge zurückzulassen. Vielleicht war dies der größte Beweis dafür, dass alles so kommen sollte und vom Himmel gelenkt war: Wieder einmal kam im richtigen Augenblick der richtige Mensch! Es war Christa, eine energische, kluge und warmherzige Frau. Sie rief uns an, hatte von uns gehört und wollte gern bei uns arbeiten und wohnen. Jörg und ich waren unendlich erleichtert!

In jenem Herbst 1989 ereignete sich auch in der deutsch-deutschen Geschichte ein Erdbeben: Die Wende rückte unaufhaltsam näher! Mit großer Anspannung verfolgten wir alle Nachrichten über den Flüchtlingsstrom durch Ungarn, die überfüllte Prager Botschaft und die Ereignisse an der Nicolaikirche in Leipzig. Schließlich – welch unfassbarer Augenblick! – rollten die ersten Trabi-Kolonnen in Lübeck-Schlutup Richtung Westen! Gleich am folgenden Wochenende packte ich die Kinder ins Auto und fuhr mit ihnen an den Grenzübergang. Schon Kilometer vorher mussten wir parken, so verstopft war die alte Landstraße von Westdeutschen, die sich alle zur Begrüßung hier eingefunden hatten. Wir schleppten unsere Kiste Bier und den Stapel Mickymaushefte bis zum Grenzübergang, gehüllt in eine dichte bläuliche und stinkende Qualmwolke von Zweitaktern. Die Vopos an der Grenze trugen allesamt Rosen im Knopfloch und winkten einen nicht enden wollenden Strom von kleinen Autos durch, vollbesetzt mit Menschen, denen die Tränen in den Augen standen.

Während sie dem freien Westen entgegenrollten, bereiteten ihnen Tausende einen grandiosen Fmpfang. Sie hießen sie willkommen mit Sekt und Bier, mit kleinen Schnapsfläschchen, Coladosen, Süßigkeiten. Jeder hatte etwas mitgebracht, um die Ankömmlinge zu erfreuen. Alle klopften auf die Trabidächer zur Begrüßung, reichten ihre Gaben in die Autos und alle hatten einen Kloß im Hals. Es war überwältigend! Der Freudentaumel, der alle Deutschen beim Fall der Mauer erfasste, ist mit „Freude schöner Götterfunke" nicht hinreichend zu beschreiben. Er war eine Gefühlsaufwallung ohne Beispiel, unwiederbringlich, ein ehrfurchtgebietendes Erlebnis.

Ich war überglücklich, dass ich einen der größten Tage der deutschen Geschichte so hautnah und gemeinsam mit den Kindern erleben durfte – und ich war traurig darüber, dass das meinen Eltern nicht mehr vergönnt gewesen war. Alles schien jetzt gut zu werden. Von den großen Schwierigkeiten und Anstrengungen, von den Enttäuschungen wusste man noch nichts.

Dann war meine Zeit gekommen. Jörg und ich umarmten uns, dankten und wünschten einander Glück; die Kinder waren unglaublich tapfer. Sie fuhren mit ihrem Vater und seinem Freund Hemme an dem Wochenende weg, an dem ich Sehlendorf verlassen sollte. Dann fuhr ich in Begleitung meiner Freundin Christa Struckmann mit zwei Pferden und meinen Habseligkeiten, ohne Trauer und getragen von grenzenloser Zuversicht, dem neuen Leben an Huberts Seite und dem Niederrhein entgegen.

„Wie jede Blüte welkt und jede Jugend
Dem Alter weicht, blüht jede Lebensstufe,
Blüht jede Weisheit auch und jede Tugend
Zu ihrer Zeit und darf nicht ewig dauern.

Es muß das Herz bei jedem Lebensrufe
Bereit zum Abschied sein und Neubeginne,
Um sich in Tapferkeit und ohne Trauern
In andre, neue Bindungen zu geben.
Und jedem Anfang wohnt ein Zauber inne,
Der uns beschützt und der uns hilft zu leben.

Wir sollen heiter Raum um Raum durchschreiten,
An keinem wie an einer Heimat hängen,
Der Weltgeist will nicht fesseln uns und engen.
Er will uns Stuf' um Stufe heben, weiten.
Kaum sind wir heimisch einem Lebenskreise
Und traulich eingewohnt, so droht Erschlaffen,
Nur wer bereit zu Aufbruch ist und Reise
Mag lähmender Gewöhnung sich entraffen.
Es wird vielleicht auch noch die Todesstunde
Uns neuen Räumen jung entgegensenden,
Des Lebens Ruf an uns wird niemals enden …
Wohlan denn, Herz, nimm Abschied und gesunde!"

Teil 3

10. Thelenhof!

Die fünfzehn Jahre auf dem Thelenhof, die seit meiner Rückkehr und dem Neubeginn an Huberts Seite vergangen sind, betrachte ich als den Höhepunkt meines Lebens. Auf einmal ist alles ganz leicht geworden, denn neben mir ist ein Mann, der mich liebt und hält, der alles mit mir teilt und mit dem ich alles teile – unsere Freude und zuweilen auch unsere Sorgen und unseren Kummer, unsere Interessen und unsere Liebe zum Leben auf dem Thelenhof. Zu zweit, indem einer für den anderen einsteht, haben wir alle Höhen und Tiefen, alle Prüfungen und Aufgaben der letzten Jahre – und das waren nicht wenige – gemeistert. Es gab schwere Zeiten, aber wir haben sie immer mit dem Gefühl durchlebt, uns auf einem permanenten Höhenflug zu befinden, denn ungeahnte Kräfte, die uns über alle Mühsal und alle Sorgen hinwegtrugen, waren uns aus unserem persönlichen Glück zugewachsen.

Merkwürdig, wie die Zeit in Sehlendorf, die mir so endlos vorkam, nun zusammenschrumpft. Es bleibt nicht viel haften außer den schönen Erinnerungen an die Kinder und alle Unternehmungen mit ihnen, die innige Harmonie mit Titti, unsere fröhliche Hofgemeinschaft und auch das Schöne, das ich an Jörgs Seite erleben durfte. Seltsam, dass alles andere mir nichts mehr bedeutet: die herrliche Landschaft, die ich genossen, der hübsche Hof, das gemütliche Haus und der große Garten, alles, für das ich gearbeitet habe, die ganze Holsteiner Adelsclique, mit der wir so oft gefeiert haben, sie alle sind aus meinem Leben gestrichen ohne jegliche Trauer. Ich brauchte sie ja nur als Trost und Ablenkung in meinem unbezwingbaren Heimweh, doch sie haben es nie vermocht, mich im Norden heimisch werden zu lassen.

Doch nun bin ich zuhause! Alles, was ich in der Fremde so schmerzlich vermisste, ist wieder unmerklicher Teil meines Lebens geworden. Auch Hubert hat von ganzem Herzen den Thelenhof und den Niederrhein als seine neue Heimat angenommen. Er hat ihn sich zu eigen gemacht, er hat alles gegeben für dieses Fleckchen Erde: seine Liebe, seine Kraft und sein Herzblut, und so ist auch er hier zuhause. Wir fühlen uns aufgehoben in der Gemeinschaft der Niederrheiner, in der Nachbarschaft, im hiesigen kleinen Freundeskreis, und wir fühlen uns geborgen in unserem schönen Haus. Wir sind zur Ruhe gekommen!

„Zuhause das ist: ein unsichtbares Bild
ein Zauberwort, ein altes Lied
ein Kinderwunsch, der sich am Ende erst erfüllt.
Zuhause das ist:
Was man nicht sieht, doch in der Fremde spürt.
Die Küchenwärme und die Jugendsünden
‚Tach zusammen!'
Und die Frage: ‚Na wie isset denn?'
Heimweh, das mich nach Hause führt."

In den ersten Jahren arbeitete Hubert noch in Frankreich. Am Freitagabend kam er mit der Maschine aus Lyon in Düsseldorf an und am Sonntagabend brachte ich ihn wieder zum Flughafen zurück. Es war für ihn eine anstrengende Zeit, dieses ewige Hin und Her, denn während der Woche fuhr er als Industriekaufmann durch ganz Süd- und Südwestfrankreich. Ich begleitete ihn hin und wieder, damit wir zusammen sein konnten, und auf diese Weise lernte ich unerhört viel von diesem herrlichen Land mit seiner vielfältigen Kultur kennen. Doch während der meisten Wochen blieb ich allein auf dem Thelenhof zurück. Ich brauchte dieses Alleinsein, die Stille, um in Ruhe aufarbeiten zu können, was eigentlich im vergangenen Jahr mit mir geschehen war. Zu machtvoll, zu stürmisch war das Schicksal über mich gekommen, als dass ich fähig gewesen wäre, achtlos darüber hinwegzuleben. So sprach ich oft tagelang mit niemandem außer mit Hubert am Telefon, ich schwieg und horchte in mich hinein. Doch die Antwort war immer dieselbe: Es ist alles richtig und gut, so wie es gekommen ist. Man muss doch nur die Sternschnuppen aufsammeln, die einem jeden von uns vom Himmel fallen! Davon allein hängt Glück oder Unglück eines Menschenlebens ab. Ich habe mein Glück beim Schopfe gepackt, darum gekämpft und die große Chance ergriffen, die sich mir bot, und nicht ein einziges Mal habe ich Reue empfunden.

So ging es auch Hubert. Auf seinen einsamen Fahrten durch Frankreich dachte er über vieles nach. Auch er bereute seinen Schritt nie und beide erholten wir uns langsam von unseren Krankheiten. Ich genas von meiner Schwermut, die freilich nicht von heute auf morgen verschwand. Immer wieder einmal nahmen mich, ohne dass ich etwas dagegen tun konnte, Depressionen in ihren Klammergriff, doch kamen sie seltener und seltener. Huberts Magenprobleme, mit denen er schwer zu kämpfen gehabt hatte, und seine Neigung zum Trinken wurden weniger und weniger. Je mehr unsere Seelen ihr Gleichgewicht wiederfanden, desto mehr wurden wir wieder zu normal gesunden Menschen. Wir brauchten sie also, diese zwei Jahre, in denen wir so viele Tage der Woche getrennt waren. Wir brauchten sie, um mit uns selbst ins Reine zu kommen.

Natürlich brachen alle guten Vorsätze, die Jörg und ich zum Wohle der Kinder gefasst hatten, wie ein Kartenhaus in sich zusammen, und so war unser Verhältnis in den ersten Jahren weiß Gott nicht leicht. Die Trennung von den Kindern fiel mir schwer. Doch dies war mein Opfer, um der Gerechtigkeit willen. Wie so oft im Leben wurde das jedoch mit Ungerechtigkeit vergolten – Jörg versuchte, mir die Kinder zu entfremden, und ich litt unsagbar darunter. Ich sah Elisabeth manchmal ein halbes Jahr nicht, hörte wenig von Adelheid und nur Georg hing noch innig an mir. Er war ja noch so klein! Wenn er bei uns war, saß er schluchzend auf meinem Schoß, dass es mir das Herz zerriss. Immer werde ich mit Schaudern an diese Momente denken! Alle drei liebten Hubert von Anfang an, was mich zutiefst freute. Doch spürte man deutlich, dass ein Keil zwischen die Kinder und uns getrieben wurde, dem sie, solange sie noch nicht selbständig denken konnten, auch nachgaben. Es war eine schwere Zeit, jedoch zweifelte ich nie an der Richtigkeit unseres neuen Lebens und fühlte mich unendlich stark. Es war mir, als würde ich auf Wolken getragen, die mich über allen Kummer hinweghoben.

Hubert hatte seinen zweiten Sohn aus Frankreich mitgebracht, während sein Erstgeborener, Yorick, in Paris sein Studium begann. Olivier war fünfzehn, als er sich entschied, mit seinem Vater in ein fremdes Land zu gehen und ein ihm völlig neues und fremdes Leben zu beginnen. Er stellte sich erstaunlich schnell um und fand sich schon bald gut im Landleben zurecht. Er war ein liebevoller und liebebedürftiger kleiner Wildfang. Anfangs besuchte er für ein Jahr ein französischsprachiges Internat bei Köln und kam nur am Wochenende zu uns auf den Thelenhof. Wir hatten geglaubt, dies sei der richtige Weg, da er ja kein Deutsch sprach. Erst später erkannten wir, dass er sich in dieser Zeit von uns verstoßen fühlte. Seine Seele war ja auch verletzt durch alles, was vorher in seiner Familie geschehen war. Er wechselte auf das Uedemer Gymnasium und lernte sehr schnell Deutsch sprechen. Durch sein gewinnendes Wesen schloss er im Nu viele Freundschaften. Seit Olivier in Uedem die Schule besuchte, hielt er mich gut in Atem. Während sein Vater in Frankreich arbeitete, hatte ich mit einem zärtlichen Chaoten in den schlimmsten Flegeljahren zu kämpfen. Es verging nicht eine Woche, in der er nicht für Aufregung sorgte. Schule und Schularbeiten waren Nebensache, Unternehmungen, Verabredungen mit Freunden oder Freundinnen waren das Wichtigste in seinem ruhelosen Leben. Er war nicht zu halten. Ich karrte ihn zu Nachhilfestunden, fuhr ihn zu seinen Verabredungen. Im Hinblick auf die Schule jedoch musste ich bald erkennen, dass er umso störrischer wurde, je mehr ich ihn unter Druck setzte. Im Großen und Ganzen aber war der Junge ein Segen für mich, denn ihn zu umsorgen, half mir über das Gefühl der Leere hinweg, das ich durch die Trennung von meinen Kindern empfand.

In jenem ersten gemeinsamen Jahr 1990 fuhren wir in den Osten Deutschlands. Am Grenzübergang Helmstedt verlor ich völlig die Fassung: Niemand stoppte das Auto, man konnte ungehindert die festungsartigen Grenzgebäude passieren. Der eiserne Vorhang existierte nicht mehr! Wir hatten alle Kinder mitgenommen, auch Olivier und Yorick, um mit ihnen gemeinsam die Heimat meines Vaters, meiner Familie zu besuchen. Nach einigen Tagen in Berlin fuhren wir zuallererst nach Netzow durch die Schorfheide, denselben Weg, den mein Vater immer nach Berlin gefahren war. Was für eine wundervolle Landschaft, was für ein herrliches Revier, das Jagdrevier der preußischen Könige!

In Netzow auf dem Gutshof überkam mich große Ernüchterung. Was, das sollte das geliebte Haus gewesen sein, in dem die Eltern so glücklich waren?! Es war ziemlich klein, schmutzig-grau und verwahrlost, so wie der ganze Hof. Wir konnten uns nur schwer vorstellen, wie traumhaft es hier früher einmal gewesen sein musste, und Olivier und Yorick machten ein ziemlich gelangweiltes Gesicht. Gäbe es nicht die alten Fotos von früher, die ich ihnen später zeigte, hätten sie nie eine Vorstellung von der Schönheit des Ortes bekommen können. Und doch: Wir gingen um das Haus herum die lange Wiese hinunter, die mein Vater seinerzeit mit allen möglichen Ziersträuchern umpflanzt hatte. Von ihrer Pracht konnte man trotz der Wildnis noch etwas ahnen. Wir gingen hinunter zum See, zum Netzowsee! Da stand ich nun und genoss den Anblick, der meinen Eltern so viel bedeutet hatte. Der langgestreckte See lag, von bewaldeten Ufern umsäumt, so friedvoll da wie seit Urzeiten. Nichts hatte sich hier verändert. Nicht der Krieg, nicht die Diktaturen und das Leid, das über dieses Land gekommen war, hatten ihm etwas anhaben können! Er lag da, in sich selbst versunken, und Iris und Seerosen blühten an seinen Ufern – und immer noch gab es hier Krebse!

Wir besuchten auch Zichow, das Geburtshaus meines Vaters, in dem bis Kriegsende mein Großvater gelebt hatte. Mein Gott, war das erschütternd! Diesmal glaubten auch Yorick und Olivier, dass es vor 1945 unmöglich so ausgesehen haben konnte – es war restlos verfallen. Die Gesimse neigten sich nach außen, das Dach war kaputt. Die schöne Freitreppe, die einst in den Park geführt hatte, war weggebrochen worden, sodass das große Portal in der Luft hing. Den Park selbst hatte man abgeholzt, asphaltiert und Maschinenschuppen für die LPG hineingebaut. Nur der alte dicke Turm, der noch von der Wendenburg stammte, in deren meterdicke Mauern das barocke Schloss hineingebaut worden war, stand wie eh und je. Mit Fischleim massiv ausgemauert, hatte er allen Anstürmen der Menschen getrotzt. Wie verändert war jedoch das Bild im Vergleich zu den schönen Aquarellen, die bei uns auf dem Thelenhof hingen! Wir wanderten um den großen Schlossteich und erkannten mit viel Phantasie den Blickwinkel auf Schloss und. Turm, den die Malerin gewählt hatte.

Auch in Kleinow waren wir, diesem einstmals blühenden Betrieb. Wie verwahrlost lagen Felder und Hof da, ja selbst die Menschen schienen verwahrlost an Geist und Seele! Stumpf, ohne Hoffnung standen sie vor ihren schäbigen Häusern und gafften uns an, während es doch so viel Arbeit zu tun gab!

Der Stammsitz meiner Familie, Boitzenburg, war erst von den Russen, dann von der Stasi für ihre Zwecke missbraucht worden. Das große Schloss erwies sich als leergeplündert, der Stuck und die Deckengewölbe mit billiger Plastiktäfelung verkleidet. Die so verproletarisierten Räume waren mit Möbeln im SED-Einheitsstil eingerichtet. Es widerte uns an! Im von Lenné entworfenen Park hatten die Kommunisten wahllos Wohnblocks errichtet. Sie hatten den von

Langhans geschaffenen Marstall verunstaltet, im Mausoleum gewütet und dem kleinen Langhans-Tempelchen seine Statue gestohlen, eine „Trauernde“ von J. G. Schadow. Wir wandten uns mit Schaudern ab.

Und nun war ich auf einmal froh, ja glücklich darüber, dass meine Eltern das hier nicht mehr sehen mussten – es hätte ihnen das Herz gebrochen! Es gab auch keinerlei Hoffnung; die Politik der Bundesregierung, die sich nach der Wiedervereinigung in Gesetzen manifestieren sollte, sah vor, dass niemand, der von den Russen enteignet worden war, etwas zurückerhalten würde.

In Netzow führte uns ein alter Mann, der noch Gespannführer bei meinem Vater gewesen war, an das wunderschöne buchenbestandene Steilufer des Sees. Dort hatte mein Vater sich den endgültigen Ort für seine Asche gewünscht. Jetzt wäre die Überführung möglich gewesen. Doch nein, so nicht! Nicht unter diesen Umständen, das wurde uns klar. Wenn es meinem Bruder Adolf gelänge, Netzow zurückzukaufen, wenn also Netzow wieder arnimsch werden würde, dann wollten wir Vater hier zur letzten Ruhe betten. Doch Adolf blieb in Argentinien.

In den ersten zwei Jahren, während Hubert noch in Frankreich arbeitete, widmete ich mich mit viel Eifer der Gestaltung unseres neuen Umfeldes: Ein schöner Pferdeauslauf und Reitplatz entstand auf dem Vorderhof, in dem sich die Pferde im Winter täglich tummelten. Ein Schutzschuppen bei den Weiden und neue, feste Pferdezäune wurden gebaut. Die Dächer der Hofgebäude deckten wir neu, wobei die Nachbarn eine Kette bildeten und so beim Decken halfen. Alle Scheunen- und Stallmauern wurden neu verfugt, die Giebel weiß angemalt. Der Hinterhof wurde befestigt und noch ein großer Maschinenschuppen gebaut. Im Wald schlugen wir einen Pappelhain, forsteten ihn neu und gemischt auf. Auf dem Hof pflanzten wir Eichen, Kopfweiden und Obstbäume aller Art und brachten den brachliegenden Gemüsegarten wieder in Schwung. Schon ein Jahr später erntete ich dort wieder Beeren und Früchte, Kräuter und Schnittblumen. Im Staudengarten riss ich die vielen bodendeckenden Grünpflanzen hinaus, die mir während meiner Abwesenheit die Pflege erleichtert hatten, und ersetzte sie durch Stauden und Blumenzwiebeln. Und der Hof blühte im wahrsten Sinne des Wortes auf! Hubert und ich gingen Hand in Hand durch den Garten, die Wiesen, den Wald, und wir waren voller Stolz und Freude!

Die Landwirtschaft auf dem Thelenhof war lebhafter denn je! Seit einigen Jahren war noch eine Anzahl Bewohner hinzugekommen, die inzwischen fest zu unserem Hof gehörte: Polen. Seit Günter vor Jahren mit Blumenkohlanbau begonnen hatte, lebte eine Gruppe polnischer Männer und Frauen zeitweise bei uns. Zuerst wurden sie in den ungenutzten Zimmern an der Tenne untergebracht. Wie leise, höflich und diskret sie waren! Später legte Günter eine Wohnwagensiedlung unter den Bäumen am Teich an und er baute einen Dusch- und Waschraum mit WCs und Waschmaschine. Seitdem bevölkerten das ganze Jahr über zwischen zehn und zwanzig Polen unseren Hof. Sie arbeiteten nicht nur bei Günter, sondern überall in der Gegend, je nachdem, wo sie gebraucht wurden. Immer kamen dieselben Menschen wieder. Wir waren Altvertraute geworden und freuten uns jedes Mal beim Wiedersehen. Sonntags saßen alle schön angezogen beisammen, tranken Vodka, lachten und hörten polnische Volksmusik. Die Woche über arbeiteten sie hart und fleißig, sie waren willig und immer fröhlich. Kein Bauer kann auf diese großartigen Menschen verzichten.

In den 1980er Jahren verfielen die Preise für landwirtschaftliche Produkte dramatisch. Viele große Ackerbaubetriebe Schleswig-Holsteins, die allzu eingleisig organisiert worden waren, standen vor dem Aus, denn alle Methoden, die Produktionskosten zu senken, waren längst ausgereizt worden. Es gab für sie keinen Weg zurück. Wie oft bekam Jörg in diesen Jahren nun plötzlich zu hören: „Ja, du hast keine Probleme, du hast ja einen Zeltplatz!"

Am Niederrhein hingegen führte der Preisverfall zu einer allgemeinen Intensivierung der Betriebe. Ställe wurden gebaut und die Viehbestände aufgestockt, noch bevor die Milch kontingentiert wurde. Die Bauern pachteten oder kauften Land hinzu von Höfen, die keinen Nachfolger mehr hatten. Getreide verschwand fast völlig aus den Fruchtfolgen, statt dessen wurden arbeitsintensivere Früchte angebaut. So würden heute all diese Höfe ohne die fleißigen Polen gar nicht mehr existieren. Für die Holsteiner Großbetriebe hingegen bot sich völlig unvorhersehbar eine letzte Chance: die Flächen im Osten, in Mecklenburg. Schnell griffen viele zu und pachteten große Flächen, die oft Hunderte von Kilometern entfernt lagen. Dort produzieren sie nun, subventioniert im Rahmen des Programms Aufbau Ost, massenhaft Weizen, Zuckerrüben, Raps, und die Preise sinken und sinken. „Du ahnst ja nicht, was es dort drüben für riesige Flächen gibt!", sagte mir jetzt einmal ein holsteinischer Graf, derselbe, der achtzehn Jahre vorher behauptet hatte, dass diese Flächen zusammen größer als der Erdball wären, wenn man den Flüchtlingen Glauben schenke!

Aber über das Gerede der ehemaligen Holsteiner Nachbarn schmunzelte ich nur noch, es konnte mich nicht mehr treffen oder verletzen. Mein Selbstbewusstsein war zurückgekehrt. Dabei wurde mir wie eh und je, wenn ich kurz in Holstein war, um die Kinder zu sehen, und einem von ihnen in der Kleinstadt begegnete, die gleiche Frage gestellt: „Kann man überhaupt von so wenigen Hektar leben?" Sie hatten offenbar noch nichts dazugelernt.

Zu einigen Menschen aber hielten wir weiterhin freundschaftliche Verbindung und sie schlossen auch Hubert in ihr Herz. Dazu gehörte selbstverständlich Hans-Werner, der sich – wie das Leben so spielt – von seiner Frau scheiden ließ, um Christa zu heiraten, die Sehlendorfer Haushälterin! Und natürlich gehörte auch Xenia dazu. Sie war die erste, die uns auf dem Thelenhof besucht hatte. Aber sie war so furchtbar elend gewesen!

Eines Tages rief Lexi mich an: „Ich möchte, dass du es weißt: Xenia ist heute Nacht gestorben. Sie erstickte in den Armen ihres Sohnes." Diese grauenvolle Nachricht traf mich wie ein Schlag. Erst 43 Jahre alt, musste sie ihr Leben lassen, und ihre beiden halbwüchsigen Söhne standen allein auf der Welt! Hubert, die Kinder und ich fuhren zur Beerdigung auf die Burg Hohenzollern. Alle Menschen, die ihr in ihrem Leben in Sehlendorf nahegestanden hatten, waren dort versammelt, ein kleiner, sehr gemischter, unendlich trauriger Kreis. Wir trösteten uns gegenseitig, indem wir unsere schönen und frohen Erinnerungen an Xenia, diese tapfere Frau, austauschten und ihre beiden Söhne in unsere Mitte nahmen.

Im zweiten Jahr unseres neuen Lebens auf dem Thelenhof war es endlich so weit: Hubert und ich konnten heiraten! All die vielen Papiere, die nötig waren, hatten wir nun beisammen, nicht zuletzt unsere Scheidungsdokumente.

In letzter Sekunde noch erstand unsere Küche in neuem Glanz: Hubert hatte als Hochzeitsgeschenk schöne Terrakottafliesen der Niederrheinischen Keramikfabrik darin verlegen lassen. Möbel und Wände wurden neu gemalt, wir platzten vor Stolz! Einige Tage zuvor erlebten wir im Heizungskeller einen Rohrbruch, der seinesgleichen suchte: Noch vor dem Absperrhahn platzte die Hauptleitung zum Haus. Mit großem Druck schoss das Wasser in den Keller und drohte, den Heizkessel zu überschwemmen. Hilfsbereite Nachbarn bildeten stundenlang eine Eimerkette, bis endlich – es war Freitagabend – jemand vom Wasserwerk aufzutreiben war, der das Wasser am Hydranten absperrte. Uff! So herrschte ständig Hochbetrieb bis zum 10. Mai 1991, unserem Hochzeitstag, den ich hier etwas ausführlicher schildern möchte: Er sollte im kleinen Kreis gefeiert werden – unsere Kinder, Huberts Eltern und Geschwister, meine Schwester, einige Freunde. Alle waren bereits angereist, Huberts Familie zum ersten Mal auf dem Thelenhof! Unser Garten hatte wundervoll geblüht, denn im Hinblick auf die Hochzeit hatte ich im vorherigen Herbst Aberhunderte Tulpenzwiebeln gesetzt. Doch schon viel zu früh war es zu warm geworden und die ganze Blüte längst vorbei. Einige Tage vor unserem großen Tag gab es dann – 8 °C Nachtfrost und die Magnolien, Kirschblüten, Glyzinien und das junge Grün der Büsche und Bäume waren hin! Es sah geradezu jammervoll aus, wie alle Blüten und Blätter traurig und braun herabhingen. Am Morgen unserer Hochzeit – wir hatten so gut wie noch nicht geschlafen – erhob sich um fünf Uhr früh in unserem Garten ein ohrenbetäubender Lärm: Flintenschüsse, Topfdeckelschlagen, Jagdhörnerklang. Wir flogen aus den Betten! „Sie machen Musik da draußen und das ist gar nicht lustig!", hörten wir den völlig verschlafenen Yorick sagen, der wie wir gerade erst unter die Bettdecke gekrochen war. Doch jetzt hieß es: Frühstücken! Unsere Nachbarin Marianne Roeloffs hatte alles mitgebracht: Tee, Kaffee, Brötchen, Käse, Schinken. Die Nachbarn, die uns so unsanft geweckt hatten, nahmen in unserer Küche Platz und frühstückten fröhlich mit uns, die wir noch völlig übernächtigt waren. Um sieben Uhr, als sie gingen, hieß es für uns: Vorbereitungen treffen für das Frühstück mit der Familie. Dann fuhren wir alle zum Standesamt.

Unser armer Uedemer Standesbeamter war schrecklich nervös. Allein schon die große Anzahl Menschen, die ihm da auf die Bude gerückt war, elegant und mit Hut, verwirrte ihn. Er hatte Schwierigkeiten mit unserem Namen, mit der französischen Sprache sowieso und schwitzte vor Aufregung. Wir jedoch lachten, scherzten und prusteten ungeniert, was den Ärmsten immer mehr verwirrte, bis er schließlich kopfüber, unter dem Vorwand, etwas tippen zu müssen, hinausstürzte. Geschlagene zwanzig Minuten ließ er uns sitzen; wir amüsierten uns königlich und waren davon überzeugt, dass er draußen vor der Tür stand und sich nicht mehr hereintraute.

Schließlich war das Jawort gesprochen und mit Büchsengeklapper fuhren wir wieder heim. Nachbarkinder spannten eine Schnur, sagten ein Gedicht auf, und vor unserem Hof wurde ein „feu de joie“[10] entzündet. Im braun erfrorenen Garten feierten wir in der nun wieder warmen Frühlingssonne. Reiterkameraden führten zu unserer großen Freude auf dem Reitplatz eine S-Dressurquadrille vor. Am Nachmittag fuhren wir zu einem Dankgottesdienst in ein kleines, entzückend versteckt gelegenes Kirchlein. Jagdbläser bliesen Teile aus der Deutschen Hubertusmesse und der Pfarrer hielt eine Ansprache zu der Bibelstelle Prediger 3: „Ein Jegliches hat seine Zeit…“, und er schloss mit Worten, die sich auf Hesses „Stufen“ beziehen, das Gedicht, das für Hubert und mich wie eine Lebenslosung ist.

Nach einem herrlichen Essen in unserem geliebten Bauernstübchen im Hotel van Bebber in Xanten, jener Stube, die am schönsten niederrheinische Wohnkultur widerspiegelt, sanken wir wie tot in unser Bett.

Bald nach unserer Hochzeit erhielten wir das für uns größte Geschenk: Hubert konnte ab jetzt in Deutschland verkaufen. Wir waren die ständigen Trennungen jetzt auch endgültig leid. Nun lebten Hubert und ich erst richtig zusammen! Er löste seine Wohnung in Lyon auf und wir richteten unser ehemaliges Gastzimmer mit seinen schönen Möbeln und persönlichen Dingen ein. Jetzt kam er jeden Abend nach Hause. Wie schön war unser Familienleben auch für Olivier.

Ein großes Einstandsfest gaben wir auch noch, natürlich im Pferdestall, zu dem alle Nachbarn und Uedemer strömten. Hubert sagte bei seiner Begrüßungsrede unter anderem: „Schon mehrere Male gab es hier am Niederrhein eine Franzoseninvasion; immer zogen sie wieder ab. Aber jetzt sind Olivier und ich da. Und wir bleiben!“

Dann, am Montag darauf, war das Feiern vorbei und eine große Aufgabe wartete auf uns: Wir begannen mit dem Abbruch und Wiederaufbau des alten Schweinestalls, da wir dringend Platz für unsere Kinder benötigten. Jochen, der langjährige, etwas behinderte Mitarbeiter der Familie Derksen, warf sich einfach nur mit der Schulter gegen die alten Mauern und schon fielen sie um. Wir sammelten alle die schönen Feldbrandsteine auf und kratzten den sandigen Mörtel ab, denn später sollten sie zur Verklinkerung des neuen Gebäudes dienen.

Es wurde ein sengend heißer Sommer. Auf der Plattform des neuen Fundaments, das bald gegossen war, hätte man Spiegeleier braten können. Wir arbeiteten schwer und schwitzend die ganzen Sommermonate hindurch, auch Olivier und sein Freund. Und siehe da, gegen Ende des Sommers stand da ein neuer „Schweinestall", der jedoch nur stilistisch dem Vorgängerbau angeglichen war. Die alten Klinker und die alten, gusseisernen Stallfenster, die weiß lackiert die Front zum Vorderhof zierten, standen dem Häuschen richtig gut, und wir waren unendlich stolz! Der ehemalige Misthof vor dem Gebäude verwandelte sich in einen von Kletterrosen umrankten, sonnenverwöhnten Innenhof; der kleine Hof hinten wurde ein Gärtchen. Große Fenstertüren ließen dort viel Südsonne in die neue Wohnung. Es gab nun zwei große Zimmer, eine Küche und ein Bad. Im September konnten Olivier und Adelheid einziehen. Adelheid hatte ihr Abitur in der Tasche und sollte für die Zeit ihrer Ausbildung bei uns auf dem Thelenhof leben.

So teilte auch sie nun unser Leben. Sie brachte „Cantate" und „Campari" mit, ihre und Elisabeths Pferde. So war unsere kleine Pferdeherde nach zweijähriger Trennung wieder vereint und die Begrüßungsfreude riesig. Auch Heidi hatte ihre Stute bei uns stehen. Heidi gehörte seit Neuestem zu unserem Uedemerfelder Lebenskreis. Sie war aus der Stadt hierhergezogen mit ihrem Pferd und ihrem kleinen Mischlingshund „Schröder". Täglich kam sie, um ihre Stute „Dunja" zu versorgen, ein abgrundtief hässliches Pferd, an dem sie in großer Liebe hing. Täglich schob sie Schubkarren voll Mist, obendrauf ihr Hündchen, über den Hof. Täglich führte sie auch „Dunja" ein bisschen spazieren, egal, ob es dunkel war, regnete oder stürmte. Zu diesen Wanderungen nahm sie auch immer „Seppl", das Pony, mit, ihren Dackelmischling „Schröder" und auch unsere beiden Hunde „Benjamin", den Wolfspitz, und „Gauguin", den riesigen französischen Schäferhund. So konnte es passieren, dass man auf der Fahrt abends im Dunkeln und bei strömendem Regen auf dem Uedemerfelder Weg plötzlich eine merkwürdige Karawane im Scheinwerferkegel hatte: Heidi mit Dunja und Seppl am Zügel, Schröder auf dem Arm und Benni und Gauguin bei Fuß watete knöcheltief und in Turnschuhen durch den morastigen Acker, um das Auto vorbeizulassen. Der Thelenhof ist der rechte Ort für etwas eigenartige Typen, und so gehörte auch Heidi bald fest zu uns.

Die die nächsten Jahre auf dem Thelenhof vergingen wie im Fluge. Mein Leben an Huberts Seite war immer aufregend, ständig sprühte mein Mann vor Ideen und Aktivität, sei es bei der täglichen Arbeit, in der Freizeit, im Sport oder auch im Familienleben. Wir liebten es nicht nur, gemeinsam zu reiten, Ski zu laufen oder am Wochenende eine schöne Fahrradtour durch die niederrheinische Heimat zu machen; an Huberts Seite lernte ich auch das Segeln lieben. Gemeinsam mit Georg und seinen Freunden unternahmen wir so manchen schönen Segeltörn. Das tägliche Leben mit Hubert war jedoch das Allerschönste. Gemeinsam machte uns jede Arbeit Spaß, wir waren erfüllt vom Landleben und unendlich glücklich. Hubert liebte es, für den Hof zu arbeiten. Singend saß er auf seinem „Cabrio", einem Hanomag Baujahr 65, und pflegte die Weiden. Er hegte auch die Pflanzungen im Wald, das Hofgelände, die Rasenflächen, er beschnitt Rosen und Büsche im Garten und packte überall mit an. Er war unerhört geschickt, keine Reparatur war ihm zu kompliziert. Ich half ihm bei der Schreibtischarbeit, die er hasste. Des Abends saß er stundenlang in Gespräche mit den Kindern vertieft, besonders mit Olivier. Er engagierte sich sehr, diskutierte voller Geduld und verausgabte sich restlos, sodass er hinterher oft ganz erschöpft war. Ich war begeistert – so hatte ich es mir doch immer gewünscht! Besonders bewunderte ich, dass Hubert bei Diskussionen mit den Kindern stets einen klaren Kopf behielt, während ich leider die aufbrausende Art meines Vater geerbt hatte.

Unser Leben war bunt und lebendig, die Zeit verging viel zu schnell. Wir liebten unser wunderschönes Haus, in dem wir all die herrlichen und traditionsreichen Dinge aus unseren Familien hüteten. Der Thelenhof breitete über uns sein großes schützendes Dach, wir lebten geborgen in seinen Mauern und glaubten, dass uns auf Erden nicht mehr Glück zuteil werden könne. Doch wie stets in solchen Momenten, in denen man glaubt, das Glück sei vollkommen, gibt es einen gehörigen Dämpfer.

Zunächst einmal kam uns durch ein Ereignis erst richtig zu Bewusstsein, wie vergänglich alles irdische Gut ist, und dass unser Glück besser nicht davon abhängig sein sollte: ein Erdbeben! Schon am Morgen jenes Apriltages flog unser Wolfspitz vor Nervosität, wie er es sonst nur vor Gewittern tut. So blieb er den ganzen Tag und wir wunderten uns, denn das Wetter sah nicht nach Gewitter aus. Des Nachts fuhr ich aus dem Schlaf: Das ganze Haus, das Bett, die Schränke wackelten! Gegenstände klimperten und es herrschte Lärm wie bei einem nicht allzu fernen Geschützfeuer. Ich wusste sofort: Das ist ein Erdbeben! Ich rüttelte meinen Mann wach, doch da war es schon vorbei und er glaubte mir kein Wort. Ich eilte zu den Kindern. Sie saßen verstört auf ihren Betten; auch sie hatten einen Todschreck bekommen und wären im nächsten Moment aus den Fenstern gesprungen. Nur schwer fanden wir in dieser Nacht wieder Schlaf. Am nächsten Morgen tönte es auf allen Sendern: Ein Erdbeben der Stärke 5,9 hatte den Niederrhein erschüttert und es dauerte 15 Sekunden! Hätte es auch nur wenige Sekunden länger gedauert, so wären etliche Häuser eingestürzt.

So aber blieben wir bis auf einige Risse in den Mauern verschont und stellten uns die brennende Frage: Was wäre, wenn? Ich weiß nicht, ob ich es verwinden könnte, wenn dieses Haus, für das ich ein Leben lang gekämpft und gearbeitet habe, in sich zusammenstürzen und alle geliebten Dinge unter sich begraben würde. Ich bezweifle das. Auf jeden Fall ist es ein langer Lernprozess, zu akzeptieren, wie plötzlich wir mit der Vergänglichkeit alles Irdischen konfrontiert werden können. Auch mein Vater hatte diese schmerzliche Lektion mehrmals erfahren müssen … „Was dich in Wahrheit hebt und hält, muss in dir selber leben!“

Ein knappes Jahr später sollte es schlimmer kommen!

Den Sommer über hatten wir die Baupläne für den Umbau des Kuhstalls fertiggestellt. Da er nicht mehr genutzt wurde – er genügte den Erfordernissen der Zeit nicht mehr – und sein Gemäuer zusehends verfiel, hatten wir uns dazu entschlossen, ihn zu zwei Wohnungen umzubauen. Hubert begann damit, die alten Holzdecken herauszureißen, eine sehr harte Arbeit! In zig Jahren hatten sie sich vollgesogen mit Schweinestaub, stanken auch dementsprechend und mein Mann hustete noch Wochen später. Die Baugenehmigung kam im Januar und bald darauf wollten wir mit dem Umbau beginnen. Doch da geschah etwas, das unsere Pläne gründlich durcheinanderwarf.

Es war ein sonniger Samstag Anfang Februar. Wir alle vom Hof wollten zu einer Hengstschau in der Nähe fahren. Außer uns beiden waren schon alle fort, als wir bemerkten, dass plötzlich der ganze Garten voller Nebel war. „Seltsam“, dachten wir, „es war doch gar nicht neblig.“ Wir gingen nach draußen und dann sahen wir es: Aus Günters Wohnzimmerfenster wälzte sich eine dicke Rauchwolke! Sofort stürzte ich zum Telefon und alarmierte die Feuerwehr, während Hubert die alte Hündin „Trixi" aus Günters Wohnung befreite, indem er die Türe zertrümmerte. In großer Erregung und Hast schleppte ich alles in den Garten, was mir aus unserer Wohnung lieb und teuer war. Hubert spritzte unterdessen mit dem Gartenschlauch durch die offenen Fenster in das Feuer, ein hoffnungsloses Unterfangen! Unheilvoll heulten die Sirenen, das Feuer begann immer lauter zu prasseln, ich rannte wie um mein Leben hin und her und rang nach Atem. Im Nu waren alle Nachbarn zur Stelle und auch ein Trupp Jäger, der gerade Karnickel schießen wollte, kam, um zu helfen. Sie packten, ohne viel zu fragen, mit an und schleppten alle Möbel, Bilder, Bettzeug, Kleidungsstücke nach draußen in den Garten. Wir rannten, als ob uns der Teufel im Nacken säße, denn der Lärm des Feuers war jetzt schon über uns! Ich sehe noch den gichtkranken Nachbarn Wieler zusammen mit einem herzkranken alten Jäger die mit Geschirr vollgestopfte Kredenz, dieses schwere alte Möbel, nach draußen wuchten. Ein anderer Jäger verknackste sich das Fußgelenk an einer der vielen Stufen und rannte trotzdem weiter. Heidi und noch einige Frauen räumten oben in Ruths Wohnung hastig die Zimmer jenseits der Brandmauer leer und packten alles in das Wohnzimmer am Giebel. (Ruth und ihre kleine Tochter Frauke lebten erst seit wenigen Monaten hier.) Nach zwanzig Minuten, in denen das Feuer furchterregend prasselte und Dachziegel und Fensterscheiben nur so knallten, hatte die Feuerwehr endlich Wasser und spritzte aus drei Schläuchen in die lodernden Flammen. Ich bekam von alledem so gut wie nichts mit, denn mit trockener Kehle und rasendem Herzen schleppten wir auch noch die letzten Dinge in den Garten. Günter und seine Freundin Margret wurden auf ihrem Hof in Kirsel benachrichtigt und stürzten zum Thelenhof. Als sie oben vom Berg aus die Flammen hoch aus dem Dach emporlodern sahen, wussten sie: „Wir haben nichts mehr!" So war es. Als die Feuerwehr uns meldete, der Brand sei gelöscht, waren zwei Drittel des Hauses vernichtet. Der Brandgiebel, der das alte Wohn-Vorderhaus vom Stall-Hinterhaus trennte, hatte unsere Wohnung geschützt. „Hinten" sorgte nur die Betondecke, die mein Vater nach dem Krieg eingezogen hatte, dafür, dass unsere Küche noch existierte. Von Günters großer Wohnung jedoch und von der halben Wohnung Ruths blieb nur ein qualmender Schutthaufen. Wir standen stumm und erschüttert im Garten herum. Ruth kam ahnungslos mit ihrer Tochter nach Hause und brach in Tränen aus. Adelheid weinte fassungslos; auch sie war nicht da gewesen und wurde erst nach dem Brand benachrichtigt. Günter und ich umarmten uns schweigend. „Warte es ab", sagte er dann, „jetzt werdet ihr erstmal unendlich viel Mühe und Arbeit haben, aber später wirst du froh sein, denn dann habt ihr ein neues Haus." Mich tröstete es in diesem Moment wenig.

„Alles kann wieder eingeräumt werden, die Gefahr ist vorüber!", kommandierte der Feuerwehrboss und ehe wir uns versahen, packten zwanzig, dreißig Männer mit an. Im Nu wurden die schweren Möbel und Sachen wieder in unsere Wohnung zurückgeschafft, kreuz und quer, doch unversehrt. Ja, unversehrt war unsere Wohnung geblieben, nicht ein Tropfen Löschwasser war auf der anderen Seite des Brandgiebels in das Haus gelaufen!

Nach der Hengstvorführung kamen Reiterkameraden und halfen, unsere Pferde in einen Stall in der Nachbarschaft umzuquartieren, den man uns zur Verfügung gestellt hatte, weil der unsrige einsturzgefährdet war. Hier würden die Pferde nun bis zum Weideaustrieb in drei Monaten bleiben dürfen.

Abends, nachdem die Feuerwehrleute fort waren, saßen Hubert und ich in dem chaotischen Drunter und Drüber des Wohnzimmers und leerten eine Flasche Champagner. Tiefe Dankbarkeit erfüllte uns, dass wir noch einmal so viel Glück im Unglück gehabt hatten und noch zuhause gewesen waren, als der Brand ausbrach. Es hätte ja genauso gut sein können, dass wir ahnungslos heimgekommen wären, um nur noch einen qualmenden Aschehaufen vorzufinden! Die Feuerwehrleute hatten gesagt: „Fünf Minuten später, und wir hätten den Brand nicht mehr stoppen können, dann hätte er das Vorderhaus erfasst!" Hier aber saßen wir nun, tranken Champagner und waren überglücklich, dass wir gesund waren, unsere Wohnung noch hatten und auch sonst niemand zu Schaden gekommen war. Nie werden wir den bedingungslosen Einsatz der Nachbarn vergessen, die ihre Gesundheit riskierten bei der Bergung der Einrichtung! Alle Dinge, für die wir die Verantwortung von unseren Eltern übernommen hatten, nicht nur Möbel, sondern vor allem auch Dokumente wie Familienchroniken, Schriften, Tagebücher aus dem Krieg, die Baade-Gedichte, Fotos, alles war noch einmal davongekommen!

Anders erging es den armen Derksens. Sie hatten nichts außer den Arbeitssachen, die sie am Leibe trugen. Alles war vernichtet, auch das

Hab und Gut von Günters Kindern. Sie hatten ihr Zuhause verloren, ihr Nest, in dem sie aufgewachsen waren. Sie erlebten genau die Prüfung, vor der ich solche Angst hatte. Erst einmal bezogen sie in Kirsel Quartier in einer Wohnung, die Günter gerade fertig gebaut hatte und vermieten wollte. Viele Menschen spendeten Anziehsachen. Ein Uedemer Bürger in angesehener Stellung, den wir alle längst wegen seiner enormen Menschlichkeit schätzen gelernt hatten, übertraf uns alle. Er stellte gemeinsam mit seiner Frau für Günter und Margret zwei Koffer mit nagelneuen Sachen zusammen, von der Unterhose bis zum Anorak, von Hausschuhen bis zum Haarfön war an alles gedacht worden, und er übergab es ohne viele Worte. Günter stand sprachlos da, und Tränen kullerten ihm übers Gesicht.

Die Nachbarfrauen suchten tagelang in der klebrigen Asche nach unversehrtem Geschirr und intakten Kochtöpfen. Sie fanden tatsächlich so einiges, packten es in den Geländewagen und brachten es nach Kirsel. Dort trafen wir uns dann alle zum Spülen. Es war gar nicht so leicht, die klebrige stinkende Masse abzubekommen, doch gemeinsam ging die Arbeit gut voran und machte Freude. Der ganze Hinterhof bei Derksens war in Flutlicht getaucht. Wie immer herrschte hier „Action" rund um die Uhr. In einer Halle bauten Männer gerade einen Klowagen, der künftig auf Kirmesfesten und Discos stehen sollte. In einer anderen Halle baute die Landjugend einen Karnevalswagen. Später weihten wir Günters und Margrets Wohnung ein, die mit Margrets schönen alten Möbeln aus Kleve eingerichtet worden war. Es wurde ein lustiger Abend, an dem wir uns alle betranken und unser Missgeschick wie in alten Zeiten mit großer Selbstironie belachten.

Und wieder wurde es Karneval! In der kommenden Woche feierten wir alle wie eh und je übermütig und selig den Keppelner Umzug.

Doch es begann eine harte Zeit für uns. Eine wochenlang anhaltende Regenperiode machte uns zu schaffen, denn zwei Drittel des Hauses waren ja ohne Dach. Die Wände hatten sich ohnehin mit Löschwasser vollgesogen, und nun kam der Segen auch noch reichlich von oben. Der Dachdecker hatte, nachdem von einer Abbruchfirma Schutt und Asche fortgeschafft worden waren, den Boden mit Teerbahnen abgedeckt. Aber Wassermassen, die vom Himmel stürzen, suchen sich immer ihren Weg. Das Wasser lief an den Wänden herab in die kleinen Zimmer unten, in unsere Küche, die Diele, die Kammer und den Stall.

Täglich fegten wir es oben durch ein Loch auf die darunterliegende Tenne und pumpten es dann in den Teich. Die schwarze stinkende Brühe, die uns jeden Tag von neuem in der Küche begrüßte und die wir dann erstmal fortschaffen mussten, ließ mich manchmal verzweifeln, und heulend schnappte ich mir wieder meinen Besen, um den Dachboden zu fegen. Die Kinder kamen aus Holstein und halfen uns liebevoll, so gut sie konnten, ebenso wie Adelheid und Olivier.

Seit einem halben Jahr wohnten die beiden schon nicht mehr bei uns. Adelheid war zu ihrem Verlobten gezogen und Olivier zu seiner Freundin. So hatten wir den „Schweinestall" vermietet. Anne wohnte jetzt dort, eine putzmuntere, freundliche junge Frau, die nie ihre erfrischend gute Laune zu verlieren schien. Sie kam mit zwei Hunden, zwei Pferden, Vögeln, Fischen, am liebsten noch Schafen und Ziegen, doch da streikten wir. Mittlerweile lebten nun wieder zehn Pferde auf dem Thelenhof! Für uns hatte das bedeutet: Boxen in der Scheune bauen, Weideland dazu pachten. Annes Hingabe an ihre Tiere machte uns Freude. Und wie wohltuend empfanden wir ihr fröhliches Wesen jetzt in dieser düsteren Zeit, denn wir drei lebten ja nur noch allein in dem verbrannten Haus! Solch eine menschenleere, gespenstische Stille waren wir vom Thelenhof nicht mehr gewohnt, sie bedrückte uns zutiefst. Annes immer munteres, ansteckend heiteres Wesen war Hubert und mir jedoch eine große Hilfe.

Endlose Wochen lebten wir so. Auf dem Vorderhof ragte einsam der hohe spitze Giebel in den Himmel. Der verkohlte Dachstuhl bot ihm noch etwas Halt und war aus diesem Grund noch nicht abgerissen worden. Zunächst einmal mussten ein Bauplan erstellt, eine Baugenehmigung abgewartet und Ausschreibungen für diverse Firmen gemacht werden. Gottlob fand sich ein Zimmermann, der bereit war, so bald als möglich mit der Arbeit zu beginnen.

Endlich, nach zweieinhalb Monaten, war die schlimme Zeit vorbei und wir konnten mit der Arbeit beginnen! Zunächst einmal musste in mühevoller Kleinarbeit der verkohlte Dachstuhl zersägt und behutsam entfernt werden. Die Männer der Abbruchfirma hatten kein leichtes Spiel. Sie arbeiteten schwer, gaben sich riesige Mühe, nicht noch mehr zu zerstören und demontierten nach und nach, Container für Container, das ganze Obergeschoss, die Fenstergaube, die Schornsteine, die Heizungen, eben alles. Schließlich rissen sie auch noch die alten dicken Zugbalken heraus, die die Außenwände des Hauses zusammenhielten, und entfernten die baufällige Betondecke über dem Stall. Einzig die Zwischendecke über Küche und Kammer und den drei kleinen Zimmern blieb erhalten, und so konnten wir weiterhin die Küche benutzen. Hier saß ich um diese Zeit und nähte tagaus tagein Kostüme für den Reiterverein, denn am 1. Mai sollte in Uedem ein historischer Umzug stattfinden. Ich werde nie vergessen, wie ich dort am Küchentisch saß und nähte und nähte, während vor dem Fenster ein Regen von Backsteinen herunterstürzte und es über mir dauernd so furchterregend rummste, dass alles bebte. So manches Mal bin ich vor Schreck in den Garten geflohen.

Dort blühte es wie immer um diese Jahreszeit. Narzissen, Magnolien und die blühenden Sträucher wussten nichts von dem, was geschehen war. Die Kletterrosen und Glyzinien lagen auf dem Kiesweg, da sie keinen Halt mehr hatten, wie auch schon im Jahr vorher, als die gesamte Westfront neu verfugt und beigemauert worden war. Jetzt türmte sich ein großer Teil der gerade frisch ausgebesserten Backsteine wieder in den Blumenbeeten.

Endlich, am 26. April, war es soweit: Der Zimmermann rückte an! Zuerst wurden mit einem Riesenkran die fünfzehn Meter langen Doppel-T-Träger über den Giebel gehoben und in das Haus eingelassen, sodass die Außenwände wieder Halt bekamen. Auf diese setzte der Kran dann die großen hölzernen Dreiecke, die die Form des Dachstuhls beschrieben. Eines nach dem anderen wurden sie fest an den Eisenträgern verschraubt und im First mit Hölzern verbunden. Hubert und ich beobachteten fasziniert die Zimmerleute, die fröhlich und scherzend in großer Höhe auf den Balken entlangliefen, als ob es der Erdboden wäre. Ihr Lachen, ihre Rufe und ihr Hämmern waren für uns die schönste Musik, die wir seit langem gehört hatten. Endlich bekamen wir wieder ein Dach über den Kopf.

Schon am nächsten Tag wurden die senkrechten Hölzer angebracht, auf die die Dachlatten genagelt werden sollten. Am dritten Tag bereits konnte der Dachdecker mit dem Eindecken in Folie beginnen. Alles musste schnell gehen, denn die Teerpappe gab es ja nicht mehr, das Haus war völlig ungeschützt gegen Regen. Wir hatten Glück! Am vierten Tag sah es aus wie ein Kunstwerk von Christo. Wir waren in Sicherheit, die neue Folie deckte alles.

Nun feierten wir erst einmal ein zünftiges Richtfest. Alle Handwerker, Abbruchleute und alle, die uns bei dem Brand so phantastisch geholfen hatten, wurden dazu eingeladen. Der Zimmermeister verlas den Richtspruch, und nach alter Sitte mussten Hubert und ich hoch oben im Gebälk erst einige Korn kippen und dann noch einen Nagel mit möglichst wenig Schlägen ins Holz klopfen. Unsere Tenne sah großartig aus! Der neue riesige Dachstuhl mit dem unglaublich vielen Holz wurde von Strahlern beleuchtet, die Hubert installiert hatte. Die Nachbarn hatten einen bunten Richtbaum im Dachstuhl befestigt. Wir wussten, nur wenige Tage würden wir in der Tenne bis unter das Dach sehen und die Balkenkonstruktion bewundern können, denn dann würde die neue Betondecke eingezogen werden.

Noch während wir feierten, begann es zu regnen. Welch ein wundervolles Gefühl – wir blieben trocken! Der Regen prasselte auf die Plastikfolie, dass wir unser eigenes Wort nicht verstehen konnten. Fasziniert lauschten wir dem Getrommel, über alle Maßen glücklich.

Es folgten der Einbau der Betondecke, das Aufmauern der Zimmerwände im Obergeschoss, die Installationsarbeiten und so weiter und so fort. Wir arbeiteten wie die Berserker. Als erstes rekonstruierten wir den zerstörten Teil der vorderen Wohnung, damit Ruth wieder einziehen konnte. Als das geschafft war, folgte der Bau der Wohnung, in der einstmals Günter gelebt hatte. Er konnte leider nicht wiederkommen. Sein Vater war alt, früher oder später wäre sowieso der Wechsel nach Kirsel fällig gewesen. Wir nahmen es schweren Herzens zur Kenntnis. Es entstand eine wunderschöne Wohnung mit toller Ausstattung und großzügiger Aufteilung. Sechs Monate nach Beginn des Wiederaufbaus konnte sie bezogen werden. Für uns bauten wir zwei Gästezimmer mit Bädern, eines unten an der Tenne, eines oben, beide mit diesem herrlichen Blick in den Garten und die Felder.

Wir waren ein großes Stück weitergekommen, der Wiederaufbau war vollbracht! Günter hatte Recht gehabt – jetzt hatten wir ein neues Haus. Aber ich wünsche niemandem das, was hinter uns lag!

Unmittelbar danach stürzten wir uns auf den Ausbau des Kuhstalls, der teilweise schon parallel angelaufen war. Wiederum arbeiteten wir wie wild, den ganzen Winter hindurch, und schufen zwei lichte, moderne Wohnungen, deren Wohnräume bis in die Dachspitze offen blieben. So kam das 200 Jahre alte Balkenwerk herrlich zur Geltung. Am ersten April bereits zogen die ersten Mieter ein – junge, kultivierte Leute, und im Sommer wurde auch die zweite Wohnung bezogen. Ein blumenumrankter Balkon mit Blick auf die Pferdeweiden und der ehemalige Misthof, jetzt ein über und über blühender, an Südeuropa erinnernder Patio, vollendeten die Wandlung des alten Kuhstalls. Beide Giebel zum Vorderhof strahlten jetzt in neuem Glanz mit ihren weißen Fenstern, den grün-weißen Haustüren und dem sauber verfugten Gemäuer. Wahrhaftig, man erkannte unseren Thelenhof kaum wieder. Wir platzten vor Stolz! Und viele Uedemer lobten und bewunderten alles, was sich bei uns verändert hatte und neu geschaffen worden war. Wenn man vom Berg hinabschaute nach Uedemerfeld, so winkten jetzt die drei weißen Giebel mit vielen fröhlich-weißen Fenstern, ein neuer Anblick! Aus unserem alten Bauernhof war ein Wohn-Hof geworden!

Der Zwang der Zeit hatte diese Wandlung erforderlich gemacht und wir haben uns ihm gern unterworfen. Wenn wir nicht mit der Zeit gehen, wenn wir uns gegen sie stemmen, gehen wir unter, und unsere Höfe werden schon bald nicht mehr stehen. Man kann es überall in Deutschland beobachten, die Spreu trennt sich vom Weizen. Sehr viele Bauernfamilien hören auf, die Alten gehen in Rente, die Jugend ergreift Berufe in der Stadt. Die schönen alten Scheunen und Stallgebäude verfallen zusehends, einzig die Wohnhäuser bleiben erhalten. Ein trauriges Bild. Andere Höfe dagegen expandieren, werden größer und moderner; hier sind dynamische Bauern am Werk. Wir sind keine Bauern mehr, doch wir sind Landleute und wollen unseren Hof erhalten. Deshalb haben wir den Weg der Wohnungsvermietung gewählt.

Ich habe absichtlich Brand, Wiederaufbau und Umbau des Kuhstalls hintereinander weg geschildert, denn es geschah auch so. Darüber hinaus war diese Zeit reich gewürzt mit Ereignissen, von denen ich einige erzählen möchte:

Zum Jubiläum der Stadtwerdung Uedems fand am 1. Mai 1994 ein historischer Umzug statt. Eine alte Freundin meiner Mutter hatte sich durchgesetzt und es tatsächlich geschafft, alle Uedemer Bürger für diese Idee zu begeistern. Sie hatte die Vorarbeit bei der Geschichtsforschung geleistet und übernahm nun die Organisation. Alle Vereine, Freundeskreise und sonstigen Gruppen erhielten ein historisches Bild, das sie zu gestalten hatten, und sie widmeten sich dieser Aufgabe mit unglaublichem Eifer. Unser Reiterverein sollte das Hauptbild, die Verleihung der Stadtrechte durch Graf Dietrich von Cleve, gestalten. Hubert und ich sollten das Grafenpaar darstellen, Adelheid unsere Tochter. So saß ich wochenlang in jeder freien Minute in der Küche an der Nähmaschine und nähte Kostüme für das reiterliche Gefolge, während über mir das Haus abgebrochen wurde. Für uns beide holten wir Kostüme aus dem Verleih, wie es viele andere Uedemer für ihre Bilder auch taten. Die Spannung stieg und stieg.

Dann war der große Tag gekommen: Wir flochten goldene Bänder in die Mähnen und Schweife unserer Pferde, saßen auf in unseren historischen Kostümen und ritten klopfenden Herzens nach Uedem. Am Sammelpunkt angekommen, bot sich uns ein phantastisches Bild! Was für wunderschöne Kostüme, prachtvolle Wagen und Kutschen, was für phantasievoll verkleidete Gruppen formierten sich hier zum Umzug! Circa 1 000 Uedemer hatten an der Gestaltung der Bilder gearbeitet und schickten sich nun an, bei herrlichstem Sonnenschein durch die Straßen Uedems zu ziehen. Um die 10 000 Zuschauer säumten ihren Weg, jubelten und klatschten Beifall bei jedem Bild, während sich der Zug ganz langsam und von geschichtskundigen Männern per Lautsprecher kommentiert, durch die überfüllte Stadt bewegte. Vom ersten Bild, der Besiedelung des Uedemer Gebietes durch die Franken Mitte des 5. Jahrhunderts unter Führung des Ritters Odo, das die Landfrauen so lebendig gestaltet hatten mit Kühen, Schafen, Ziegen, Ackergerät und Handkarren mit allerlei Hausrat, über die Spanier- und Franzosenherrschaft bis hin zur Kaiserzeit, die von der Feuerwehr und dem Uedemer Spielmannszug in historischen Kostümen repräsentiert wurde, war jeder Station der Uedemer Geschichte ein reich gestaltetes, wunderschönes Bild gewidmet. Viele Tiere zogen mit und Pferdegespanne aller Art. Vor allem die Kaltblüter, in die archaischen Ackerkarren gespannt oder mit altem Ackergerät, machten riesigen Eindruck. Die Jäger zogen in historischen Kostümen mit ihren Hunden und Greifvögeln, die Beginen[11] und auch die Nonnen aus dem Uedemer Klösterchen fehlten nicht. Anschließend wurde auf der „Bleiche" die Szene der Beurkundung der Stadtrechte nachgestellt und Graf Dietrich wie auch sein Bruder Graf Johann winkten der Menge zu. Dann wurde gefeiert! Alle blieben in ihren Kostümen, und so war selbst dieses Bild der seligen, fröhlichen und bunten Menschen auf dem Marktplatz und in den Kneipen noch wunderschön. Wie glücklich waren alle und auch stolz auf den gelungenen Umzug. Noch lange danach wurden wir nicht nur in Uedem, sondern auch in Goch, Kleve und allen anderen umliegenden Städtchen voller Begeisterung darauf angesprochen.

Im selben Jahr fand wie immer in Uedem ein sommerliches Stadtfest statt, das allerdings wegen des Jubiläums noch größer und bunter aufgezogen wurde als sonst. Unser Reiterverein organisierte zu diesem Anlass einen Kutschenkorso. Zwanzig historische Kutschen in verschiedenartigster Anspannung waren erschienen. Vom ungarischen Schimmelviererzug über prachtvolle Friesen- und Haflingerviererzüge bis hin zu Kaltblutgespannen war von allem etwas dabei. In den Kutschen saßen Herren und Damen in zeitgemäßer Kleidung, passend zum Alter der Kutsche. Auch Hubert und ich nahmen an diesem Ereignis teil, in Cut und Zylinder, mit langem Rock und breitkrempigem Hut. Zunächst einmal ging es gemächlich durch die herrliche niederrheinische Landschaft, die man doch viel intensiver wahrnimmt von einer Kutsche aus als von einem Auto. Ja, selbst auf dem Fahrrad bleibt nicht so viel Zeit, sie zu genießen. Durch Felder, Wiesen und Wälder zog der wunderschöne Korso, um zum Abschluss noch einmal durch die überfüllten Straßen Uedems zu fahren.

Ein anderes Ereignis bewegte unsere Herzen, die „Hochzeit des Jahres 1994“: Günter heiratete seine Margret. Sie hatten sich ungefähr in der Zeit kennengelernt, in der Hubert und ich auf den Thelenhof gezogen waren. Nun sollte Hochzeit sein. Günter hatte zwei Jahre zuvor auf unserem Hinterhof eine große Kartoffelhalle gebaut, die in den Wintermonaten bis unters Dach mit Kartoffeln gefüllt war. Hier warteten sie – gut belüftet und isoliert – auf bessere Preise. In den Sommermonaten diente die Halle Günters Kindern als Disco-Scheune, und nun sollte sie als festlicher Hochzeitssaal hergerichtet werden. Keine leichte Aufgabe für die Nachbarschaft! War doch die Halle von innen kahl, dreckig und fürchterlich lang.

Doch dann verwandelten fleißige Hände sie binnen eines Abends in einen wunderschön geschmückten Festsaal: Die Wände wurden mit Maispflanzen tapeziert, große blau-weiße Schmetterlinge aus Tapete dazwischen getackert, blau-weiße Bänder und Grün hingen von den Eisenträgern der Decke, hunderte blau-weißer Kreppapier-Röschen überall! Runde weiße Tische und Stühle, blaue Tischdecken und viele Blumen und Kerzen ergänzten das schöne Bild. Georg und Elisabeth, die zu dem Ereignis aus Holstein gekommen waren, rieben sich überwältigt ein paar Tränchen aus den Augen.

Nach der Trauung sah vor der Kirche der übliche große Menschenauflauf zu, wie die verschiedenen Vereine und Freunde Spalier standen und den beiden lauter lustige Aufgaben stellten. Zum guten Schluss musste noch eine Kuh gemolken werden!

Die Bauernfreunde hatten das arme verschreckte Vieh zwischen die vielen Menschen gestellt. Mit Melkschemel, Eimer, Kopftuch und Schürze begann Margret das ihr bis dato fremde Handwerk. Vor Aufregung besudelte die Kuh das Brautauto, das hinter ihr stand, mit einem kräftigen Fladen. Aber was machte das schon! Auf dem Rückweg wurde das Brautpaar selbstverständlich in einer geschmückten Kutsche chauffiert, zweispännig und in Begleitung einiger Reiter mit Standarte. Vor der Kartoffelhalle empfing sie ein überlebensgroßes Hochzeitspaar: von den Freunden aus Strohrundballen gebaute Puppen. Sie, Margret mit prallem Busen im Hochzeitsgewand, er, Günter, mit Frack und Zylinder. 170 geladene Gäste füllten bald darauf die große Halle mit ihrem Lachen. Auch alle anwesenden Polen waren zur Hochzeit geladen. Sie kamen fein herausgeputzt, verbeugten sich einzeln vor Günter und küssten Margret die Hand. Alle zusammen feierten wir ein rauschendes Fest und tanzten bis zum Umfallen.

Welch ein Glück war diese Hochzeit! Das lange Alleinsein und Warten hatte sich für Günter gelohnt, denn jetzt hatte er die richtige Frau gefunden. Obwohl Margret aus der Stadt stammte und sich geschworen hatte, nie etwas mit einem Bauern zu tun haben zu wollen, zeigte sie nun bedingungslosen Einsatz neben ihrem eigenen vollen Beruf als Kindergärtnerin. Sie kochte für zig Polen abends vor, sie molk, sie half bei der Feldarbeit, sie teilte völlig und oft bis zur Erschöpfung Günters Leben.

Das alles klingt so sehr nach Happy End auf dem Thelenhof, für Günter und Margret, für Hubert und mich. Doch gibt es so etwas überhaupt? Das Leben nimmt seinen Lauf, es fordert uns ständig von Neuem heraus. Und doch ist es so unendlich viel leichter, wenn man gemeinsam kämpfen darf, wenn wir für einander einstehen, wenn wir Freuden und Sorgen miteinander teilen.

„Des Lebens Ruf wird niemals enden!“ Vielschichtig, wie das Leben nun mal ist, kann die scheinbare Sicherheit, die wir uns zurechtgezimmert haben, urplötzlich wieder fort sein – weggefegt. Dann stehen wir da und sehen uns abermals dem Chaos gegenüber. Und wie schnell lernen wir jedes Mal wieder, darin zu leben, uns darin zu arrangieren. Ist es nicht der Urzustand unserer Welt? Nur durch permanente Anstrengung zwingen wir unserem Lebensraum eine von uns gewollte Ordnung auf, in der wir uns behaglich zurücklehnen möchten. Sie besteht dann auch einige Zeit, bis die Fassade wieder zusammenbricht und wir aufs Neue kämpfen müssen.

So wurden wir z. B. von einem katastrophalen Wasserschaden heimgesucht. In der Wohnung über uns war ein Waschmaschinenschlauch geplatzt, unsere gesamte Wohnung war hin und das Wasser hatte alle Möbel verdorben – es war also genau das passiert, wovon wir bei dem Großbrand verschont geblieben waren. Ich war den Tränen nahe! Die Zimmerdecken mit dem modrigen und stinkenden Plisterwerk mussten herausgerissen und die Möbel zum Restaurator gebracht werden.

Dann brausten sechs Wochen lang mehrere Trockenmaschinen im Haus, oben und unten, sodass uns von dem Lärm der Kopf dröhnte. Darauf folgte die Renovierung. Wieder arbeiteten wir den ganzen Sommer hindurch wie die Verrückten und verschenkten keine Stunde, um endlich einmal fertig zu werden mit unserem geliebten Haus. Danach waren die Räume schöner denn je: wunderbar aufgearbeitete Möbel, warme Farben an den Wänden –

„Und was passiert als nächstes?", fragten wir uns.

Unsere Ferien verbrachten Hubert und ich, seit wir verheiratet waren, in Südwestfrankreich auf „Le Deffend", dem väterlichen Schloss in der Vendée. Hubert hatte mich vor fünfundzwanzig Jahren schon einmal dorthin mitgenommen, als sein Großvater noch lebte. Damals existierte noch eine große Landwirtschaft. Jetzt aber gab es da, wo einstmals die Scheunen und Stallgebäude gewesen waren, nur eine leere Rasenfläche. Alles war tot, der riesige Gemüsegarten verwildert. Durch Erbteilung hatte man den Besitz unter elf Geschwistern aufgeteilt und er war unwiederbringlich verloren. Immerhin hatte Huberts Vater das Schloss zurückgekauft und mit viel Liebe und Geld instand gesetzt. Er hatte auch die restlichen verbliebenen Flächen liebevoll aufgeforstet und pflegte die Kulturen mit Hingabe. Auch der Blick weit über die Hügel der Vendée und auf das Flüsschen Sèvre war noch derselbe. Ich hatte ihn in guter Erinnerung behalten. Huberts große Familie traf sich im Sommer hier draußen, man lebte „la vie de château", und ich lernte, diese Chance zu nutzen und mich einmal im Jahr rundherum zu erholen und verwöhnen zu lassen, nachdem sich anfangs alles in mir dagegen gesträubt hatte. Hubert machte es genau so.

Auf unseren eigentlich so schönen Touren durch Frankreich wurden wir mehrere Male völlig ausgeraubt und standen ohne Auto, ohne Gepäck, ohne Papiere und ohne einen Pfennig Geld da. Man lernt, gelassen zu bleiben.

Ein anderes Erlebnis jedoch vergesse icn nie: Als wir einmal wegen einer Familienhochzeit in Madrid waren, wurden wir nachts in der Altstadt überfallen. Mein Mann prügelte sich mit den Gangstern, einer von ihnen zückte ein langes spitzes Messer und schwenkte es unheilvoll über Huberts Rücken! Ich schrie, starr vor Schreck. Gottlob erwischten sie das Portemonnaie und flohen! Ich höre noch immer das höhnische Gelächter einer Frau, die uns aus einem Fenster seelenruhig zugesehen hatte. Dieses schrille Lachen hieß für mich: „Siehst du, wie schnell auch dein Liebstes dahin sein kann! Nichts hat Bestand!"

Seit diesem Erlebnis wurde ich von bösen Vorahnungen geplagt. Meine Hoffnung auf ein friedvolles, geregeltes Leben war irgendwie abhanden gekommen; ich witterte eine Katastrophe.

Das Uedemer Turnier des Jahres 1998 stand bevor. Ich bekleidete seit einigen Jahren den ehrenvollen Posten der ersten Vorsitzenden unseres Reitervereins und hatte wie die anderen Vereinsmitglieder alle Hände voll zu tun mit Aufbau und Organisation. Hubert putzte seine bildschöne, großrahmige junge Stute und ritt sie zum Turnierplatz, wo sie, von einem jungen Mädchen geritten, ihre erste Prüfung gehen sollte. Ich sah ihn über die Hügelkette kommen. Je näher „Roxane" dem Turnierplatz mit seinem Getümmel und den Lautsprechern kam, umso nervöser wurde sie. Hubert zwang sie jedoch, weiter zu gehen. Plötzlich stieg sie senkrecht in die Höhe und Hubert fiel wie ein Stein ins Gras. „Oh Gott", dachte ich, „jetzt haut sie ab und überquert die Straße!" Ich rannte los, um sie vielleicht noch einfangen zu können. Hubert lag im Gras und rührte sich nicht und ich dachte, er schnappe nach Luft und das sei normal. Da kam mir ein Mann entgegengelaufen und rief: „Ein Notarzt muss her!" Ich rannte zu Hubert. Was ich jetzt sah, kann ich mit Worten nicht beschreiben, und am liebsten möchte ich diesen Anblick für immer aus der Erinnerung verbannen! Die Stute hatte Hubert den Kopf zertreten! Seine linke Gesichtshälfte war vom Kinn bis zum Schädel in zwei Teile gespalten, wie von einer Axt! Nur gurgelnd schnappte er nach Luft! – „Lieber Gott, er stirbt!" – Ich schrie aus Leibeskräften: „Sanitäter! Sofort hierher!" Der Mann hatte sein

Handy geholt und rief den Notarzt und den Hubschrauber. Hilflos sah ich Roxane davongaloppieren und in Richtung Hauptstraße verschwinden. „Lieber Gott, lass dort nicht auch noch etwas passieren!" Die Sanitäter vom Turnierplatz kamen angerannt und maßen Puls und Blutdruck. „Keine Angst, beides ist normal, er stirbt noch nicht!" Ich konnte den grauenvollen Anblick nicht ertragen und die Sanitäter schickten mich immer wieder weg. Aber ich musste ihm doch gut zureden! Endlich, nach Ewigkeiten, so schien es, traf der Notarztwagen ein und Hubert bekam erstmal eine Beruhigungsspritze.

Die folgenden Stunden, Wochen und Monate durchlebte ich einem tranceähnlichen Zustand, vollgepumpt mit Adrenalin und daher riesigen Kräften. Ich folgte dem Krankenwagen mit trockener Kehle, hörte Hubert im Gocher Krankenhaus schreien, als man ihm die Wunden säubern wollte. Es war kein Anästhesist frei! Ich rannte in den Operationssaal, wo der einzige am Samstag Diensttuende beschäftigt war, und flehte ihn an, zu meinem Mann zu kommen. Dann hörte ich den Hubschrauber abfliegen. Man drückte mir seine blutüberströmten Reitsachen in die Hand und gab mir zu verstehen, dass es sehr, sehr ernst sei. Später, am Nachmittag, fuhr ich zur Uniklinik Essen, wohin Hubert geflogen worden war, in die Neurochirurgie. Man ließ mich nicht zu ihm. Stattdessen kam eine äußerst warmherzige Ärztin aus der Intensivstation zu mir und erklärte mir sachlich seine Situation. „Die kommende Nacht wird die Krise", sagte sie abschließend, „wenn er die überlebt, kriegen wir ihn vielleicht durch. Ich rufe Sie natürlich an, wenn was ist. Kommen Sie morgen wieder; wenn alles gut geht, dürfen Sie dann zu ihm." Wie betäubt fuhr ich nach Hause, unfähig, zu beten, zu hoffen. „Herr, Dein Wille geschehe!"

Daheim suchte ich im französischen Wörterbuch die medizinisehen Fachausdrücke, die ich brauchte, und verständigte Huberts Familie. Ich telefonierte auch mit meinen Kindern, die mir durch ihre tiefe Erschütterung irgendwie Trost zu spenden vermochten. Dann ging ich auf die Pferdeweide und löste Roxane weinend die eingeflochtene Mähne. Maria Roeloffs hatte das Pferd, das mit hängenden Steigbügeln, aber wohlbehalten vor dem Tor stand, abgesattelt und hineingelassen. „Nein, meine Gute, Sanfte, du bist nicht schuld! Alles musste wohl so kommen! Du hast sicher einen Riss ins Maul bekommen von deinem stürzenden Reiter, und deshalb tatest Du den verhängnisvollen Schritt rückwärts ...".

Nach banger Nacht fuhr ich am folgenden Tag nach Essen. Ich durfte hinein zu ihm! Da lag er, sein Kopf war angeschwollen wie ein aufgeblasener Luftballon, jedoch mit fein säuberlich zugenähten Wunden. Er lag friedlich im künstlichen Koma an alle nur möglichen Maschinen angeschlossen. „Sobald er einigermaßen stabil ist", sagte die wunderbare Ärztin zu mir, „werden wir ihn operieren und ihm seine Knochen wieder zusammenflicken. Was er allerdings an bleibenden Schäden zurückbehalten wird, können wir heute noch nicht sagen. Seine linke Gehirnhälfte ist empfindlich verletzt, das Pferd hat mit seinem Hufeisen auch Schmutz hineingetreten. Das Sprachzentrum sitzt dort. Möglicherweise wird er auch halbseitig gelähmt bleiben." „Und wenn ich ihn für den Rest des Lebens im Rollstuhl umherschieben muss, Hauptsache, Hubert verlässt mich nicht und ich darf für ihn sorgen!", dachte ich und legte ihm wie gewohnt die Hand auf den Bauch, was ihm vormals bei seinen Magenschmerzen immer so gut getan hatte. Drei Tage später wurde er operiert, neun Stunden lang!

Man flickte ihm den mehrmals gebrochenen Kiefer, man setzte die völlig zersplitterten Gesichtsknochen wieder einigermaßen zusammen, man versuchte, seinen Augapfel wieder in bessere Position zu bringen, und vor allem: Man entfernte die linke Schädeldecke, damit bei Gehirnschwellung keine Gefahr bestand. Ich lernte schnell, all die Kurven und Skalen der Maschinen zu lesen, an die Hubert angeschlossen war, und warf immer als erstes einen Blick darauf, wenn ich zu ihm kam. Alles ging gut.

Die Kinder kamen, alle fünf. Sie nahmen sich Urlaub und blieben wochenlang, halfen mir in Haus und Hof und lösten mich an Huberts Bett ab. Ich war unendlich dankbar; nie werde ich ihnen das vergessen. Adelheid, Georg und Elisabeth zeigten mir damit, dass auch sie Hubert längst sehr liebgewonnen hatten. „Er hat unglaubliche Kräfte", sagte mir Adelheid, „ich spüre das. Er stirbt nicht, er wird gesund werden, glaub mir, Mami!" Unsere guten Freunde kamen mich nacheinander besuchen, und ich redete mir das schreckliche Erlebnis des Unfalls von der Seele.

Irgendwann zeigte mir die Ärztin, deren Geduld, Sachlichkeit und Freundlichkeit mich jeden Tag aufs Neue aufbaute, Huberts Röntgenaufnahmen. Ein Horror! Seine gesamte linke Kopfhälfte bestand nur noch aus Titan, hunderten feinen Drähten, Nägeln und einem Netz hinter dem Augapfel. Seine rechte Körperhälfte war gelähmt, er hatte einen Luftröhrenschnitt und wurde künstlich ernährt und beatmet. Aber es ging bergauf. Noch bevor er nach zehn Tagen aus dem künstlichen Koma erwachte, hatte er mir schon leicht die Hand gedrückt, ein Erlebnis, das mir die Tränen in die Augen trieb. Später begann er sogar, mich ganz sanft mit der gelähmten Rechten zu berühren.

Nach drei Wochen wurde er, noch an allen Maschinen hängend – lediglich die Gehirndrainage hatte man ihm gezogen – in eine Rehaklinik gebracht. Dort entwickelte Hubert wieder seine ihm eigene Energie. Er zog sich den Ernährungsschlauch aus der Nase und den Luftschlauch aus dem Kehlkopf und weigerte sich, ihn wieder einführen zu lassen. Prompt begann er wieder zu sprechen, Französich und Deutsch! Er fuhr in seinem Rollstuhl durchs ganze Haus und war oft nicht aufzufinden, was mich dann jedes Mal in Panik versetzte. Er übte mit mir die ersten vorsichtigen Schritte, obwohl sein rechtes Bein noch nachschleifte. All das tat er im Unterbewusstsein und er erzählte wie im Traum für uns unverständliche Geschichten. Das erste Mal, dass er „klar" zu mir sprach, geschah im Park, wohin ich ihn in die letzten Sonnenstrahlen dieses Sommers geschoben hatte. Er sagte: „Mein Gott, wieviel Kummer hast du mit mir gehabt!" Die Tränen schossen mir in die Augen, doch ich durfte sie ihm nicht zeigen.

Nach drei weiteren Wochen – er sollte eigentlich für drei Monate bleiben – ertrotzte Hubert sich seine Entlassung, und während des folgenden Winterhalbjahres pflegte ich ihn zuhause. Tagtäglich machte er seine Übungen bei den örtlichen Physiotherapeuten und Logopäden, ging mit mir bei jedem Wetter langsam spazieren und machte Fortschritte. Aber die bevorstehende zweite große Operation belastete ihn. Ihm sollte der im Gefrierfach wartende linke Teil seiner Schädeldecke wieder eingesetzt werden und so viel Titan wie möglich wieder entfernt werden. Sein Gemüt verdüsterte sich immer mehr; er hatte verständlicherweise Angst und weinte viel.

Nach sechs Monaten war es soweit. Ich musste ihm unendlich viel Kraft und Mut zusprechen, die ich doch selbst nicht hatte! Er wurde wieder neun Stunden operiert, man entfernte beinahe alles Metall und setzte die Schädeldecke ein; danach war sein Kopf wieder so angeschwollen wie beim ersten Mal. Diesmal gottlob erholte er sich schnell und nach sechs Tagen ertrotzte er sich seine Entlassung.

Zwei weitere Jahre vergingen mit der langsamen, doch stetigen Rekonvaleszenz Huberts, Jahre voller tiefer Dankbarkeit, dass wir beisammen sein durften, dass der Himmel uns wieder einmal beschützt hatte. Diesmal allerdings hatte er sein gesamtes Heer an Schutzengeln aufbringen müssen!

Jetzt bekommt Hubert eine Rente und lebt sein Leben voller Zuversicht und Tapferkeit. Viel kann er nicht mehr tun, was ihn betrübt, aber er ruht nie und hegt und pflegt den Thelenhof mehr denn je. Für uns teilt sich unser Leben ein in die Zeit vor und die Zeit nach dem Unfall. Vieles hat sich verändert, vor allem die Werte, die Prioritäten haben sich verlagert. Mit Gelassenheit betrachten wir jetzt vieles, ob Missgeschicke, ob Streitereien – sie sind belanglos. Das Leben zu zweit erscheint uns mehr denn je als ein großartiges Geschenk und jeder Tag ist wie ein Fest.

11. Das Leben auf dem Lande

Fünfzehn aufregende Jahre voller Glück und Liebe, voller schöner Erlebnisse, aber auch schwerer Arbeit und großen Sorgen liegen hinter uns. Das Leben wird uns auch in Zukunft nicht schonen – das wissen wir jetzt. Es gibt kein behagliches Zurücklehnen und Ausruhen; unsere Hoffnung darauf ist vergebens. Aber es gibt etwas Wichtigeres. Und, wenn wir es besitzen, sind unsere Seelen im Gleichgewicht und wir schöpfen immer wieder neue Kraft. Für uns ist es unser Zusammensein, die Geborgenheit in unserer Familie und das Leben auf dem Thelenhof, in unserer niederrheinischen Heimat, mit ihren Menschen. Ich möchte versuchen, letzteres etwas verständlicher zu machen. Um ein Bild dessen zu zeichnen, was uns das Wort Heimat bedeutet, brauche ich nur einmal im Terminkalender vor- und zurückzuschauen:

Gestern z.B. beim Einkaufen in Uedem sah ich wieder die alten „Nönnekes“ aus dem Betklösterchen. Sie fahren wie eh und je mit flatternden Gewändern auf der Bromfiets[12] oder auf der Fiets durch Uedem, auch die alte, winzig kleine hutzelige Nonne, die das Baby Adelheid im Uedemer Krankenhaus gepflegt hat. Seit ich denken kann, sitzt Frau Schallberger im Rewe-Laden an der Kasse, mittlerweile 85-jährig! In meinen Holsteiner Jahren sagte sie stets: „Na Annabel, bist du wieder hier! Wie geht's denn so im Norden?“ Immer muss man mit ihr kurz über die Kinder und das Wetter reden. Ich finde es schön! „Tante Else“ im Papierladen gegenüber der Schule gibt es schon lange nicht mehr; sie ist in Rente. Auch ihre Nichte hat das Geschäft schon abgegeben. Und doch ist über der Tür noch ein Schild: „Schulbedarf, I. van Bergen, ehemals Tante Else". Denn ganz Uedem, ob Alt, ob Jung, kennt diesen Laden nur unter „Tante Else". Alle haben in Schulzeiten ihre Sachen dort gekauft und werden bis heute von der alten Frau geduzt.

Der Milchmann, der in meiner frühen Schulzeit mit einem Pferdewagen in Uedem die Milch ausfuhr und in jeder Straße mit einer großen Glocke klingelte, wurde erst kürzlich verabschiedet. Während der Gymnasiumszeit kauften wir Schüler in der Pause Joghurt und Obst bei ihm; damals hatte er schon einen offenen VW-Bus. Denselben fuhr er bis vor kurzem – wie eh und je kamen die Hausfrauen mit ihren Milchkannen zu ihm an den Wagen. Die Beständigkeit ist es, die wir in unserer Kleinstadt so lieben. Die Schnelllebigkeit der heutigen Zeit hält hier nur sehr zögernd Einzug. Seit jeher begegnen einem beim Einkaufen Menschen in Uedem, mit denen man ein kleines Schwätzchen hält nach dem Motto: „Na, wie isset denn?"

Vorgestern war ich mal wieder bei Frau Mai in der kleinen Kate unten an der Ley. Ihr Mann ist vor einem halben Jahr gestorben. Ein paar Monate zuvor hatten die beiden noch die diamantene Hochzeit gefeiert. Alle Nachbarn waren in einem Fackelzug abends durch Uedemerfeld und durch die Ehrenpforte bis vor ihre Kate gezogen, wo der Frauenchor und der Musikverein ein Ständchen brachten. Es war wunderschön gewesen. Nun lebt Frau Mai dort zwar ganz alleine, aber glücklich und zufrieden. Pappelkat ist ihr Zuhause, das sie nicht verlassen will. Warum auch? Hier am Niederrhein braucht niemand einsam zu sein. Die Nachbarn sorgen dafür, dass jeden Tag jemand zu Besuch kommt und auch eingekauft wird. Frau Mai hat vor langer Zeit unserer Pita Gutes getan, sie besucht und ihr bei der schweren Arbeit geholfen. Jetzt bekommt sie es von uns Nachbarn zurück. Ich möchte sie am liebsten fotografieren, so schön ist das Bild, wenn sie mit leuchtenden Augen und strahlendem Gesicht vor ihrer alten, efeubewachsenen Kate in der Abendsonne sitzt. *„Trinke, des Abschieds gedenk, das nährende Gold."* Nie klagt sie, weil sie allein ist. Immer freut sie sich und ist voller Dankbarkeit.

Auch die Bewohnerin der anderen kleinen Kate im Wald, Frau Hermsen, muss ich endlich wieder besuchen. Sie ist seit einigen Jahren Witwe. Lange Zeit hat sie ihren Mann während seiner schweren

Krankheit gepflegt. Er lag mit großen Schmerzen darnieder, doch war er immer zu einem schelmischen Lächeln aufgelegt wie in seinem ganzen arbeitsreichen Leben. Wie gern erinnere ich mich noch an die Goldhochzeit der beiden kurz nach dem Tod meiner Mutter. Er war zu schwach, um noch in die Kirche zu fahren, also wurde kurzerhand der Dankgottesdienst im Festzelt an ihrem Häuschen mitten im Wald gehalten. Dort lag er, umgeben von Blumen, auf seiner Couch vor dem Altar und seine Frau mit ihrem goldenen Krönchen im weißen Haar saß neben ihm. Es war Frühling, die Seitenplanen des Zeltes waren hochgeklappt worden, sodass Sonnenstrahlen hereinfluteten und aberhunderte Vogelstimmen und das Gurren der Tauben den Gottesdienst untermalten. Welche Dankbarkeit und Fröhlichkeit herrschten hier! Von Frau Hermsen habe ich mein Leben lang gelernt, was Gleichmut, Gelassenheit und Zufriedenheit sind, denn ihr Leben war nicht einfach, und mit den sechs Kindern, die sie großgezogen hat, hatte sie nicht nur Freude.

Marianne Roeloffs, unsere liebe Nachbarin, ist leider auch schon lange Witwe. Sie ist unser aller „Mama", der Mittelpunkt nicht nur für die eigenen Hausbewohner, sondern für viele in Uedemerfeld. Das Sonntagmorgenfrühstück in ihrer gemütlichen Küche ist Anziehungspunkt für Alt und Jung. Heute morgen passierte wieder so eine typische Geschichte:

Ein junges Paar, das bei Roeloffs zur Miete wohnt, wollte in der kommenden Woche noch vor der Geburt ihres Kindes heiraten, damit es keine Probleme wegen des Sorgerechts gibt. Doch heute Nacht schon meldete sich der neue Erdenbürger mit Wehen an. Deshalb musste um halb sieben Uhr in der Frühe der uns wohlbekannte Standesbeamte an das Bett der schwangeren Frau kommen. Dort verheiratete er die beiden kurzerhand. Ein eilig im Garten gepflückter Rosenstrauß wurde der Brautstrauß, und Marianne und Maria unterschrieben im Nachthemd und Morgenmantel als Trauzeugen feierlich die Urkunde. Gleich darauf wurde die junge Frau ins Krankenhaus gebracht – die Geburt ist im Gang!

Heute Nachmittag war Mama Roeloffs mit ihren Jägern wieder an einem Maisfeld zum Karnickelschießen. Seit fünfundzwanzig Jahren ist sie Pächterin unserer hiesigen Jagd und hegt und pflegt mit ihrem Team von Männern das Wild, sodass wir stets genügend Hasen und Fasanen in unserer Landschaft beobachten können. Natürlich wird, wenn die Bauern ein Maisstück häckseln, rundherum abgestellt in der Hoffnung auf einen Fuchs, auf jeden Fall aber werden Karnickel geschossen. Hasen und Fasanen werden nur an einem Tag im Jahr bejagt, die Rebhühner ganz geschont. Wir können uns unsere Jagd ohne Mama schwer vorstellen, und der Gedanke, ein schießwütiger Mensch aus der Stadt könnte womöglich unser schönes Uedemerfelder Revier leerplündern, macht uns schaudern.

Heute Abend kommen Krzysztof, Roman und Marian noch zum Vodkatrinken zu uns, bevor sie morgen in der Frühe zu ihren Familien nach Polen aufbrechen. Die drei gehören zum festen Stamm auf dem Hof (und das sind etwa dreißig an der Zahl). Wenn sie wiederkommen, werden sie herrliche Steinpilze mitbringen, die Krzysztofs Frau für uns zum Trocknen auf Schnüre gezogen hat. Auch unsere neue Mieterin kommt noch zum Abendessen, denn ihre Küche ist noch nicht aufgebaut.

Ruth, die Mieterin über uns, bekommt demnächst ein Baby von ihrem tunesischen Freund. Er wird aus Tunesien zu ihr ziehen (der Ärmste, mitten im November!) und sie werden heiraten. So wird unsere Hausgemeinschaft um einen 1,98 Meter großen Profibasketballer bereichert werden und bald auch um ein Baby! Täglich spüren wir, dass das Leben auf dem Lande nicht nur das Leben mit der Natur, den Pflanzen, Tieren und Jahreszeiten ist, sondern vor allem auch das intensive Zusammenleben mit den Menschen.

Am Sonntag ritten Hubert und ich auf einer diamantenen Hochzeit mit. Gerd Yzermann, 89 Jahre jung, ist in der Reiterwelt ein Begriff. Schon als ich als Fünfzehnjährige begann, Turniere zu reiten, moderierte er mit viel Charme, Herz und Sachkenntnis alle Veranstaltungen und berichtete darüber anschließend in den Zeitungen. So ist es bis heute. Seine Stimme ist von den Turnieren nicht wegzudenken! Entsprechend war das Echo in der Reiterwelt auf seine diamantene Hochzeit. Nicht weniger als 105 Pferde erschienen schick herausgeputzt im kleinen Dorf Asperden, die Reiter im schwarz-weißen Dress und mit Standarten. Der Zug bewegte sich endlos durch das Dorf und rund um die Kirche, vor der das Jubelpaar in einer offenen Kutsche saß und winkend die Parade abnahm. Auch Marita, die Gefährtin meiner Jugend, trafen wir dort zu Pferde wieder. Sie lebt jetzt in einem Haus auf dem Lande genau das Leben, das zu ihr passt: Umgeben von Pferden und Hunden sorgt sie für die drei jüngsten ihrer fünf Kinder (von zwei Männern), und natürlich hat sie wieder einen Freund, der mit ihr lebt und alles für sie tut. Noch immer ist Marita jener ungeschliffene Edelstein, der sie war, als sie mit mir ihr Leben teilte.

Viele meiner früheren Reiterfreunde haben jetzt den Vorsitz ihrer Vereine übernommen wie auch ich. Anfangs hatte ich mich zwar gesträubt, dann merkte ich, dass diese Tätigkeit mich nach der langen Abwesenheit wieder stärker einband in das niederrheinische Leben, und es begann mir Freude zu machen. So hatten wir zum Beispiel am Sonntagnachmittag unsere Fuchsjagd. Mit dieser altbäuerlichen Tradition wollen wir auf keinen Fall brechen, denn hier liegen die Wurzeln der ländlichen Reiterei. Und so hatten auch wieder viele Bauern ihre Kaltblüter gesattelt, die sie sich mittlerweile wieder angeschafft haben, nur so zum Spaß und für die Kutsche. Wie in alter Zeit jagten sie hinter dem Fuchsreiter her und es gab Reiterspiele für Alt und Jung. Auch Hubert und ich haben uns zwei Kaltblutfohlen gekauft. Mein wunderbarer Calif hat mich wirklich bis an die Schwelle meines Alters begleitet. Doch nun ist er selbst alt und ich möchte zu meinen Wurzeln zurück.

Die spielerische Reiterei ist heute leider fast völlig dem Leistungsdruck gewichen, der auch hier längst Fuß gefasst hat. Doch alle zwei Jahre versuchen wir auf unserem Uedemer Pferdefest ein bisschen die alte Zeit aufleben zu lassen. Es findet wie eh und je auf einem Stoppelfeld statt, oben auf dem Höhenzug mit dem herrlichen Blick hinunter in das weite Tal und auf den Wald. Dann gibt es Reiterprüfungen und Stafettenspringen, vor allem aber lustige Reiterspiele für Jung und Alt, für Schnelle und für Geschickte. Es gibt Trabreiten, Kaltblutrennen und ein Jagdrennen. Ganz Uedem ist auf den Beinen, alle genießen die ungezwungene Volksfeststimmung und den Anblick der prachtvollen Kaltblüter, die die Erde erbeben lassen, wenn sie über die Rennbahn galloppieren, und der eleganten Vollblüter, die leichthin über die Jagdsprünge setzen. Sie freuen sich an den Kindern auf ihren Ponys und fiebern mit beim Ringreiten für die Erwachsenen. Und alle nehmen teil beim Feldgottesdienst, zu dem sich auch Gespanne mit ihren Kutschen in den Halbkreis einreihen.

Gestern abend waren wir bei einem Konzert in Uedem. Das Bläsercorps des Hegerings spielte gemeinsam mit der Blaskapelle des Musikvereins jagdliche Melodien. Wunderschön! Wir hören die Bläser ja immer üben, jeden Mittwoch sitzen sie bei Mama Roeloffs in der Halle. Natürlich – wie kann es am Niederrhein anders sein – endete der Abend mit allgemeinem Schunkeln und Singen der alten Jagdlieder und einem feuchtfröhlichen Ausklang an der Theke.

Und übermorgen fahren wir in den Xantener Dom zur Hubertusmesse. Ein Parforcehorn-Bläsercorps aus Hamminkeln wird im ehrwürdigen Kirchenschiff spielen, flankiert von Falknern mit ihren herrlichen Vögeln.

Am kommenden Wochenende findet wieder der alljährliche St. Martinszug in Uedem statt. Seit wir hier am Niederrhein leben, ist unsere Schimmelstute „Ballerina“ das St.-Martins-Pferd. Für mich hat sich damit gewissermaßen ein Kindertraum erfüllt. Wie sehr hatte ich immer das himmlische Pferd angestaunt! Nun schreitet Ballerina durch die Straßen, wunderschön, schneeweiß, und angestrahlt von den Fackeln der Feuerwehrmänner, die sie umgeben. Auf ihr reitet Sankt Martin in seinem purpurnen Mantel und mit dem goldenen Helm. Ein überirdischer Anblick, eine himmlische Erscheinung! Immer noch steigt mir ein Kloß in den Hals, wenn ich sie sehe. Knapp tausend Kinder folgen St. Martin mit ihren selbstgebastelten Lampions und singen die alten Lieder. Hinterher gibt es Äpfel, Nüsse, Weckmänner[13], Glühwein und Kakao für alle. Es ist das letzte große Treffen der Uedemer im Jahr; man bleibt auf dem Marktplatz noch etwas zusammen, ehe man heimgeht in die warme Stube und die Winterpause im ewigen Kreislauf der Feiertage beginnt.

Doch der Winter, was wird er bringen? Etwa wieder Hochwasser am Rhein, wie schon so oft? In den vergangenen Wintern hatten wir gleich zwei „Jahrhunderthochwasser“. Der Mittelpunkt unserer Landschaft, der Rhein, schwillt dann zu einer bedrohlichen Flut an; kilometerbreit wälzt sich der braunlehmige Strom durch die Ebene und die Bauernhöfe liegen wie verlorene Eilande inmitten der Wasser auf ihren Warften. Die Bauern besuchen sich dann gegenseitig mit ihren Booten. Seit Jahrhunderten lebt man hier mit der winterlichen Flut und die Menschen nehmen sie gelassen. Doch in den letzten Jahren stieg das Wasser höher als sonst. Die Warften, auf denen die Stallungen stehen, wurden überflutet und die Kühe standen bis zum Euter im Wasser. Das bedeutete: Evakuierung per Boot. Städte wie Rees oder Emmerich haben Spundwände zwischen die Häuser an der Rheinpromenade gelassen, weil sonst das Wasser in die Straßen gelaufen wäre. Es ist ein majestätischer, aber auch bedrohlicher Anblick, wenn man hinter den Spundwänden steht und den riesigen Strom in Augenhöhe vorbeistürzen sieht. Man weiß dann, weshalb unsere Rheinbrücken in Rees und besonders in Emmerich solch eine große Spannweite haben. Im Sommer grasen große Kuhherden auf den weiten, saftigen Wiesen rechts und links des Stroms. Die Kühe stehen an heißen Tagen zuweilen bis zum Bauch in den Fluten, um Kühlung zu finden. Doch bei Hochwasser breitet sich der Rhein weit über die Landschaft, er überflutet Wiesen und Felder, und Dörfer wie Grietherort sind nur noch per Boot erreichbar.

Doch die Deiche halten, auch wenn das Wasser ihnen bis an die Krone reicht. Unmittelbar dahinter liegen verschlafene Fischerdörfchen wie Grieth oder Niedermörmter. Keine Panik ergreift die Menschen dort. Drohend hoch stürzen die Wasser hinter dem Deich vorüber, an den sich die alten Kirchen und Häuser schmiegen.

In Holland jedoch verlief die letzte Sturmflut dramatischer. Dort drohten die Deiche zu brechen und nur dem Einsatz unzähliger freiwilliger Helfer ist es zu verdanken, dass die Katastrophe nicht eintrat. Tausende Menschen in Holland wurden evakuiert und alles Vieh. Bei Deichbruch wäre das Wasser zurückgeflutet bis in die Niederung nordwestlich von Kleve, die „Düffel". Auch hier wurde deshalb die Evakuierung sämtlichen Viehs innerhalb weniger Stunden angeordnet. Dank der großen Solidarität der Landbevölkerung klappte alles wie am Schnürchen. Alle Bauern, Viehhändler und solche, die ein Transportfahrzeug oder einen Anhänger besaßen, stellten sich zur Verfügung. Ebenso mussten binnen kurzem für Tausende von Rindern Ställe bereitgestellt werden. Auch Günter und sein Sohn transportierten Kühe aus der Niederung und brachten sie in ihren Stall, insgesamt sechzig Stück. Der gesamte Viehtransport lief durch die Klever Innenstadt, über die einzige bei Hochwasser noch befahrbare Straße. Nach wenigen Stunden war die „Düffel" leer und die Bevölkerung saß auf gepackten Koffern. Die Deiche in Holland hielten gottlob und nach einigen Tagen konnte der Rücktransport beginnen.

Derart abenteuerlich wird es hoffentlich nicht so bald wieder zugehen, denn die Deiche sind abermals erhöht und verstärkt worden.

Immer ist das Landleben aufregend, gesellig, farbenfroh und niemals kommt Langeweile auf. Unser Land hat sich jedoch in den letzten Jahrzehnten verändert. Die bäuerliche Kultur schwindet langsam dahin, denn es gibt immer weniger Bauern. Die Landwirtschaft, die ich in meiner Kindheit noch kennenlernen durfte und die mir Anlass war, diesen schönsten Beruf der Welt zu erlernen, ist einer ganz und gar unromantischen Agrarindustrie gewichen, die auf Vollmechanisierung, Computern und Massenviehhaltung beruht. Einige Höfe haben auf „Öko" umgestellt, das heißt: Produzieren ohne Spritzen und Kunstdünger, also ganz auf die uralte, bewährte und gesunde Weise. Leider treibt der Arbeitskräfteaufwand die Preise hoch, sodass es immer nur einen kleinen Käuferkreis für derartige Produkte geben wird.

Der ehemals ausschließlich ländliche Charakter unserer Landschaft schwindet auch dahin. Sie wird durchsetzt von Neubaugürteln, die sich wuchernd um jedes Bauerndorf legen, sodass oft leider der ehemalige Dorfkern kaum noch erkennbar ist. Viele Leute ziehen hier heraus, die im Industriegebiet Rhein-Ruhr Arbeit haben. Der Bau zweier Autobahnen verhilft ihnen zu kurzen Anfahrtzeiten. Die Menschen suchen hier draußen Ruhe, reine Luft und heile Landschaft, was sie anderswo schon verloren haben. Wenn es jedoch mit dem Bauboom so weitergeht, sehen sich viele von ihnen bald wieder vor denselben Problemen wie vor ihrem Umzug an den Niederrhein.

Der Kreis Kleve liegt wie eine grüne Insel inmitten großer Ballungsräume: im Nordwesten Holland, im Südosten das Ruhrgebiet. Immer noch ist er trotz aller Bautätigkeit vom ländlichen Leben geprägt und die Landschaft hat noch ihren bäuerlichen Charakter bewahrt. Wie seit Urzeiten, so scheint es, liegen die Höfe wie baumumstandene Inseln in ihr verteilt. Der einzige Schornstein in unserer Landschaft raucht nur von September bis Jahresende, und weithin ist dann seine weiße Windfahne sichtbar: unsere Zuckerfabrik in Kalkar. Der Schnelle Brüter, jener Riesenklotz, den man für sieben Milliarden in die friedliche niederrheinische Landschaft gesetzt hat, ist nie in Betrieb genommen und längst ein florierender Vergnügungspark geworden.

Die Menschen kommen in unsere Wälder, um spazieren zu gehen. Sie kommen, um durch unsere Felder zu radeln und um auf unseren Flüsschen zu paddeln. Sie benutzen mit ihren Pferden unser herrliches Reitwegenetz und baden in unseren vielen Baggerseen. Sie kommen auch – vor allem aus dem Osten Deutschlands – um unsere liebevoll gestalteten Kleinstädte zu bewundern, die, im Krieg restlos zerstört, längst wieder zu Zentren niederrheinischen Lebens geworden sind. Sie kommen, um unser großes Kulturangebot zu nutzen: die Sommerfestspiele in der Xantener Römerarena, die Kirchenschätze, Museen, Ausstellungen, Theater, Konzerte …

Auch zu uns auf den Thelenhof kommen Gäste. Sie wohnen in unseren Gästezimmern oder sie schlafen im Stroh und grillen auf dem Grillplatz am Vorderhof. Sie frühstücken in der Sonne im Garten und feiern des Abends im Pferdestall.

Manchmal gibt es auch große Feste auf der Tenne: Hochzeiten oder Einstandsfeste von Mietern, große Geburtstage, Kameradschaftsabende … es ist also immer etwas los. Aus der Liebe zum Thelenhof erwachsen uns immer neue Aktivitäten. Das Planen und Gestalten hört nie auf, immer neue Bäume wollen gepflanzt werden.

„Was du ererbt von deinen Vätern, erwirb es, um es zu besitzen!"

Diese preußische Maxime hatte mir mein Vater mit auf den Weg gegeben. Auch Hubert hat sich längst ihrer würdig erwiesen. – Und die nächste Generation? – Seit einiger Zeit wissen wir, dass unser Hof auch in Zukunft in unserer Familie bleiben wird! Welch ein Grund zur Freude! Elisabeth und ihr Mann möchten sich hier eine Existenz aufbauen. Freilich müssen auch sie sich erst den Hof noch erwerben, und das werden sie! Wir aber dürfen, wenn wir Glück haben, noch eine Zeitlang die Früchte unserer Arbeit hier erleben und freuen uns darauf! Hierzu fällt mir noch eine Gedichtstrophe ein:

„Glücklicher Fünfziger mit noch schwungvollem Gange
In das schöne Jahrzehnt der Ernte mitten im Kampf.
Denn du wandelst nun schon unter selbstgezogenen Bäumen,
Früchte erquicken dich schon, die du für andre gereift."

Epilog

Die Heimkehr

Im Sommer des Jahres 2002 besuchten wir zum wiederholten Male die Uckermark. Wir mieteten uns in Netzow ein Ferienhaus am See und trafen uns dort mit den Kindern und Enkelkindern, um meinen 55. Geburtstag zu feiern. Netzow war inzwischen in den Besitz einer jungen, hochsympatischen und dynamischen Familie übergegangen. Er hat seine Rechtsanwaltskanzlei auf dem Hof, sie bewirtschaftet den Betrieb ökologisch, „nebenbei" hatte sie gerade ihr fünftes Kind bekommen. Der gesamte Hof und das Haus haben sich durch ihr Wirken gewandelt.

Alles ist wieder genau so schön wie früher zu den Zeiten meiner Eltern: gepflegt, frisch gemalt, mit Kletterrosen an den Mauern und überall frisch gepflanzten Bäumen, mit Hühnern, Enten, Gänsen auf dem Hof und überall fröhlichen Kinderstimmen. Das Haus hat seine alte Eleganz zurückerhalten, innen wie außen, und ich konnte nun plötzlich gut verstehen, weshalb Titti es so geliebt hatte. Wir gingen zum hohen Ufer am Netzowsee, wo seit eh und je mächtige, uralte Buchen stehen und der Wanderweg hoch am Seeufer entlangführt, den mein Vater angelegt hatte und der heute noch „Annemarienweg" heißt. Hier war der Ort, an dem mein Vater seine Asche begraben haben wollte.

Wir fuhren auch nach Zichow und Kleinow, genau auf den Straßen, die mein Vater früher täglich gefahren war. Welch eine wundervolle Landschaft, die Uckermark! Herrliche Wälder wechseln mit hügeligen Feldern, überall Seen, man sieht Störche und Kraniche, die Dörfer sind wieder liebevoll herausgeputzt. Plötzlich konnte ich zum ersten Mal Vater verstehen, seine Liebe zu diesem Land vollkommen nachempfinden. Es waren Stunden vollkommener Katharsis. In Zichow und Kleinow war die Landwirtschaft ebenso wie in Netzow wieder in voller Blüte. Wogender Weizen in Zichow, üppige Zuckerrüben, Erbsen, Mohrrüben in Kleinow.

„Die Heimat, das sind immer die Menschen“ sagt man, und es stimmt. Für den Landwirt kommt jedoch noch etwas Wichtiges hinzu: die Farbe der Erde. Die Farbe der Erde, die er so viele Male bearbeitet hat, die, wenn die Saat eingebracht worden ist, des Abends leuchtet. Diese Farbe ist durch nichts zu ersetzen.

Ja, mein Vater, ich verstehe Dich nun vollkommen! Deine Trauer, Deine Tapferkeit, Deine Sehnsucht, Deinen Schmerz. Wir werden Deine Asche nach Netzow bringen! Sobald Dein schöner Wald der jungen Familie gehört – und sie werden ihn kaufen – werden wir Dir Dein Grab am Steilufer bereiten. Dann wirst Du wieder daheim sein, und Du wirst in Frieden ruhen.

Nachweise

Erklärungen

[1] Bruch, die Brüche: Es handelt sich um eine sumpfige Niederungslandschaft mit schweren Lehmböden, kein Moor; sie ist durch Entwässerungsgräben weitgehend trockengelegt und dient als Weideland.

[2] Hohlweg: Es handelt sich um einen am Niederrhein häufig vorkommenden Weg, der einen Endmoränenhang hinabführt und sich durch hinabfließendes Regenwasser in Jahrhunderten immer tiefer in den Hang gewaschen hat; er ist häufig mit Bäumen bewachsen

[3] Weckmann: Das ist ein typisches Gebäck am Niederrhein zu Sankt Martin, ein aus süßem Rosinenteig geformter Mann mit einer Tonpfeife.

[4] Bande: So nennt man den hochgestapelten Stroh-, Heu- oder Garbenhaufen in der Scheune.

[5] Jodhpurs: Das ist eine Reithose, die ohne Schaftstiefel, also nur mit dazugehörigen Stiefeletten getragen und über denen die Hose mit einem Steg gehalten wird.

[6] „Weißer Kreis“: Es handelt sich um die Vereinigung dreier schlagender Studentenverbindungen: der „Göttinger Sachsen“, der „Bonner Preußen“ und der „Heidelberger Saxo-Borussen“.

[7] Stiefelsaufen: Ein gläserner Stiefel mit einem Volumen von ein oder zwei Litern wird mit Pils, Alt oder „Schuss“ gefüllt und macht die Runde; die Kunst ist, ihn so leerzutrinken, dass keine Luftblasen in den Fuß blubbern. Der Vordermann vor demjenigen, der den Stiefel leert, muss den nächsten Stiefel bezahlen; also bemüht man sich, den Stiefel selbst auszutrinken.

[8] Knick, die Knicks: So nennt man im Norden Deutschlands künstlich angelegte Hecken auf Erdwällen, die Schutz vor dem ständigen Wind bieten. Sie sind heute leider zum großen Teil verschwunden; die noch verbliebenen stehen unter Naturschutz.

[9] Fiets, die Fietsen (holländisch): Das Fahrrad, die Fahrräder; auch am Niederrhein ein gebräuchlicher Ausdruck.

[10] Feu de Joie: Das ist eine westfranzösische Sitte bei Hochzeiten: Ein hohes Holzkreuz wird errichtet, an dem mehrere leere Flaschen hängen; unter dem Kreuz wird ein großes Strohfeuer entfacht, und noch bevor die Flaschen von der Hitze platzen, muss das Brautpaar sie herunterschießen – das bringt Glück.

[11] Beginen: Frauen im Mittelalter, die vor allem im Rheinland, in Flandern und in den Niederlanden in mauerumfriedeten, klosterartigen Höfen in frommer Gemeinschaft lebten. Sie trugen sogar Habits, waren jedoch keine Nonnen.

[12] Bromfiets (holländisch): Moped; auch am Niederrhein ist das ein gebräuchlicher Ausdruck.

[13] Weckmänner: siehe oben!